Kontaktadresse nach EU-Produktsicherheitsverordnung:
produktsicherheit@fischerverlage.de

Diese bisher nicht in deutscher Sprache erschienene Sammlung von Vorträgen, Aufsätzen und Diskussionen des Begründers der Individualpsychologie behandelt viele der typischen Themen Alfred Adlers, angefangen von der Kindererziehung über die Schulbildung zum Gemeinschaftsgefühl und zum Sinn des Lebens. Adler hatte kurz vor seinem Tode einige Wochen in Holland zugebracht, um dort Vorträge zu halten, und war dann mit der gleichen Absicht nach England und Schottland gereist. In Aberdeen war er am 28. Mai 1937 plötzlich auf der Straße tot zusammengebrochen. Die holländische Ausgabe dieses Buches ist aus stenographischen Aufzeichnungen der Adlerschen Vorträge und der anschließenden Diskussionen hervorgegangen. Hinzu kam ein Kapitel über sexuelle Probleme, dessen englischen Text der Übersetzer einen Tag vor dem Tode Adlers erhalten hat. Wenngleich die Adlersche Sprache sicherlich durch die doppelte Übersetzung, vom Englischen ins Niederländische und jetzt vom Niederländischen ins Deutsche, an stilistischer und begrifflicher Eigenart verloren hat, so dürften dem Adler-Kenner die Lebendigkeit und Anschaulichkeit der Darstellung vertraut vorkommen. Diese deutsche Erstausgabe stellt eine Bereicherung der Adler-Edition im Fischer Taschenbuch Verlag dar.

Alfred Adler, 1870 in Wien geboren, entschied sich früh für den Arztberuf, den er dann lange Jahre in Wien ausübte. Sigmund Freud forderte ihn 1902 auf, seiner Studiengruppe beizutreten; im Laufe der gemeinsamen Arbeit entwickelte Adler aber seine eigenen Ansichten, so daß es 1911 zum Bruch zwischen den beiden kam. Adler begründete nun seine Auffassung der Individualpsychologie mit einer eigenen Schule und einer eigenen Zeitschrift. Ab 1925 reiste er häufig nach Amerika, wo er sich 1935 endgültig niederließ. Hier fand seine Psychologie große Beachtung und Anerkennung bis in die Gegenwart. Während einer Vortragsreise starb Alfred Adler 1937 in Aberdeen.

Im Fischer Taschenbuch Verlag sind ebenfalls lieferbar: ›Menschenkenntnis‹ (Bd. 6080); ›Der Sinn des Lebens‹ (Bd. 6179); ›Praxis und Theorie der Individualpsychologie‹ (Bd. 6236); ›Lebenskenntnis‹ (Bd. 6392); ›Wozu leben wir?‹ (Bd. 6708) sowie ›Neurosen‹ (Bd. 7635).

Unsere Adresse im Internet: www.fischerverlage.de

Alfred Adler

Lebensprobleme

Vorträge und Aufsätze

Aus dem Niederländischen
von Will Koewolt

Fischer Taschenbuch Verlag

4. Auflage

Hedderichstr. 114, 60596 Frankfurt am Main

Die niederländische Ausgabe mit dem Titel
»Levensproblemen« erschien 1937
im Verlag Uitgeverij Erven J. Bijleveld, Utrecht

Lektorat und Redaktion: Willi Köhler
Printed in Germany
ISBN 978-3-596-37092-4

Inhalt

Vorbemerkung zur deutschen Ausgabe

Bücher haben ihre Schicksale. Das gilt in besonderem Maße von diesem Buch. Ihm liegen Vorträge zugrunde, die Alfred Adler kurz vor seinem Tode gehalten hat. Von diesen offensichtlich in englischer Sprache gehaltenen Vorträgen wurden stenografische Aufzeichnungen angefertigt, die verlorengegangen sind. Die Aufzeichnungen wurden von einem Dr. P. H. Ronge, Arzt in Utrecht, ins Niederländische übersetzt und sind 1937, im Todesjahr Adlers, in einem Utrechter Verlag als Buch erschienen. Wo Adler die Vorträge gehalten hat, ob in den Niederlanden, in Schweden oder in Schottland, wo er starb, wird aus der Vorbemerkung zur niederländischen Ausgabe nicht klar ersichtlich.

Entdeckt wurde die niederländische Ausgabe von Heinz L. Ansbacher, einem in den Vereinigten Staaten lebenden Individualpsychologen, der zahlreiche Arbeiten zu Adlers Werk veröffentlicht hat.

Da die Texte, die der niederländischen Ausgabe zugrunde lagen, nicht aufzutreiben waren, mußte das Buch aus dem Niederländischen übersetzt werden. Diese Übersetzung aus einer Übersetzung kann natürlich dem englischen (oder deutschen?) Originaltext nur nahekommen. Adler war nicht nur ein begabter Autor, sondern auch, nach den Aussagen von Zeugen zu urteilen, ein begnadeter Vortragsredner. Die Lebendigkeit seines Vortrags wird noch in der vorliegenden Übersetzung deutlich, deren Verfasser sich nicht nur um die Stimmigkeit des Adlerschen Begriffsrepertoires, sondern auch um den Tonfall des Begründers der Individualpsychologie sehr bemüht hat. Mögliche Mängel erklären sich aus dem sprachlichen Schicksal des Buches.

Die Redaktion

Vorwort zur niederländischen Ausgabe
von Dr. P. H. Ronge

Während der Vorbereitung dieses Buches erreichte uns die Nachricht vom Tode Dr. Alfred Adlers (geb. 1870). Kurz zuvor hatte er einige Wochen in unserem Land verbracht, um eine Reihe von Vorträgen zu halten. Dabei zeigte sich deutlich, daß man ihn mit der Zeit immer besser zu verstehen und zu schätzen lernte. Während dieses Aufenthaltes war er genauso voll unermüdlichem Arbeitseifer und Begeisterung wie immer. Das plötzliche Ende hatte wohl keiner erwartet.

Von Holland kommend, war er nach England und Schottland gereist, um dort Vorlesungen abzuhalten. Noch am Anfang dieser Vorlesungsreihe ist er am 28. Mai 1937 zu Aberdeen in Schottland, wo er an der Universität einen Kursus leitete, plötzlich auf der Straße gestorben. Adler ist also während der Arbeit gestorben, herausgerissen aus einem Leben, das dem Wohl der menschlichen Gemeinschaft gewidmet war. Immer war es sein Anliegen, anderen zu helfen, Kranke zu heilen und Gesunde aufzuklären. Obwohl es ihm gelang, die von ihm entdeckten Tatsachen und Zusammenhänge überall bekanntzumachen, und seine Kenntnisse auch weithin akzeptiert wurden, hinterläßt Adler doch aufgrund seiner Einmaligkeit eine von keinem anderen auszufüllende Lücke. Als Verfechter seiner Theorien ist er nicht zu übertreffen, und diese Theorien, wie einfach sie auch scheinen mögen, sind in Wirklichkeit schwierig zu erfassen, und sie sind noch schwieriger anzuwenden.

Adler war, sowohl was die Theorien wie auch ihre Anwendung angeht, ein unübertroffener Meister, und diese Meisterschaft bewies sich in seinen Vorträgen immer wieder. Einer seiner Schüler, Ferdinand Birnbaum, hat dazu erklärt: »Wenn Adler vor uns auf dem Katheder spricht, so sagt er einige kluge Worte über allgemeine Dinge, und dann formt er das Schicksal eines Menschen so plastisch vor uns, daß wir verwundert um uns blicken, als hörten wir diesen Menschen hinter uns atmen. Ja, wir blicken verstohlen in uns selbst hinein und gestehen uns verschwiegen: Dies und jenes könnte sich auch in uns begeben haben.«

Bewundernswert auch, wie Adler die ihm während einer Diskussion gestellten Fragen beantwortete. Er wußte aus der Art und Weise, wie eine kurze Frage gestellt wurde, die Psyche des Fragenden zu durchschauen. Seine Antworten zeigten gewöhnlich ein großes Maß an Erfahrung und Menschenkenntnis, Weisheit und praktische Einsicht.

Deswegen erschien Adler im Grunde immer neu, gerade für die, die ihm oft zugehört hatten. Er ließ seine Zuhörer die Individualpsychologie immer wieder neu entdecken.

Seine Persönlichkeit übte eine starke Anziehungskraft aus, so daß er überall zahlreiche treue Freunde gewonnen hat. Diese Anziehungskraft verdankte er unter anderem seiner großen und aufrichtigen Einfachkeit, besonders aber seinem standhaften Idealismus. Mit diesen Eigenschaften wußte er andere zu begeistern und ihnen seine Aufgaben zu zeigen.

Dieses hier in einer Übersetzung vorgelegte Buch ist entstanden aus den stenografischen Aufzeichnungen einer Reihe von Vorlesungen mit anschließenden Diskussionen, die Adler während eines Ferienkursus in Schweden gehalten hatte. Außerdem hat das Buch ein Kapitel über sexuelle Probleme, dessen englisches Manuskript dem Übersetzer einen Tag vor dem Tod des Autors zugestellt wurde.

Sicher wird dieses Buch, das noch in keiner anderen Sprache erschienen ist, den Freunden Adlers sehr willkommen sein; auch wenn ohne Zweifel viel von dem Stil durch die Übersetzung verlorengegangen ist, sieht man hier doch den Lehrmeister sozusagen lebendig bei der Arbeit. Hier zeigen sich Geist und Technik, mit denen er die ihm gestellten Fragen angeht, in vieler Hinsicht deutlicher, in jedem Falle auch anders als in seinen Arbeiten, die unmittelbar zur Veröffentlichung bestimmt waren. Etwas vom persönlichen Kontakt ist in den Texten erhalten geblieben. Außerdem läßt er sich hier und dort über bestimmte Fragen, zum Beispiel die Frage der Psychosen, ausführlicher und klarer aus als in seinen anderen Werken. Aus diesen Gründen gehört dieses Buch wahrscheinlich zu seinen lesenwertesten Schriften.

Adler war ein Meister in der Kunst des »Erahnens«. Berichtete man ihm eine Krankengeschichte, dann zog er aus den augenscheinlich unbedeutendsten Mitteilungen die meist unerwartetsten und weitreichendsten Folgerungen. Diese auf den ersten Blick voreilig erscheinenden Schlüsse wurden dann im allgemeinen von dem, was in der Krankengeschichte folgte, in überraschender Weise bestätigt. All dies zeigte eine mehr als gewöhnliche Intuition und eine ganz eigene Kunstfertigkeit. Diese Kunst ist bis zu einem bestimmten Ausmaß erlernbar, vorausgesetzt, man schafft es, sich auf diese Intuition einzustellen, und man wagt es, sich auf sie zu verlassen. Sowohl in den technischen Hinweisen wie auch in den Beispielen, die man in diesem Buch hier und dort antrifft, findet man Spuren von Adlers intuitiver Menschenkenntnis und seiner Kunst, mit Menschen umzugehen.

All dies ist für die an der Individualpsychologie interessierten Leser von großer Wichtigkeit. Gerade auf dem Gebiet der Anwendungen liegen sowohl der Wert wie auch die größten Schwierigkeiten dieser Methode. Wenn überhaupt, dann sind hier Wissen und Fähigkeiten untrennbar miteinander verbunden und ist eins oder das andere nicht denkbar.

Die Psychologie Adlers setzte bei denen, die mit ihr arbeiten, ausgeprägtes Gespür für das voraus, was man »dynamisch« zu nennen pflegt. Sie erträgt fast keine erlernte Theorie oder Regel, weil sie sonst leicht zu einer toten Formel erstarrt.

Andererseits ist unsere traditionelle Welt- und Menschenbetrachtung aufgrund der hinter uns liegenden wissenschaftlichen Epoche hauptsächlich »statisch«. Wir alle sind noch mehr oder weniger mit dieser Betrachtungsweise aufgewachsen, die, wenn auch meistens unbewußt, in uns allen und eben auch in unserer Sprache weiterlebt. »Seele« und »Charakter« werden aus diesem Grunde meistens nicht als »Bewegung«, sondern als »Form« betrachtet. Das Auflösen dieser Form in Bewegung ist aber das Überraschende bei Adlers Betrachtungsweise. Statt Form sieht er Bildung, das heißt die Art, wie der Mensch damit beschäftigt ist und danach strebt, seiner Welt und sich Form zu geben.

Diese andere Sichtweise verlangt vom Betrachter eine enorme Umstellung, sowohl seiner Sicht- als auch seiner Denkweise. Nur wenige Menschen haben eine Ahnung davon, wie viele unbewußte Theorien, wie viele vorgefaßte Meinungen in ihren scheinbar unmittelbaren und vorurteilslosen Wahrnehmungen enthalten sind. Dies erschwert die notwendige Umstellung. Adler verfügte über die außerordentliche Gabe, auch anderen Menschen Bewegungen statt Formen zu zeigen. Auch die Eingeweihten konnte er so noch oft überraschen. Die Dynamik lebendigen Geschehens ist bei Adler nicht eine Funktion der Teile, sondern des Ganzen, getragen vom *Ich*, das das Zentrum und den die Einheit bewirkenden Faktor der Persönlichkeit darstellt.

Diese Dynamik ist in der Wissenschaft nichts Selbstverständliches. Die Geschichte der Biologie ist geprägt von dem Streit zwischen »Vitalismus« und »Mechanismus«, das heißt vom Problem, ob man zur Erklärung des Geschehens im lebendigen Organismus besondere Begriffe braucht oder ob die Begriffe für die Erklärungen des Geschehens in der unbelebten Natur reichen. Das ursprüngliche und primitive Weltbild des Menschen ist »animistisch«. Alles wird als »beseelt« angesehen. Bäume, Berge, Flüsse und Steine, sie alle werden von Geistern bewohnt und werden in einem bestimmten Sinne als Personen gedacht. Im Grunde werden von primitiven Menschen und primitiven Völkern alle Ursachen personifiziert, das heißt: Alles, was geschieht, wird der Wirkung persönlicher Mächte und Willenskräfte zugeschrieben. Auch heutige Kinder haben noch ein animistisches Weltbild. Das Kind projiziert sein eigenes Erleben ohne weiteres auf nichtlebende Dinge.

Der Wissenschaft ist es erst nach langer Zeit gelungen, diese animistischen oder vitalistischen Vorstellungen und Begriffe auf unserer Anschauung der »toten« Natur zu verdrängen. Als Ergebnis entstand eine Naturwissenschaft, in der für persönliche Kategorien kein Platz mehr war. Man ging aber noch einen Schritt weiter und entfernte alle vitalen Begriffe, wenigstens im Prinzip, auch aus unserer belebten Welt. Führend war hier der Philosoph Descartes (geboren 1596), der die lebendigen Geschöpfe als Maschinen betrachtete. Roux (geboren 1855) versuchte, auch die Evolution auf mechanistische Art zu erklären.

Es ist nicht zu leugnen, daß die naturwissenschaftliche Biologie, die das Leben mit Hilfe unpersönlicher Begriffe aus Physik und Chemie zu erklären versuchte, zu außergewöhnlich wertvollen Erkenntnissen geführt hat. Es gelang ihr zu beweisen, daß diese Kategorien sehr wohl auch für den lebendigen Organismus gelten. Sie konnte aber die in sie gesetzten Erwartungen nicht voll befriedigen. Es zeigte sich immer deutlicher die Unhaltbarkeit der Vorstellung, daß das Lebendige auf ausschließlich chemische oder physikalische Weise aus toter Materie entstanden sein soll. Gewollt oder ungewollt kehrte man zurück zu der alten Überzeugung: »Omne vivum ex vivo« (»Alles Lebendige entsteht aus dem Lebendigen«).

Aufgrund dieser Aussage betonte der neubelebte Vitalismus, die Biologie sei nicht lebensfähig ohne eigene, vitale Kategorien, und führte den aristotelischen Begriff der »Entelechie« wieder ein. Man versteht darunter eine dem lebendigen Organismus eigene Fähigkeit, regelnd und steuernd einzugreifen in das natürliche Geschehen und das Zusammenwirken der Teile und damit die Einheit des Organismus herzustellen und aufrechtzuerhalten.

In der Psychologie, die natürlich mit eigenen Begriffen arbeitet, entstand auf analoge Weise neben der (quasi-)naturwissenschaftlichen Seelenkunde eine andere Disziplin, die man als »psycho-vitalistisch« bezeichnen könnte. Diese Psychologie verwendet außer anderen spezifisch psychologischen Begriffen wie zum Beispiel Erinnerung, Bewußtsein, Lust, Unlust – also Wertvorstellungen – schließlich die Kategorie der Zweckmäßigkeit oder Finalität.

Im allgemeinen kann man sagen, daß der Vitalismus dem Individuum eine eigene autonome Aktivität zuschreibt, und darum spricht er von einer schöpferischen Formgebung, wobei die Form als ein statisches Durchgangsstadium zu betrachten wäre. Hier sind wir also zu den bekannten persönlichen Kategorien des Animismus zurückgekehrt, aber mit dem Unterschied, daß man nicht mehr glaubt, damit alles erklären zu können. Im Gegenteil, man sollte nicht vergessen, daß die in der Natur herrschenden kausalen Gesetze auch für Lebensprozesse Gültigkeit besitzen. »Der Geist ist keine Kraft, sondern er ordnet Kräfte.« Daher der Name »Neo-Vitalismus«. Der Psychologie Adlers, deren Schöpfer selbst gern zugab, sie sei nicht »vom Himmel gefallen«, sondern in alten Denkweisen verwurzelt, kommen diese neovitalistischen Auffassungen entgegen. Adler setzt sich, wie er selber sagt, für das »vergessene« Kind ein, das in der ausschließlich naturwissenschaftlichen Psychologie nur allzuoft übersehen wird. Er plädiert also, mit anderen Worten, für die Autonomie des Ichs, der Persönlichkeit.

Mit diesem »Ich« schuf er einen Begriff, der sich dem Entelechie-Begriff seines Zeitgenossen Driesch (geboren 1867) anlehnt, dessen Betrachtungen den Namen Neo-Vitalismus am ehesten gebühren. Der Entelegie-Begriff aber bezieht sich mehr auf die Regelungen der Beziehungen zwischen den Teilen des Organismus, während dem Ich mehr die Regelung der Beziehungen zwischen Organismus und Milieu zugeschrieben wird. Psychologie kann man somit auch als Wissenschaft der menschlichen »Beziehungen« bezeichnen.

Heutzutage sind die neo-vitalistischen Auffassungen dabei, die materialistischen oder naturalistischen Theorien zu verdrängen. Sie werden also wahrscheinlich eines Tages auch in das alltägliche Denken und Handeln eindringen.

Dies ist sehr wichtig sowohl für künftige Therapien von Kriminellen und Geisteskranken wie für die Erziehung der Kinder und für die Verhaltensweisen von Erwachsenen. Freiheit und Autonomie erhalten wieder ihren Platz in der Wissenschaft. Keine vorbestimmte Form bildet mehr das Typische der Persönlichkeit, sondern seine selbständigen, schöpferischen und konstruktiven Kräfte. Die Rolle der Gesetze der Vererbung wird sich völlig ändern, weil dem schöpferischen Individuum weder von Erbmasse noch Milieu vorgeschrieben wird, wie es seine Beziehungen zur Außenwelt gestaltet. Adlers bekannter Spruch: »Alles kann auch anders sein« ist eine optimistische Aussage, wenn man ihn vergleicht mit dem Inhalt des bekannten Vortrags Professor Stomps, der deutlich und pointiert den Standpunkt derer formuliert, die ausschließlich auf die Wirkung der Erbgesetze setzen. Daß dieser Standpunkt von einer wissenschaftlichen Autorität so vehement vertreten werden konnte, läßt erkennen, daß das vitalistische Gedankengut noch heftig umstritten ist. Es ist auch nicht ungefährlich, einseitig und voreilig einen finalen, autonomen Faktor zur Erklärung von Lebensprozessen heranzuziehen. Die Gefahr liegt nahe, dadurch wieder zurückzukehren zu primitiven animistischen Denkweisen, die das Kind veranlassen, den Tisch »böse« zu nennen, wenn es sich an ihm den Kopf gestoßen hat. Neben den finalen sollten immer auch kausale Betrachtungsweisen stehen. Die möglichst weitgeführte Analyse sollte uns die Bedingungen der möglichen Synthese erschließen.

Eine einseitige Analyse ohne möglichst wirklichkeitsgetreue und dem Problem gerecht werdende umfassende Idee bringt aber ebenfalls Gefahren mit sich. Dazu zählt das sinnentleerte Sammeln von Fakten und Zahlen oder das Weiterarbeiten aufgrund von Folgerungen, die nur scheinbar von Fakten untermauert werden. In der Psychologie und in der Selbsterkenntnis sind solche vorgefaßten Meinungen besonders irreführend, weil der Mensch mehr, als man gemeinhin annimmt, die Neigung hat, »die Folgen folgen zu lassen«. »Ich bin ein Säufer, weil mein Vater und mein Großvater Säufer waren.« Johannes Pfeiffer betont in seiner Arbeit »Existenzphilosophie« die Beschränktheit sowohl von »Mechanismen« oder »Naturalismen« als von »Finalismen« oder »Idealismen«. Das von ihm mit dem Ausdruck »Realismus« bezeichnete philosophische Gebäude Heideggers (geboren 1889) wird beiden Prinzipien gerecht. Der »dunkle Grund« der menschlichen Existenz ist die »Geworfenheit«, aber: »Der Mensch ist nicht einfach da, sondern verhält sich zu seinem Dasein!« und »Sein Denken ist ihm nicht gegeben, sondern aufgegeben«. Das »Dasein« des Menschen ist keine einmalig gegebene »fertige Tatsache«, sie ist vielmehr ein Seins-Charakter, ein Ausgespannt-Sein zwischen »Faktizität« oder »Geworfenheit« und »Idealität« oder »Entwurf«. Ich meine, daß das der Individualpsychologie zugrundeliegende Menschenbild kaum besser und treffender wiedergegeben werden kann.

Adler ging beim Aufbau seines psychologischen Systems von der »Organminderwertigkeit« aus und stellte die Kompensation als eine »schöpferische Leistung«, also als »Entwurf« heraus. (Dieser Gedanke wies auch der Konstitutionslehre in der Psychologie ihren Platz zu und zeigte die Brücke auf, die das Körperliche und das Geistige verbindet.)

Eine andere Ausgangsposition war die Stellung des Kindes im Kosmos und in der Gesellschaft. »Konstitution« und »soziales Milieu« bilden zusammen die Faktizität, die dem Kind gegeben ist; sie bedeuten seine »Geworfenheit«. Entscheidend aber ist nicht allein die Geworfenheit, viel wichtiger ist, was das Kind mit dieser Situation macht, wie es sich ihr stellt, wie sein »Entwurf« beschaffen ist.

Es wird deutlich, daß wir hier ein Menschenbild vor uns haben, das gute Ansatzpunkte bietet für Therapie und Erziehung. Für den Arzt und für den Erzieher ist der »Entwurf«, von Adler »Lebensstil« genannt, das Dynamische, das also, was allein zählt. In der Individualpsychologie wird es denn auch als das eigentlich Psychische betrachtet, während das, was als Erbgut mitgebracht wird, neben dem, was bereits geformt ist, zur »Geworfenheit« gerechnet wird. Die Psyche ist also das bildende oder formgebende Prinzip, also dynamisch, das Organische ist das Geformte, also statisch. Der zuletzt benutzte Begriff kann mit Hilfe von Termini wie »Reflex« oder »Instinkt« umschrieben werden.

Adler ist mit Sicherheit der wichtigste Wegbereiter der dynamischen Psychologie gewesen, und er wird es auch nach seinem Tode bleiben. Dem widerspricht aber nicht, daß solche Auffassungen später auch bei anderen angesehenen Forschern wie zum Beispiel Piaget, das Ehepaar Bühler, Kretschmer und anderen einen immer wichtigeren Platz einnehmen. Adler begrüßte es immer, wenn sich herausstellte, daß andere seine Einsichten übernahmen, gleich, ob sein Name dabei erwähnt wurde: »Ein jeder soll sich der Individualpsychologie bedienen und mag nehmen, was er braucht!«

Wir haben versucht, die Hintergründe der Adlerschen Gedanken zu beleuchten. Man könnte seine »Individualpsychologie« als neo-vitalistische, als realistische Psychologie bezeichnen. Einerseits bezieht sie sich auf die »Geworfenheit« des Individuums, die begründet ist in der Faktizität seines Erbguts, seines zufälligen sozialen Milieus und der allgemeingültigen Naturgesetze. So ist seine Psychologie verwurzelt in der Naturwissenschaft. Andererseits befaßt sie sich mit den Geisteswissenschaften, insofern sie auch und hauptsächlich den finalen, formgebenden Faktor im Blick hat, die schöpferische Idee. Der »Entwurf« ist der »Lebensplan« oder besser der »Lebensstil« (dieser Begriff meint das Streben, die dynamische Spannung).

Selbstverständlich verlangt eine so realistische Psychologie eine andere Art der Analyse, eine andere Wahl, Rangordnung und Erklärung der Fakten als die naturalistische Psychologie. Für die Individualpsychologie gehören die psychischen Fakten nicht zur »Geworfenheit«, sondern zum »Entwurf«. Sie werden von den kausalen Faktoren nicht vollkommen determiniert. Was aber heute »Entwurf« ist, wird morgen zur »Geworfenheit«. Der Mensch wird also von seinem »Entwurf« bestimmt. Der Begriff »Entwicklung« wird nicht mechanisch, also passiv verstanden. Die Entwicklung ist nicht auf eine vom Erbgut bestimmte Form gerichtet, sondern ein aktives, intelligentes »Sich-Entwickeln« mit Hilfe der autonomen Selbstverwirklichung des Individuums, das nach einer subjektiv höher eingeschätzten Endform strebt. Hier wird also eine optimistische Antwort auf die Frage gegeben: »Faut il faire sa vie au lieu de la subir?«

1. Einführung: Vorbereitung ist alles

Das Streben soll sich auf Ewigkeitswerte richten · »Jeder Mensch kann alles«

Als Einführung zu unserer gemeinsamen Arbeit möchte ich Ihnen eine Geschichte von einem chinesischen Schriftsteller erzählen, der vor ungefähr 3000 Jahren gelebt hat. Nur wenige Leute scheinen die Lehre aus dieser Geschichte in die Praxis umzusetzen. Ich selbst bemühe mich, es zu tun, und auch für Sie kann es von Nutzen sein, wenn Sie sich mit dem Inhalt dieses Buches beschäftigen.

Ein Holzschnitzer schuf einmal ein herrliches Bild, das zunächst von jedermann als echtes Kunstwerk bewundert wurde. Auch sein Fürst, Prinz Li, war voll des Lobes und fragte ihn nach dem Geheimnis seiner Kunst. Der Bildhauer antwortete: »Wie soll ich einfacher Mann und Euer Diener vor Euch ein Geheimnis haben können? Ich besitze kein Geheimnis, noch ist meine Kunst etwas Besonderes. Ich will Euch aber erzählen, wie mein Werk entstanden ist. Als ich mir vorgenommen hatte, ein Bild zu schnitzen, bemerkte ich, daß in mir zuviel Eitelkeit und Hochmut waren. Ich arbeitete also zwei Tage, um mich von diesen Sünden zu befreien, und glaubte dann, sie abgelegt zu haben. Aber dann entdeckte ich, daß ich von Eifersucht auf einen Berufsgenossen getrieben wurde. Ich arbeitete wieder zwei Tage und überwand meine Eifersucht. Danach bemerkte ich, daß ich zuviel nach Lob verlangte, und es kostete mich wieder zwei Tage, dieses Verlangen zu überwinden. Zum Schluß stellte ich fest, daß ich ständig daran dachte, wieviel Geld ich für dieses Bild wohl bekommen würde. Diesmal brauchte ich vier Tage, doch endlich fühlte ich mich frei und stark. Ich ging in den Wald, und als ich einen Tannenbaum erblickte, von dem ich spürte, daß er und ich zusammenpaßten, fällte ich ihn, schleppte ihn nach Haus und ging ans Werk.«

Fazit dieser Geschichte wäre also, wer eine wichtige Arbeit beginnt, sollte sich selbst dabei vergessen. Nun können wir uns natürlich nicht jeden Tag und jede Stunde unseres Lebens darauf besinnen, in welcher Geisteshaltung wir eine Arbeit oder eine Handlung verrichten sollen und welches der tiefere Sinn unserer Tätigkeit sei. Uns Pädagogen und Psychologen muß dieser Sinn aber wenigstens von Zeit zu Zeit bewußt sein. Schließlich ist unsere Arbeit eine Art »Ausbrüten«, wobei wir uns in den Lauf der Natur einmischen, also in das Werden, in das Entstehen von Zukunft. Die Menschheit würde nicht an Erziehung gedacht haben, bestünde nicht die unabweisbare Notwendigkeit, die folgende Generation auf das Leben vorzubereiten. Wir können uns nicht damit begnügen, das Kind für das Heute zu erziehen, sondern müssen uns als Richtschnur die Frage stellen: »Wie kann das Kind später in seinem Leben am besten bestehen?« Später will in diesem Fall sagen: in einer Zukunft, von der wir wenig wissen, aber von der wir uns doch wegen unserer Kinder eine Vorstellung machen und die wir selbst erschaffen müssen. Wir sollten uns ein Bild vom künftigen Menschen machen, wie wir ihn uns wünschen; natürlich nicht um unserem egoistischen Verlangen entgegenzukommen, sondern um unseren Nachkömmlingen so gut wie möglich die Anpassung an ihre Zeit zu ermöglichen.

Ich möchte Ihnen ein aufschlußreiches Beispiel von den Folgen einer unvollständigen Vorbereitung auf das Leben erzählen. In einer kleinen Stadt in Nordamerika, die sich schnell vergrößerte, lebte eine fromme Sekte, die sich nicht mit den anderen Einwohnern vermischen wollte. Wie auf einer Insel wohnend, wurden ihre Kinder ausschließlich nach den Regeln des eigenen Glaubens erzogen. In der ersten Generation dieser Sekte gab es keine Kriminellen, in der zweiten Generation jedoch auffallend viele junge Kriminelle, während es in der dritten Generation buchstäblich von Bösewichtern wimmelte. Juristen und Philanthropen zerbrachen sich den Kopf über dieses Phänomen. Die Erklärung dafür ist aber einfach, wenn man die Menschen nicht isoliert betrachtet. Schon in der zweiten Generation kamen die Kinder dieser Sekte in Berührung mit anderen Einwohnern der Stadt. Sie besuchten Schulen, mußten Handel treiben, einen Beruf ausüben usw. usw. Aufgrund ihrer klosterähnlichen Erziehung waren sie auf ihre Aufgaben nicht vorbereitet. Wann immer ein Mensch auf seine Aufgabe nicht vorbereitet ist, versagt er.

Vorbereitung ist alles! Sie ist der Kern jeder Erziehung und jeder Behandlung seelischer Erkrankungen. In den meisten Fällen kommt es zu Fehlentwicklungen, weil die Kinder für ein Leben gemeinsam mit uns nicht gerüstet sind. Sie spüren dann, daß sie versagen, werden unglücklich und enden in Trunksucht, Geistesstörung, Kriminalität oder Selbstmord. Aus den Kindern dagegen, die mit anderen zusammengehen, mit anderen gemeinsam arbeiten und die sich in einem Leben, das der Vorbereitung auf die Zukunft gewidmet ist, heimisch fühlen, werden glückliche Menschen. Der Erzieher muß nicht nur die Persönlichkeit der ihm anvertrauten Kinder, sondern auch die Probleme der Außenwelt begreifen. Er darf nicht nur individuelle Psychologie betreiben (die nicht verwechselt werden sollte mit Individualpsychologie!), sondern er muß einen klaren Blick haben für die Aufgaben des Kindes. Sowohl das Bewältigen der Schule als auch aller anderer Lebensfragen müssen dem Kind in einer Form nahegebracht werden, daß sie es als Etappen vor sich sieht, als Schritte auf dem Weg in die Zukunft mit Problemen, wie sie durch Erwachsene gelöst werden müssen. Der Lehrer kann das Interesse seiner Schüler nicht besser wecken, als wenn er ihnen zu verstehen gibt: »Was du jetzt lernst, ist eine Vorbereitung für später, wenn du erwachsen bist.« Im Anschluß an das oben Erörterte will ich Ihnen ein Beispiel erzählen. Es betrifft einen Jungen von 13 Jahren, der es noch nicht weiter als bis zur 5. Klasse gebracht hat. Die Individualpsychologie geht davon aus, daß wir von Anfang an unseren Verstand benützen, und so stellen wir sofort fest, daß dieser Junge in seiner Entwicklung verlangsamt ist. Wahrscheinlich ist er zweimal sitzengeblieben, denn seinem Alter nach gehörte er in die 7. Klasse. Er ist der schlechteste Schüler, nicht allein in seiner Klasse, sondern in der ganzen Schule. Man wußte sich in der Schule nicht mehr zu helfen. Er hatte zahlreiche Diebstähle begangen und ist wiederholt weggelaufen, so daß die Polizei ihn aufspüren und wieder nach Hause bringen mußte. Er ist auf vielerlei Weise bestraft worden, aber es hat nicht geholfen.

Strafen und Schläge sind in Schulen gebräuchlich, aber in diesem Fall haben sie genausowenig geholfen wie in den meisten anderen Fällen. Letztendlich wurde er in eine Erziehungsanstalt geschickt, als letzter Ausweg einer Familien- und Schulerziehung, die vor ihrer Aufgabe versagt hat. In seinem ganzen Leben ist der Junge nicht zur Zusammenarbeit erzogen worden, sondern um zu stehlen und zu vagabundieren.

In einer Anstalt kann man ihn wohl daran hindern, wieder auszureißen, auch kann man ihm das Stehlen erschweren, aber man kann ihn unmöglich zu freiwilliger Mitarbeit zwingen. Jede Zusammenarbeit beruht auf einem schöpferischen Akt, auf der eigenen Initiative und kann nicht von außen erzwungen werden. Höchstens in sehr leichten Fällen besteht die Möglichkeit, daß ein strenger Eingriff zur Besserung führt, und zwar nur dann, wenn dieser strafende Eingriff das Kind auf eine gute Idee bringt und es eine Möglichkeit in einer erfolgreicheren Richtung entdecken läßt, die es dann trotz der Strafe einschlägt. Es ändert also seine Haltung und beginnt den selbstentdeckten neuen Weg zu gehen.

Meistens bleiben in solchen Fällen die Resultate mangelhaft, denn es fehlt den Kindern an ausreichendem Material für ihre Lebensauffassung. Die Strafe ersetzt diesen Mangel nicht. Oft brauchen die Kinder nach ihrem Fehlschlag einige Zeit, um zur Besinnung zu kommen, anders schaffen sie es mit dem besten Willen nicht. Es ist möglich, daß es zweckmäßige Erziehungsanstalten gibt. Im allgemeinen herrscht in diesen Einrichtungen jedoch zu wenig Verständnis für die Eigenarten der Kinder, die dort untergebracht sind. Manche Statistiken zeigen, daß 70 Prozent der jugendlichen Klienten schon mehrmals in einer Erziehungsanstalt gewesen sind. Es zeigt sich also deutlich, daß es an richtiger Behandlung schwieriger Kinder fehlt und daß die bisher verfolgte Richtung nicht zu dem gewünschten Ergebnis führt. Der genannte Junge kam in eine gute Einrichtung. Es gab dort einen Erzieher, der die Individualpsychologie studiert hatte und sie auch anwandte und so mehr tat, als nur Berichte zu lesen, in denen die Fehler des Kindes aufgezählt waren und in denen vielleicht von möglichem Schwachsinn die Rede war. Der Erzieher wußte, daß solche Phänomene stets das Endresultat des kindlichen Lebensstils sind. Dieses Kind mußte also eine Vorbereitung gehabt haben, die nicht für die Schule geeignet war. Der Lehrer schaute sich die Schulzeugnisse des Jungen an. In den ersten drei Jahren hat der Junge gute Noten gehabt. Erst im 4. Jahr begann das Elend. Der Lehrer zog daraus den Schluß, daß das Kind in den ersten drei Jahren einen anderen Lehrer gehabt haben muß als später. Der erste war vermutlich freundlich und gut gesonnen gewesen, und der Junge hatte mit ihm zusammengearbeitet. Er arbeitete also nur mit, wenn er genügend menschliche Wärme verspürte. Die späteren Lehrer werden weniger freundlich gewesen sein, und diesem Umstand war das Kind nicht gewachsen. Hier haben wir also, wie in so vielen Fällen, die Folge eines verwöhnenden Lebensstils.

Als nächstes erfragte der Erzieher von dem Jungen selbst, wie er zu seinen Fehltritten gekommen war. Seine Vermutungen wurden bestätigt. Der Junge erzählte: »Der Lehrer in der vierten Klasse konnte mich nicht leiden.« Es kommt wenig darauf an, ob dies stimmt. Der Junge hatte jedenfalls diese Meinung, und so ist es mit uns allen: Wir leben nicht nach objektiven Fakten, sondern nach unserer Auffassung über diese Fakten. Dann fragte der Erzieher weiter: »Warum hast du gestohlen?« Die Antwort war: »Wir sind arm. Ich hatte keine Freunde und wollte doch Freunde haben. Dann habe ich gestohlen und habe das, was ich gestohlen habe, meinen Schulkameraden geschenkt, um sie so zu meinen Freunden zu machen.« Hier sieht man wieder: Der Junge sehnte sich sehr nach Wärme und Zuneigung. Er handelte also in Übereinstimmung mit seinem Ziel und also von seinem Standpunkt aus gesehen vernünftig. Als schlechter Schüler in armseligen Verhältnissen kann man nur sehr schwer Freunde finden. Er mußte sich also Freundschaft erkaufen. Aus diesem logischen Gedankengang konnte der Erzieher, ohne von dem Jungen noch mehr zu wissen, mühelos schließen, daß er nicht schwachsinnig war. Das Kind handelte falsch, aber auf dem falschen Weg mit großer Intelligenz. Der Erzieher fragte weiter: »Warum bist du immer ausgerissen?« – »Immer wenn ich schlechte Noten bekam, schlug Vater mich und Mutter weinte. Darum lief ich lieber weg und versteckte mich. Aber nachts suchte ich Holz und legte es meiner Mutter vor die Tür, so daß sie morgens den Ofen anmachen konnte.« Dies beweist, daß seine Mutter die einzige Person war, die ihm Wärme vermittelte. Er versucht auch sie zu kaufen, genauso wie seine Kameraden. Der Junge ist nicht auf Zusammenarbeit vorbereitet, und er kann nicht mit gleichgültigen Menschen zusammenleben. Er will Wärme empfangen. Sein Lebensstil ist ein geschlossenes System und für uns gut zu durchschauen. Wir wissen, daß er jede Situation vermeiden wird, in der er nicht von Wärme umgeben ist, und schließen daraus, daß wir, wenn wir ihn für uns gewinnen wollen, vorläufig nichts anderes tun können, als ihm Wärme zu geben und freundlich zu ihm zu sein. Es gibt keine andere Möglichkeit, dieses Kind zu gewinnen.

Kinder, die Wärme suchen, bilden die Mehrheit aller schwierigen Kinder. Solange wir ihnen Wärme geben, werden sie sich tadellos benehmen. Ihr Lebensstil bleibt dadurch jedoch unverändert. Beinahe alle schwierigen Kinder haben sich ursprünglich eingestellt auf Wärme, Unterstützung und Freundlichkeit. Sie haben den verwöhnten Lebensstil.

Bei einer Untersuchung wie dieser sollte man skeptisch sein. Vielleicht ist alles doch nur eine Fata Morgana und Produkt unserer eigenen Phantasie. Wir forschen also weiter! Ein Kontrollmittel, das immer weiterhilft und oft zu neuen Einsichten führt, besteht darin, die früheste Erinnerung zu untersuchen. Diese Untersuchung verlangt aber Einfühlungs- und Kombinationsvermögen. Jeder Mensch verfügt über einen eigenen Lebensstil und spielt daher sein ganzes Leben lang dieselbe »Melodie«. Wer den Komponisten Bach gut kennt, wird bei jeder neuen, ihm gänzlich unbekannten Komposition dieses Tonkünstlers sagen können: »Dies ist ein Stück von Bach.« Der ganze Künstler ist in jedem Element seiner Musik präsent. Deswegen ist es möglich, jeden Menschen schon in seinen frühesten Jugenderinnerungen wiederzuerkennen.

Fast alle Autoren, die über die Individualpsychologie schreiben, begehen den Fehler, den verwöhnenden Lebensstil aus der Haltung der Mutter oder anderen Familienmitgliedern abzuleiten. Ich entdecke den verwöhnenden Lebensstil aber auch häufig da, wo die Mutter alles vermieden hat, was nach Verwöhnung aussah, und man sogar eher von Verwahrlosung hätte sprechen können. Der verwöhnende Lebensstil ist vorhanden, sobald das Kind nach Verwöhnung, das heißt nach unmittelbarer Erfüllung seiner Wünsche durch andere, strebt und meist Erfolg damit hat. Die früheste Erinnerung unseres Jungen war: »Als ich vier Jahre alt war, hat mein Vater mich losgeschickt, um eine Zeitung für ihn zu holen. Aber – dieses Aber ist bezeichnend für die Beziehung des Kindes zu seinem Vater – statt dessen ging ich zu meinem Onkel. Der gab mir Süßigkeiten, und die brachte ich meiner Mutter.« Der Weg des Knaben entfernt sich von seinem Vater und führt über seinen Onkel zu seiner Mutter. Wir sehen hier das gleiche Muster wie beim Weglaufen und seiner Mutter heimlich Holz bringen.

Nach Ablauf eines Jahres gehörte der Junge zu den besten Schülern seiner Gruppe. Auch sonst hatte er sich gut entwickelt. Der Erzieher hat ihn durch Freundlichkeit gewonnen und so dafür gesorgt, daß zwischen ihm und seinem Zögling eine gute Beziehung entstand. Dies führte auch zu mehr sozialen Bezügen des Kindes. Und nun holte der Erzieher nach, was die Mutter versäumt hatte: Er zeigte dem Jungen, warum er Schiffbruch erlitten hatte, und er erklärte ihm seinen falschen Lebensstil.

Nun fragen uns die Menschen, auch viele Ärzte, oft: »Wie kann man durch Sprechen einen Menschen verändern?« Es geht in solchen Fällen um falsche Meinungen, und die kann man allein durch erklärte Regeln verändern, weil ein falsches Urteil auf Verstandesebene korrigiert werden muß. Dann kommt aber der Einwurf: »Aber das ist purer Intellektualismus! Wo bleibt der Einfluß des Gefühls und des Willens?« Solche Einwände stammen von psychologischen Stümpern, die meinen, daß das Seelenleben sich in Schubladen einordnen läßt, in denen, sauber voneinander getrennt, Denken, Fühlen und Wollen untergebracht sind. Solche Trennungen gibt es nicht. Es gibt nur ein ganzes, ungeteiltes Seelenleben. Von ihm erkennen wir einmal deutlicher das Denken, dann wieder das Fühlen, Wollen und Handeln. Diese Funktionen sind immer alle gleichzeitig wirksam, und bei jeder psychischen Bewegung ist die gesamte Seele aktiv.

Auch dieser 13jährige Junge hatte einen sehr bestimmten, einheitlichen Lebensstil, der sich nur verändern ließ, nachdem der Junge ihn kennengelernt hatte und er die Fehler erkennen konnte. Vielleicht wäre es gelungen, das Entstehen dieses Lebensstils zu verhindern, wenn seine Mutter rechtzeitig aufgeklärt worden wäre und sich dann anders verhalten hätte. Man kann aber einen falschen Lebensstil auch später noch ändern. Dazu sind Eltern, die beim Entstehen von Fehlern immer beteiligt sind, selten in der Lage. Dies kann allein durch die Schule und die Lehrer geschehen. Diese Aufgabe der Schule ist so wichtig und umfassend, daß ich nicht davor zurückschrecken würde, ein Gesetz zu erlassen, nach dem kein Kind die Schule verlassen darf, bevor man mit einiger Sicherheit erwarten kann, daß es sich als Mitmensch und Mitarbeiter am allgemeinen Wohl beteiligen wird.

Man darf sich dabei nicht auf das Wohl der Familie, der Schule, der Stadt oder des Landes beschränken. In diesen Fällen kann man noch von Gruppenegoismus sprechen. Das einzige richtige Maß ist das Wohl der gesamten Menschheit und die dafür notwendige Arbeit und Sorge um die Zukunft. Von der Natur dieser Arbeit wissen wir nur wenig, aber wir wissen, daß die Zukunft einen Menschentyp braucht, der ein stärkeres Gemeinschaftsgefühl und eine bessere Fähigkeit zur Kooperation besitzt, als wir sie gegenwärtig antreffen. Die Aufgabe der Individualpsychologie können wir wie folgt zusammenfassen: Aus den Besonderheiten der Beziehung eines einzelnen Individuums zu seiner Umwelt ist das gesamte Individuum zu rekonstruieren, seine Meinung über sich selbst und seine Lebensaufgaben zu erschließen und die ihm als Ideal vorschwebenden Erfolgsmöglichkeiten herauszufinden. Dazu gehört eine sorgfältig entwickelte, scharfe Beobachtungsgabe hinsichtlich der Eigenarten der Situation, der Handlungen und der gesamten Dynamik des Individuums. Die Individualpsychologie ist von allen Theorien des Seelenlebens die dynamischste. Sie erkundet die Haltung des Individuums gegenüber den Problemen, welche die Außenwelt ihm bereitet. Man kann diese Probleme in drei Gruppen einteilen. Die erste Art von Problemen bezieht sich auf das Verhalten des Menschen zum Kosmos. Der Mensch muß sich den kosmischen Umständen und Gesetzen anpassen. Man kann dies als Überlebenswillen bezeichnen, doch muß hier die ferne Zukunft mit berücksichtigt werden, denn es geht um den Fortbestand der gesamten Menschheit bis in alle Ewigkeit. Ernährungswissenschaft, Körperhygiene und medizinische Wissenschaft sind keine zufälligen Entdeckungen des menschlichen Geistes, sondern Ergebnisse der notwendigen Auseinandersetzung des Menschen mit seinen kosmischen Problemen.

Nehmen wir zum Beispiel die wichtige Frage unserer Ernährung. Weil wir auf einer kargen Erdoberfläche leben, müssen wir viel Fleiß und Mühe aufwenden, um uns zu ernähren. Arbeit ist also keine unnötige Quälerei, sondern unmittelbare Folge unserer Beziehung zum Kosmos. Nur wenn Sie die Dinge so betrachten, wird deutlich, warum Fleiß, Sauberkeit, gute Ernährung und körperliche Ertüchtigung Tugenden sind. Sie ermöglichen es uns nicht nur, am Leben zu bleiben, sondern sichern auch den Fortbestand des Menschengeschlechts im allgemeinen. Diese Tugenden bilden darum für uns Erdbewohner die normale und einzig wahre Lebensweise. Jede Abweichung, die nicht das gleiche günstige Resultat verspricht, muß darum als Gegensatz zum Wahren und Guten betrachtet werden. Faulheit, Unsauberkeit, alle ungesunden Lebensgewohnheiten stehen im Widerspruch zum Verstand, dem »comon sense«. Ein großer Teil der Erziehung ist der Vorbereitung zur Lösung kosmischer Probleme gewidmet. Auch das Kinderspiel gehört dazu, weil es ein Training ist für das spätere Leben. Das Spiel schärft die Sinne, stärkt die Körperkraft und erzeugt Geschicklichkeit. All diese Dinge sind lange bekannt, aber es ist von großer Wichtigkeit, sie sich immer wieder zu vergegenwärtigen, weil es notwendig ist, daß wir einen Maßstab zur Verfügung haben. Um Art und Ausmaß eines Fehlers richtig einschätzen zu können, muß man bestimmen, inwieweit dieser Fehler von der richtigen Einstellung zu den *Ewigkeitswerten* abweicht.

Natürlich gibt es Meinungsverschiedenheiten über diese Werte. Ist es zum Beispiel für die Entwicklung der Menschheit vorteilhaft, wenn Kinder sich anstrengen, einander zu übertreffen? Sind Spiele nützlich, die Eifersucht aufeinander wecken? Sollte man zu Kriegsspielen ermutigen? Darf man Kindern Feuerwaffen in die Hand geben? Von unserem Standpunkt aus werden wir all dies verurteilen, denn hier werden Eigenschaften herangezüchtet, die der Allgemeinheit nicht zugute kommen und keine Ewigkeitswerte besitzen. Auch Spiele, die allein gespielt werden, reichen nicht aus. Im späteren Leben müssen die meisten Arbeiten mittels der Zusammenarbeit vieler bewältigt werden. Je besser das Kind auf diese Zusammenarbeit vorbereitet wird, desto leichter werden ihm später diese Aufgaben fallen. Natürlich erkennen wir sehr deutlich die Unmöglichkeit, ein Kind so zu trainieren, daß es auf alle künftigen Aufgaben vorbereitet ist. Man kann nun mal keine Erziehung auf die Erwartung gründen, daß das Kind während seines gesamten weiteren Lebens nur mit den in der Jugend trainierten oder mittels Dressur erworbenen Reflexen auskommt, auch wenn zum Beispiel Bechterew, Pawlow und die Behavioristen dies behauptet haben. Denn der Mensch kommt immer wieder in ganz neue, früher nicht vorausgesehene Situationen. Wir können das Kind aber darauf vorbereiten, auch in neuen Situationen seinen Weg zu finden und das Wesen einer neuen Aufgabe zu entdecken.

Um eine Aufgabe lösen zu können, muß man verschiedene Bedingungen erfüllen. Erstens: Man muß sich entscheiden, sie zu Ende zu bringen. Bei vielen Kindern und Erwachsenen fehlt die Einsicht dieser Notwendigkeit. Zweitens: Man muß optimistisch sein. Man muß überzeugt sein, daß man bis zum Ende gehen kann. Drittens: Man sollte sich selbst nicht im voraus Grenzen setzen. Wenn man sich selbst im voraus Grenzen setzt, kommt man bis an diese Grenze und nicht weiter. Auf diese Weise kommt es zu den meisten Mißerfolgen, bei Kindern wie auch bei Erwachsenen. Welche Folgen diese Selbstbegrenzung nach sich ziehen kann, lehrt uns ein schönes Beispiel aus der Tierpsychologie.

Zwei Forscher, Katz aus Rostock und Schelderrob aus Kopenhagen, haben das Verhalten von Hühnern studiert. Sie bemerken bei einer Gelegenheit, daß Huhn A hinter Huhn B herläuft, während Huhn B ängstlich wegrennt. Am nächsten Tag verfolgt Huhn B das Huhn C und jagt und pickt es den ganzen Tag. Am dritten Tag aber verfolgt Huhn C das Huhn A, und jetzt flüchtet Huhn A, ohne sich zu wehren.

Die einzig mögliche Erklärung ist, daß Huhn B meint, Huhn A sei das stärkste, während Huhn C glaubt, Huhn A sei das schwächste, und so weiter. Das Verhalten, und damit der Erfolg, hängt also selbst bei Hühnern von der »Meinung« ab. Diese Meinung bildet sich aber häufig schon viel zu frühzeitig, nach einem anfänglichen oder auch nach einem Scheinerfolg. Ein erster Erfolg kann daher über das ganze Leben eines Huhns entscheiden.

Bei uns Menschen verhält sich das nicht anders. A meint, daß er der beste in Mathematik sei, B weiß, daß er der zweite, C, daß er der dritte ist, und Z ist fest davon überzeugt, daß er der letzte sei. Aber keiner kommt auf den Gedanken oder vermutet, daß diese Kinder sich selbst Grenzen gesetzt haben oder daß andere ihnen diese Grenzen aufgezeigt haben. Die Kinder akzeptieren die Grenzen und überschreiten sie nicht. Sie staunen, wenn sich zufällig herausstellt, daß diese Grenzen tatsächlich nur gedanklich und willkürlich waren. Mir ist als Kind widerfahren, daß ich vor der Austeilung der Schulzeugnisse schon ausgerechnet hatte, daß ich von 46 Schülern der 10. sein werde. Als ich dies den anderen erzählte, glaubte mir niemand. Bei der Bestimmung der Rangordnung stellte sich tatsächlich heraus, daß ich der 10. war! Durch Überlegung kann jeder Schüler den Rang errechnen, den er innehat. Er sieht aber nicht ein, daß er dort nicht stehen muß.

Als ich aufs Gymnasium kam, war ich dort der Schlechteste in Mathematik. Der Lehrer beklagte sich einmal bei meinem Vater darüber, er habe noch nie so einen unbegabten Schüler gehabt. Ich konnte unmöglich versetzt werden, blieb folglich sitzen und wiederholte die erste

Klasse. Dann bekam ich einen anderen Lehrer, der, obwohl er mich nicht kannte, dennoch bald behauptete, er habe noch nie solche Dummheit erlebt. Mit Hilfe von Nachhilfestunden bemühte ich mich weiter und kam in die 2. Klasse. Auch der dritte Lehrer behauptete, daß meine Leistung eine Katastrophe sei. Er sei nur selten einer so geringen Begabung für Rechnen und Mathematik begegnet. Das beste wäre, wenn ich auf das Lernen verzichtete. Ich blieb aber in der Schule, weil es mir im übrigen dort gut gefiel.

Eines Tages sagte mir der Lehrer, er könne nicht mehr ertragen, meine vergeblichen Bemühungen mitanzusehen. Ich brauche keine Hausaufgaben mehr zu machen, und er würde mir keine Fragen mehr stellen, weil er sich nicht mehr über mich ärgern wolle. Am Ende des Quartals werde er mich nochmals prüfen, wisse aber schon jetzt, wie das Ergebnis ausfallen werde.

Da entwickelte sich in mir Widerstand, und obwohl ich von meiner Dummheit überzeugt war, entschloß ich mich, einen Versuch zu wagen. Von diesem Augenblick an begann ich, aufzupassen und zu arbeiten, was ich früher nie getan hatte. Ich wurde nie mehr geprüft oder abgefragt, aber eines Tages geschah etwas, das wertvoller war als ein pädagogisches Lehrbuch. Ein Junge stand an der Tafel und konnte eine Aufgabe nicht lösen. Ich dachte: »Das ist doch nicht so schwierig, das kann ja selbst ich!« Aber ich war mir meiner Sache nicht ganz sicher. Auch bemerkte ich zu meiner Überraschung, daß selbst der Lehrer nicht imstande war, die Aufgabe zu lösen. Er gab falsche Ratschläge, geriet durcheinander und verwirrte den Jungen gänzlich. Schließlich fragte er die Klasse: »Wer kann diese Aufgabe lösen?« Keiner antwortete. Da kam bei mir der vermessene Gedanke auf: »Ich wage meinen Kopf!« Und ich zeigte auf.

Die Jungen lachten, der Lehrer lachte. Er sagte: »Natürlich, Adler ist der einzige, der das kann!« Ich war bereit zu sterben, ging zur Tafel und löste die Aufgabe. Da stand ich und fühlte mich wie Napoleon. Der Lehrer war stumm vor Staunen, die Jungen schwiegen verblüfft. Endlich sagte der Lehrer: »Ich verstehe nicht, wie das möglich war, aber du hast die Aufgabe gelöst, und ich muß dir also eine gute Note geben.« Und jetzt kommt das Wunder: Ab dieser Stunde war ich der weitaus Beste in der Klasse in Mathematik! Ich war buchstäblich eine Leuchte in diesem Fach. Trotzdem war ich nicht fleißig, aber sehr interessiert.

Seitdem begleitete mich mein ganzes Leben das Wissen: *Jeder Mensch kann alles*, solange er sich selbst keine Grenzen setzt. Vielleicht kann nicht jeder die besten Ergebnisse erzielen, er kann aber all das erreichen, was man im gewöhnlichen Arbeitsleben normalerweise von einem Menschen verlangen kann. Ausgenommen sind allein die Schwachsinnigen. Die meisten Menschen aber wissen nicht so genau, was Schwachsinn eigentlich ist. Man redet von Minderbegabung oder von verzögerter Entwicklung. Das ist aber Unsinn. Ein Kind ist entweder schwachsinnig oder intelligent. Wenn ein Kind mit normaler Intelligenz in seiner Entwicklung zurückbleibt, dann gibt es dafür einen Grund, und es ist möglich, ihm zu helfen.

2. Leben ist das Meistern von Widerständen

Vererbung und Milieu sind Bausteine

Die Individualpsychologie ist eine Beziehungspsychologie. Alles, was wir an einem Menschen beobachten, sind Beziehungen. Es sind Haltungen oder noch besser Bewegungen auf etwas zu oder von etwas weg. Aber das Beobachten dieser Beziehungen allein ist noch nicht Wissenschaft. Wissenschaft fängt erst an, wenn wir einen Gedankengang gefunden haben, der alle Beziehungen einer bestimmten Person unter einem Gesichtspunkt vereinigt. Eine solche verbindende Idee glaubt die Individualpsychologie in dem Umstand entdeckt zu haben, daß alle Menschen eine Möglichkeit suchen, die ihnen gestellten Aufgaben zu lösen, also in dem Streben nach Erfüllung, mit dem Endziel der Vollkommenheit. Ein Wort, das all dies zusammenfaßt, haben wir nicht. Wir können allen dabei in Betracht kommenden Gesichtspunkten am besten gerecht werden, indem wir sagen, daß im Seelenleben eines jeden Menschen ein Streben von unten nach oben vorhanden ist.

Dieses Streben hat zur Folge, daß jede Phase unseres Lebens von zwei Seiten her betrachtet werden kann: von oben gesehen als Mangelsituation, von unten gesehen als Überwindung einer niedrigeren Stufe. In Wirklichkeit gehören beide Seiten zusammen und sind untrennbar miteinander verbunden. Man kann sagen, daß die Mangelsituation, das heißt das Bewußtsein der Unvollkommenheit und Unsicherheit, ein Minderwertigkeitsgefühl hervorruft. Jeder Punkt der aufwärtssteigenden Lebenslinie ist gleichzeitig besetzt mit Minderwertigkeits- und Überlegenheitsgefühlen. Am Ende dieser Linie müssen wir uns ein Ideal denken, nicht nur beim Kind und beim Erwachsenen, sondern auch im Streben nach höheren Idealen der Menschheit als ganzer.

Die Essenz des Lebens ist gekennzeichnet durch das Streben, Schwierigkeiten die Stirn zu bieten. Ungeachtet dessen, wie das Leben entstanden ist und wie sehr es auch im Widerspruch steht mit einem

Zustand des Gleichgewichts mit der Umgebung, es muß schon vom Entstehen an die Möglichkeit in sich gehabt haben, Widerstände der Außenwelt zu überwinden und damit verbundene Aufgaben auf sich zu nehmen. Da ist kein Zweifel möglich, denn diese Überwindung ist bis heute teilweise gelungen, und für alles, was bis heute sichtbar geworden ist, muß schon in der ursprünglichen Struktur des Lebens die Möglichkeit vorhanden gewesen sein.

Wenn es aber ein Ziel gibt, muß jeder Aspekt des Seelenlebens dieses Ziel widerspiegeln, und man muß es in jedem Bewegungselement wiederfinden können. Der Mensch wird nicht von Ursachen, sondern von einem Ziel bestimmt. Sowohl in der Pädagogik als auch in der Seelenkunde bezieht man heute gewöhnlich alles noch auf Ursachen, zum Beispiel auf die Vererbung. Die Anhänger der Vererbungslehre müßten aber, wenn sie es wirklich ernst meinten, konsequent sein und sich der Erziehung gänzlich enthalten. Denn sie geraten mit sich selbst in Widerspruch, wenn sie zunächst alles mit der Vererbung erklären und dann trotzdem erziehen wollen. Was sie als Tatsache unterstellen, zielt nicht auf das Wohl der Menschheit, sondern ist eine Ausrede, die alles einfacher macht, weil sie aus der Verantwortung entläßt.

In Wirklichkeit bringt aber jedes Kind wohl bestimmte angeborene Möglichkeiten mit. Die Entscheidung aber, welche Ziele mit diesen Möglichkeiten angestrebt werden sollen, ist ganz frei, also nicht vorbestimmt. Für seine Wahl entscheidend sind die zufälligen Erfolgsmöglichkeiten, die es in seiner Umgebung vorfindet.

Die Individualpsychologie widerspricht der Vererbung von Veranlagungen und nimmt ohne Einschränkung das Vorhandensein wichtiger Unterschiede in der Veranlagung an. Sie betrachtet sie aber als Bausteine. Das Gebäude ist das Werk des Kindes. Dabei benutzt es seine Veranlagung und die Einflüsse seiner Umgebung. Die Bildung des Lebensstils ist, soweit uns bekannt, im vierten, spätestens im fünften Lebensjahr beendet. Damit liegt der Lebensstil fest und ändert sich nicht mehr bis zum Tode. Wenn Fehler im Lebensplan der Lösung wichtiger Lebensprobleme im Wege stehen und das Kind – oder der Erwachsene – diese Fehler erkennt, ist es allerdings in der Lage, diese allein oder mit Hilfe anderer zu korrigieren. Solche Korrekturen sind tatsächlich möglich und bilden die wichtigste Aufgabe der Erziehung.

Manche wundern sich, daß ein Kind trotz positiver Einflüsse und guter Erziehung auf den falschen Weg geraten kann. Man sollte sich aber vor Augen halten, daß viele Menschen sich häufig ein etwas merkwürdiges Bild von der Tätigkeit des Erziehens machen. Einer versteht darunter strenges und starres Festhalten an bestimmten Prinzipien. Der andere meint, Güte und Permissivität seien die einzig richtigen Haltungen. Die Erziehung soll aber nicht nur in einer bestimmten Technik begründet sein und darf sich nicht damit begnügen, nur die Gegenwart zu beeinflussen. Eltern überlegen nur selten, daß das Handeln des Kindes immer auf die Zukunft gerichtet ist, und sie rechnen nur selten mit dem großen Einfluß, den die Richtung, die das Kind, und damit die aufwachsende Generation, einschlägt, auf die Zukunft der ganzen Menschheit ausübt.

Doch auch wirklich gute Erziehung ist nicht immer erfolgreich. Dabei kann aber unmöglich die Veranlagung die entscheidende Rolle spielen, denn es kommt nur darauf an, welche Art von Beziehungen das Kind zwischen seinen Veranlagungen und den Problemen der Außenwelt herstellt. Es geht im Leben nicht um das, was man hat, sondern darum, wie man es verwaltet.

Aber selbst wenn wir diese Dinge einen Augenblick außer acht lassen, wissen wir immer noch nicht genau, was eigentlich vererbt wird. Wir sprechen oft von Vererbung und vergessen die Möglichkeit, daß möglicherweise nur ähnliche oder ähnlich geartete Umstände ähnlich aussehende Reaktionen hervorbringen.

Der Vater von Beethoven verkündete schon vor der Geburt des Kindes: »Wenn es ein Junge wird, mache ich einen zweiten Mozart aus ihm!« Als es dann wirklich ein Junge wurde, wird der Vater also dem Kind zweifelsohne die besten Möglichkeiten geboten haben, auf dem Gebiet der Musik Erfolge zu erzielen. Von Anfang an hat er ihn in einer musischen Atmosphäre erzogen. Wahrscheinlich kamen noch andere Faktoren hinzu. Beethoven hatte zum Beispiel ein angeborenes Ohrenleiden. Es ist aber bestimmt kein Zufall, daß viele bekannte Musiker an Ohrenkrankheiten litten: Smetana, Dvořak, Robert Franz. Ein solches vererbtes Leiden ist oft Anlaß zur Überkompensation. Uns graut, wenn wir uns vorstellen, daß dem jungen Beethoven, wäre er damals zur Berufsberatung geschickt worden, aufgrund seiner Ohrenkrankheit von der musischen Laufbahn abgeraten worden wäre. Dies ist Beweis dafür, wie sehr unsere jetzige Psychologie noch mit Unzulänglichkeiten zu kämpfen hat.

Eine andere psychologische Schule, die uns widerspricht, ist die der Milieutheoretiker. Sie schieben alles auf die Umgebung, die Eltern, die Wohnung, die Erziehung, Verführungssituationen, wirtschaftliche Verhältnisse usw. Aber auch diese Theorie ist unzureichend. All diese Faktoren sind wohl Bausteine, doch wie der Mensch sie verwendet, das hängt von seinem Lebensstil ab, vom Ziel, das er sich in seiner frühesten Kindheit gesetzt hat, und von seinen frühesten Erfolgschancen, wie er sie damals zu sehen meinte.

Warum blickt ein Kind so weit voraus? Dies hängt zusammen mit dem notwendigen Faktor der Bewegung im lebenden Organismus. Sobald ein lebender Organismus sich bewegt, ist es gezwungen, vorauszusehen. All seine ererbten Möglichkeiten und Kräfte, weder Milieueinflüsse noch Erziehung, sind in der Lage, auch nur die geringste Bewegung zu verursachen, wenn das Kind kein Ziel vor Augen hat. Auch in der Physik liegt heute das größte Problem in der Richtung, und so nähert sich die exakte moderne Physik den viel älteren Betrachtungsweisen der Individualpsychologie. In der modernen Physik werden selbst die Atome sozusagen als lebend vorgestellt, so daß, wie Smuts (»Holism and Evolution«) dargelegt hat, mit dieser Theorie vielleicht wirklich etwas vom Ursprung des Lebens ans Licht gebracht wird.

Auch die äußeren Einflüsse sind keine Garantie, daß daraus etwas Richtiges und Gutes entsteht. Denn zwischen diesen Einflüssen und dem Ergebnis steht das Kind mit seiner schöpferischen Kraft. Diese Kraft äußert sich von Beginn an in ein und derselben Form, im Streben nach einer vermeintlichen Möglichkeit des Erfolges. Darum ist für die Individualpsychologie die früheste Erinnerung ein wichtiger Anhaltspunkt.

Bisher haben wir die Probleme aufgezeigt, die zu der ersten Gruppe von Aufgaben gehören, die dem Menschen vom Leben gestellt werden.

Die Entwicklungslinie ist völlig identisch mit dem eigentlichen Lebensprozeß. Wichtig ist, dieser Linie die Richtung des Allgemeinwohls zu geben. Alle Lebensprobleme können nur in dieser Richtung gelöst werden. Auch die richtige Lösung des kosmischen Lebensproblems findet sich nur, wenn die Gemeinschaft mit einbezogen wird und dazu beiträgt. Dazu gehören die Arbeitsteilung, das ganze Berufsleben, die Bekämpfung der Epidemien und noch vieles mehr.

Wir sehen also, daß alle Probleme ohne Ausnahme zusammenhängen mit der zweiten Gruppe: den Aufgaben, die den Platz des Menschen in der Gesellschaft kennzeichnen. Nur die Geistesgestörten leben wirklich isoliert, und diese Isolierung besteht überdies nur subjektiv. In Wirklichkeit können auch sie sich nicht aus der menschlichen Gesellschaft lösen, ohne daran zugrunde zu gehen. Der Mensch steht also unwiderruflich vor der Aufgabe, sich als Mitglied der Gesellschaft so angemessen wie nur möglich zu verhalten. Nur wenn man Interesse für andere hat und ihre Belange berücksichtigt, kann diese Aufgabe gelingen. Wir sollten unser Leben also immer so einrichten, daß wir ein solches Interesse entwickeln. Dieser Punkt sollte alle Lebensäußerungen beherrschen.

Was zum Beispiel bedeutet »sehen«? Es ist nicht nur ein physiologisches Phänomen, denn schon das Kind muß die Außenwelt so in sich aufnehmen, daß sie seine Entwicklung in die richtige Richtung fördert. An der Art, wie es die Dinge sieht, wie es um sich schaut, kann man einen Menschen erkennen. Jeder Lehrer weiß, daß zahllose Kinder nicht in der Lage sind, auf die richtige Art zu sehen. Sie sind so sehr mit sich selbst beschäftigt, daß sie nichts und niemanden wirklich »sehen«. Solche Kinder sind nicht in der Lage, das Sichtbare richtig zu verarbeiten. In den Schulen arbeitet man heutzutage viel mit Anschauungsunterricht. Dieser Unterricht kann aber nichts nutzen, wenn ein Kind kein Interesse daran hat, also nicht danach verlangt, das Angeschaute künftig zu verwenden. Dagegen ist bei anderen Kindern das Interesse für das Sichtbare sehr stark entwickelt. Oft sind es Kinder, die unter geringen Sehstörungen leiden, etwa unter Kurzsichtigkeit, Astigmatismus usw. Viele große Maler hatten Augenanomalien, und an Kunstakademien haben, wie aus Statistiken ersichtlich, zuweilen 70 Prozent der Studierenden ein Augenleiden. Es sind die Kinder, die mit ihren Schwächen gekämpft und sie überwunden haben. Andere aber mit einer Schwäche des Sehorgans kümmern sich nicht um die Aufgabe des »Sehens« und lassen sie beiseite.

Mit dem Interesse für das »Hören« steht es ähnlich. Wir hörten schon, daß eine große Zahl von Musikern ein Ohrenleiden hatten. Aber auch Personen, die nur eine allgemeine Überempfindlichkeit gegen Lärm haben und folglich zu Ohrerkrankungen neigen, reagieren oft mit einer Überkompensation.

Die meisten gesunden Kinder interessieren sich genauso stark für das Sehen wie für das Hören, aber auch für die Funktionen ihrer anderen Sinnesorgane. Im allgemeinen wird aber noch viel zuwenig überlegt, auf welche Art und Weise diese Funktionen entwickelt werden. Es ist zum Beispiel aufgefallen, aber noch nicht genau untersucht, daß die meisten Kinder, die Schwierigkeiten haben, mit der rechten Hand zu schreiben, wenig Interesse zeigen für das Sehen. Kinder, die leicht auswendig lernen und schnell etwas nachsingen können, zeigen viel Interesse für das Hörbare, während bei ihnen das Sehen mehr in den Hintergrund tritt. In solchen Fällen sollte man bei mangelhaften Leistungen keine schlechten Noten geben, jedoch das Interesse für das Sichtbare oder Hörbare mit allen Mitteln zu stärken suchen.

In diesem Zusammenhang ist das Problem der Linkshändigkeit von Interesse. Individualpsychologische Untersuchungen haben gezeigt, daß ungefähr 40 Prozent aller Menschen als Linkshänder geboren werden. Nur eine Minderheit weiß es selbst oder wird als solche von anderen erkannt, weil unsere Kinder von Anfang an rücksichtslos auf Rechtshändigkeit abgerichtet werden. Es gibt auch Mischfälle. Manche Linkshänder sind hinsichtlich ihrer Füße oder Augen rechts eingestellt, doch der Anteil totaler Linkshänder ist sehr groß. Bei ihnen ist die linke Körperhälfte besser entwickelt. Schon an den Augen kann man es erkennen; oft steht bei ihnen das linke Auge etwas höher und ist weiter geöffnet, während die linke Augenbraue dichter ist und an einer etwas höheren Stelle liegt. Es gibt mehr als 80 Tests, um Linkshändigkeit festzustellen. Die einfachste und bei echter Linkshändigkeit fast unfehlbare Probe ist aber das Kreuzen der Finger beim Falten der Hände. Dabei legt der Linkshänder den linken Daumen über den rechten.

Große Taten wurden übrigens gleichviel von Rechts- wie von Linkshändigen vollbracht. Linkshändige, die ihren Rückstand aufgeholt haben, sind oft noch geschickter und als Künstler noch begabter als Rechtshänder. Trotzdem hatten sie während ihrer Entwicklung mit allerhand Schwierigkeiten zu kämpfen, die anderen erspart geblieben sind. Erstens werden sie als Kinder zu Hause oft als ungeschickt angesehen, und später haben sie in der Schule Schwierigkeiten beim Lesen und Schreibenlernen.

Dr. Alice Friedmann hat diese Schwierigkeiten beim Lesen gründlich untersucht. Linkshändige Kinder haben von Natur aus die Neigung, von rechts nach links zu lesen. Im allgemeinen bemerkt der Lehrer nicht, daß das Kind zwar lesen kann, es aber in der falschen Richtung tut. So verliert das Kind den Mut, setzt sich seine Grenze und kann sie während langer Zeit nicht überschreiten. Die üblichen Erklärungen solcher Schwierigkeiten beim Lesenlernen sind falsch. Die Hände sind die wichtigsten Bewegungsorgane des Menschen. Die auffallendste, vorherrschende Bewegung der rechten Hand ist die Bewegung von innen nach außen, also von links nach rechts. Beim Linkshändigen geht diese Bewegung aber von rechts nach links. In dieser Richtung bilden sich auch andere Körperbewegungen aus, und so buchstabieren die Kinder beim Lesen in die falsche Richtung. Wenn man sie darauf aufmerksam macht, gelingt es leicht, dieses Verhalten zu korrigieren. Natürlich sind dazu Freundlichkeit und Ausdauer nötig. Man könnte beispielsweise sagen: »Ja, von rechts nach links kannst du jetzt schon ganz gut lesen, versuch es aber jetzt mal umgekehrt!« Wenn man hingegen nur kritisiert, weiß das Kind nicht, was es machen soll, und wird immer schlechter. Man sollte also von Anfang an mit solchen Faktoren und mit der Vorliebe des Kindes fürs Sehen, Hören oder Handeln rechnen. Welches ist das beste Übungsfeld für das Sprechen? Die Familie! Da wird ständig gesprochen, und dort entwickelt sich das Sprechen am besten. In Heimen aufgewachsene Kinder haben im allgemeinen viel weniger Ausdrucksmöglichkeiten als andere Kinder. Gleichgültig, wie man im allgemeinen über das pädagogische Geschick der Familie denken mag, es ist vorhanden und ist von großer Wichtigkeit. Wahrscheinlich beginnt auch in der Geschichte der Menschheit die Sprache mit dem Entstehen der Familie.

3. Das Kind sucht ein Erfolgserlebnis

Der Erzieher soll ihm dieses ermöglichen · Das Kind sucht manchmal in der falschen Richtung
Diskussion: Bettnässen · Angeben · Masturbieren

Aus vielerlei Gründen sollte man bei der Beurteilung der Leistungen von Kindern am Anfang des Schulunterrichts sehr vorsichtig sein. Diese Leistungen sind in starkem Maße davon abhängig, wie das Kind vorbereitet wurde. Wenn diese Vorbereitung lückenhaft war, dann muß das Versäumte nachgeholt werden. Man sollte Geduld zeigen, ermutigen und, wenn nötig, die Eltern miteinbeziehen. Am Anfang sollte man jedem Kind ein Erfolgserlebnis anbieten, ohne Rücksicht darauf, ob zu Recht oder zu Unrecht. Das Aufwärtsstreben des Kindes wird verhindert, wenn es nirgendwo eine Möglichkeit für Erfolg entdeckt. Es wird dann die Richtung seines Strebens ändern und versuchen, auf Umwegen zum Ziel zu kommen. Diesen Ablauf findet man in der Geschichte aller gescheiterten Kinder wieder.

Ich werde Ihnen ein Beispiel geben. Es betrifft einen achtjährigen Jungen, über den viele Beschwerden vorgebracht werden, besonders über sein Bettnässen, ein weitverbreitetes Übel. Das Bettnässen kann man aber nur bekämpfen, indem man den ganzen Lebensstil ändert. Ein solches Kind ist immer auch unter anderen Gesichtspunkten auf dem falschen Weg. Es ist in Opposition, in Widerstand gegen die Kultur. Ein solcher Widerstand stellt sich nur dann ein, wenn der Anstieg der Lebenslinie irgendwo unterbrochen wird. Das Kind ist nun der Meinung, seine einzigen Erfolgsmöglichkeiten bestünden darin, daß andere sich dauernd um es bemühen.

Das Bettnässen hat etwas Aggressives: Es ist ein Angriff gegen die anderen. Der besagte Junge kam mit seiner Mutter in meine Sprechstunde. Während der Beratung klagte die Mutter, daß er viel weine und sich immer unglücklich fühle. Da erkennen wir schon: Weinen ist eine Form der Kommunikation, ein Appell, ein Zeichen von Aktivität und Aggression. Mit dem Unglücklichsein ist es genauso. Obwohl der

Junge sich mit diesem Verhalten selbst schadet, trifft er gleichzeitig die anderen, doch auf dem Umweg über die eigene Person. Diese Verhaltensweise ist die Grundstruktur des Selbstmörders.

Wir können also jetzt schon voraussagen: Wenn dieser Junge sich nicht ändert und später einmal in eine schwierige Situation gerät, wird er sich wie ein Selbstmörder verhalten. Diese Prognose kann von der Individualpsychologie schon bei einem achtjährigen Knaben gestellt werden. (Natürlich ohne dabei zu verkennen, daß dieses Ergebnis unter günstigen Umständen auch ausbleiben kann.)

Der Junge ist offensichtlich daran gewöhnt, daß andere sich dauernd um ihn kümmern. Vielleicht hat seine Mutter sich zu viel um ihn gesorgt und ihn nicht zur Mitarbeit herangezogen. Auf jeden Fall hat sie ihm die Möglichkeit zu einem verwöhnten Lebensstil geboten. Es ist jetzt schon klar, daß dieses Kind unmöglich ordentlich sein kann. Es kann auch unmöglich mutig sein und ist sicherlich auch nicht imstande, selbständig zu arbeiten. Wenn es in der Schule gut geht, liegt dies daran, daß es einen Lehrer angetroffen hat, der es stützt und ihm weiterhilft. Es ist aber viel wahrscheinlicher, daß es auch in der Schule nicht allzu gut vorankommt. Wollte man den Jungen für jeden Fehler bestrafen, würde man nichts erreichen. Besser wäre es, ihn von seinem Fehler in seiner Lebenshaltung zu überzeugen.

Weiter dürfen wir noch annehmen: Wenn der Junge früher verwöhnt wurde und sich jetzt so verhält, um sich bemerkbar zu machen, dann muß dazwischen die eine oder andere Tragödie liegen. Wahrscheinlich wurde ein Geschwisterchen geboren. Normalerweise wird das älteste Kind zunächst verwöhnt. Wenn ein zweites Kind kommt, ändert sich ihre Situation schlagartig, und sie versuchen ihre frühere Position wiederzuerobern. Die Art und Weise, wie sie es versuchen, kann sehr unterschiedlich sein, und es gibt auch sehr begrüßenswerte Versuche. Leider gehen die Versuche meistens in die falsche Richtung und äußern sich häufig in Form von Streitigkeiten mit den jüngeren Geschwistern. Die Rivalität ist um so ausgeprägter, je mehr das erste Kind verwöhnt wurde. Im Idealfall aber wurde das älteste Kind bereits vor der Geburt des Geschwisterchens zur Kooperation erzogen. Dann ist es bereit, die Situation anzunehmen und im richtigen Sinne damit umzugehen.

In unserem Fall meinte die Mutter, daß der Junge nicht eifersüchtig auf die anderen Kinder sei. Eifersucht neigt jedoch dazu, sich auf Umwegen zu äußern, wie zum Beispiel durch Bettnässen, wenn sich das Kind gleichzeitig zum Ziel gesetzt hat, die Mutter für sich in Anspruch zu nehmen.

Der Junge näßt nicht regelmäßig ein – also wahrscheinlich doch kein sehr schwerer Fall. In der Schule macht er gute Fortschritte. Der Lehrer ist besonders freundlich zu ihm.

Von der Mutter erfahren wir, daß dieses Kind unerwünscht war und sie es deswegen in den ersten vier Lebensjahren bei Familienangehörigen untergebracht hatte. Die Pflegeeltern mochten das Kind sehr und verwöhnten es. Verwöhnung ist aber kein Phänomen, das man nur in wohlhabenden Familien vorfindet. Im Gegenteil, man findet es fast noch mehr in armen Familien. Sowohl der Ehemann wie auch seine Ehefrau in solchen Familien kommen abends müde von der Arbeit nach Hause und geben dem Kind in allem nach, nur um selbst Ruhe zu haben. Eltern aus den ärmeren Bevölkerungsschichten lassen sich außerdem weniger von erzieherischen Überlegungen leiten. Wenn man aber einen Fall von Verwöhnung feststellt, darf man nicht nur ausschließlich das Verhalten der Eltern bedenken. Die Mutter hat oft gar nicht vor, das Kind zu verwöhnen, kann es aber trotzdem nicht verhindern, daß es sich einen verwöhnten Lebensstil zu eigen macht. Man sollte also in erster Linie das Kind betrachten und erst danach den Anteil der Mutter untersuchen. Der verwöhnte Lebensstil kann sich in sehr verschiedener Form zeigen, wie beispielsweise bei Kindern, die ohne feststellbaren Grund Schwierigkeiten mit dem Stuhlgang haben oder die nicht in der Lage sind, Freundschaften einzugehen, oder Angst im Dunkeln haben oder nicht allein sein können. Auch Äußerungen von Haß oder Quälerei gegenüber anderen sind bezeichnend für das verwöhnte Kind, das später nicht mehr verwöhnt wurde. Sadistische und masochistische Neigungen sind keine ursprünglichen, angeborenen Triebe, sondern entstehen künstlich als Erziehungsfehler oder als falsche Kompensationen von Kränkungen des verwöhnten Lebensstils. Zu den Erscheinungsformen des verwöhnten Lebensstils gehören auch allerhand Kinderunsitten wie Nägelbeißen, Nasebohren sowie verschiedene sexuelle Untugenden. Es sind alles Versuche, andere zu reizen, und es ist nicht nur nutzlos, sondern kann den Wunsch des Kindes erfüllen, wenn man sich reizen läßt und den Kampf aufnimmt.

Übrigens sollte man mit Kindern niemals Streit anfangen. Weil sie immer die Stärkeren sind. Und auch deswegen, weil ihre Lebenslinie unaufhaltsam nach oben strebt und sie, wenn wir uns dagegen stellen, immer neue Schleichwege zu finden wissen, um trotz allem ihr Ziel zu erreichen. Sie hindert, im Gegensatz zu Erwachsenen, kein Gefühl von Verantwortung. Ein Kind wird zum Mißlingen verurteilt, wenn ihm die Erfolgsmöglichkeit vorenthalten wird, die ihm die einzig mögliche zu sein scheint. Dabei kommt es nicht darauf an, ob es eine wirkliche oder nur eine eingebildete Möglichkeit ist. Die Charakterstörungen, die so entstehen, sind immer Produkte einer falschen Erziehung.

Manche psychologische Schulen meinen, daß der Mensch von bösen Instinkten und Lüsten getrieben wird. Es sind vor allem die Leute, die es lieben, andere zu unterdrücken, die an solchen Theorien Gefallen finden. Alle, die in Familie, Schule, Kirche oder Politik den Tyrannen herauskehren, halten den Menschen von Natur aus für schlecht. Der Mensch ist aber von Natur aus weder gut noch schlecht, bringt aber von Natur aus nicht nur die Neigung mit, nach Überlegenheit zu streben, sondern auch das Grundbedürfnis, sich für seine Mitmenschen zu interessieren. Bei der Erziehung geht es ausschließlich darum, ob man dieses Interesse entwickelt oder verhindert.

Unser Patient wurde also vier Jahre außerhalb des Elternhauses erzogen. Jetzt ist er wieder zu Hause und zeigt feindselige Neigungen. Gegen wen richten sie sich? Gewöhnlich gegen die Mutter. So ist es auch in diesem Fall. Der Junge greift aber nicht offen an, sondern heimlich, so daß seine Mutter nicht bemerkt, daß das Weinen und Einnässen aggressive Akte ihr gegenüber darstellen. Es ist wie in einem Drama. So sehen wir hier nicht nur Bosheit oder Gehorsam, sondern eine tragische Verwicklung, bei der die Unschuld unwissend zur Schuld führt. Es gehört zum Drama, daß der tragische Irrtum dem Helden erst im fünften Akt bewußt wird. Weil es sich hier aber nicht um Theater, sondern um die Wirklichkeit handelt, sollte die Individualpsychologie den Platz des fünften Akts einnehmen.

Die Mutter erzählt weiter, sie habe ihre ursprünglich abweisende Haltung dem Sohn gegenüber geändert und sei ihm ein Jahr nach Rückkehr in seine Familie endlich wohlgesonnen. Dann ist das nächste Kind gekommen. Jetzt aber, da er sich so schlecht benimmt, ist sie natürlich wieder streng zu ihm. Sie streitet sich also mit ihm. Es ist unvermeidlich, daß sie in diesem Streit die Verliererin ist. Je strenger sie ist, desto mehr spürt der Junge, daß er recht hat, und er gelangt immer mehr zu der Überzeugung, daß ihm durch die Geburt seines Schwesterchens Unrecht angetan wurde.

Die Eltern passen nicht recht zusammen. Der Vater ist wenig zu Hause, weil ihm weder seine Frau noch die Häuslichkeit viel bedeuten. Diese Familie ist also in sich ein schlechtes Übungsfeld, weil der Junge in ihr keine sozialen Beziehungen mit mehreren Menschen eingehen kann. Die Mutter ist wahrscheinlich eine starke Persönlichkeit. Vater und Sohn passen sich ihr an, indem sie sich entziehen und sie vor Probleme stellen. Der Junge ist der älteste von drei Kindern; nach ihm kamen ein Schwesterchen und ein Brüderchen.

Es geschieht sehr oft, daß der älteste Sohn, wenn ihm eine Schwester folgt, automatisch in Schwierigkeiten gerät. Das zweite Kind versucht den Platz des Ältesten einzunehmen, trachtet danach, auf gleicher Ebene mit ihm zu stehen oder ihn gar zu überflügeln. Es fühlt sich beleidigt, wenn es die Kleider des Ältesten tragen soll und immer zu hören bekommt: Du bist noch zu klein, du sollst jetzt ins Bett, du darfst nicht mit, du darfst noch nicht mitreden usw. Dies alles macht ihn immer zum Konkurrenten des Ältesten. Das Ergebnis dieser Auseinandersetzung ist unterschiedlich: Wenn der Älteste es schafft, seine Stellung zu verteidigen, ist seine Position noch stärker als vorher. Schafft er es nicht, sich zu behaupten, verliert er den Mut ganz und gar, während der Charakter des Zweiten dann desto aktiver, energischer und hart wie Stahl wird. Das älteste Kind hat oft konservative Züge, ist bewahrend und vorsichtig. Politisch gesehen, kann dies dazu führen, daß es die Macht verehrt. Unter den großen Revolutionären aller Zeiten sind viele Erstgeborene. Sie haben immer die Eroberung der Macht vor Augen, denn für sie bedeutet Macht viel mehr als für das zweite Kind. Dieses letztere hat keine so hohe Meinung von der Macht, und es weiß: Alles kann auch anders werden, wer mächtig ist, kann entthront werden. Robespierre und Danton waren älteste Kinder, Mussolini war ein Ältester, ebenso Hitler. All diese Figuren handeln unter dem Zwang ihrer Lebenslinie als Älteste; sie sind Opfer ihrer eigenen tragischen Entwicklung.

Das zweite Kind ist bis in die Wissenschaft hinein revolutionär. Es stellt neue Hypothesen auf, über welche die Ältesten, die auf die Ewigkeit der Naturgesetze schwören, nur den Kopf schütteln können. Ein typischer Ältester ist der Dichter Theodor Fontane. In seiner Autobiographie schreibt er irgendwo: »Natürlich war mein Vater als französischer Emigrant immer für die Polen, und deswegen freute er sich außerordentlich, daß 2000 Russen vor 1000 Polen flüchteten. Ich freute mich darüber ganz und gar nicht, weil ich meinte: 2000 Russen sollten doch stärker sein als 1000 Polen, und Macht sollte doch Macht bleiben. Natürlich weiß ich recht gut, daß dies moralisch nicht richtig ist, aber ich würde viel dafür geben, wenn mir jemand erklären könnte, warum ich meine, daß Macht immer Macht bleiben sollte.«

Die schwierige Position des Erstgeborenen wird noch schlimmer, wenn das zweite Kind ein Mädchen ist. Mädchen entwickeln sich körperlich und geistig anfangs schneller, und deswegen hat der Junge es schwer, sich ihm gegenüber zu behaupten, vor allem wenn er schon unter dem Wahngedanken natürlicher männlicher Vorrechte steht. Eine solche Anmaßung ist für das Mädchen natürlich geradezu ein Ansporn für doppelte Anstrengung. Entmutigt läßt der Älteste dann oft in seinen Leistungen nach, auch was seine schulischen Arbeiten angeht. Glänzt seine Schwester in der Schule, dann gibt der Junge auf. Das Mädchen nimmt in diesem Streit burschikose Charakterzüge an, die aber zu Unrecht so gedeutet werden, da es sich eigentlich nur um eine gesteigerte Aktivität handelt.

In unserem Fall folgte auf den Jungen ein Mädchen, und es würde mich nicht wundern zu hören, daß sich dieses Mädchen fabelhaft entwickelte. Schon jetzt benimmt sich der Junge so, daß man sagen könnte: »Genau wie ein Mädchen.« Tatsächlich hat sich das Mädchen vorzüglich entwickelt. Bis vor einem halben Jahr ist der Junge nach Angaben der Mutter immer gehorsam und folgsam gewesen. Für uns aber ist klar, daß er es in Wirklichkeit nie war! Er hat versucht, seine Mutter durch vorgespielte Gehorsamkeit für sich einzunehmen. Dies ist mißlungen, und jetzt versucht er es durch Unbotmäßigkeit – mit mehr Erfolg.

Der vorgetäuschte Gehorsam, zu dem früher auch die Schule erzogen hat, in Übereinstimmung mit den damaligen Regierungsprinzipien, ist nichts, was wir wünschen. Übrigens versucht jede Regierung die Schule in ähnlicher Weise zu mißbrauchen.

Der Junge schläft bis heute bei seiner Großmutter. Er fängt sofort an zu weinen, wenn es nicht nach seinem Willen geht. Die Mutter berichtet auch, daß der achtjährige Junge schon einen Suizidversuch unternommen hat (was uns nicht wundert). Er konnte auf diesen Gedanken kommen, weil eine 20jährige Schwester seines Vaters sich selbst tötete und auch seine Großmutter, die er sehr gern hat, früher versucht hat, sich selbst zu töten. Der Junge weiß von diesen Ereignissen.

Der Suizidversuch gehört zum Lebensstil des verwöhnten Menschen, weil er sich für so wertvoll hält, daß er sich mit der Vorstellung des Suizids gleichzeitig eine Kränkung und eine Verletzung anderer vorstellen kann. Der verwöhnte Mensch dieser Art ist auf der Suche nach Dingen, mit denen er den anderen am empfindlichsten treffen kann, und findet heraus: Wenn es mir schlechtgeht, vor allem durch meinen Tod, leiden die anderen am meisten – weil ich besonders wertvoll bin. Die Selbstüberschätzung des Suizidalen geht über das normale Maß hinaus. Die Mutter hat alle Hoffnungen auf eine gute Beziehung zu ihrem Kind aufgegeben. Voller Verachtung erklärt sie, er könne nichts anderes als weinen. Offensichtlich fühlt sie sich dadurch sehr gereizt.

Ganz allgemein kann man sagen, daß alle Symptome dahin zielen, wo es schmerzt. Wenn eine Mutter viel Wert auf das Essen legt, treten beim Kind in dieser Hinsicht Schwierigkeiten auf. Wenn das Sprechen sehr geschätzt wird und das Kind widerspenstig ist, zeigt es Sprachschwierigkeiten, wie zum Beispiel Stottern. Wenn die Eltern stark auf die Verdauung fixiert sind, leiden die Kinder unter entsprechenden Schwierigkeiten. Ist die Mutter sehr auf Sauberkeit bedacht, dann ruft sie Bettnässen hervor. Fühlt ein Kind sich in die Enge getrieben oder hat es feindselige Gefühle, spürt es die empfindlichen Stellen der Eltern und greift dort an. Ein Kind, das sich so verhält, ist ohne Zweifel intelligent. Denn es ist schöpferisch und zeigt eine beachtliche Leistung. Dieses Verhalten bietet uns also ein Kriterium für die Entscheidung, ob ein Kind minderbegabt ist oder nicht. Auch minderbegabte Kinder nässen nachts häufig ein und verursachen allerhand Schwierigkeiten, doch diese zielen nicht auf die Schwachpunkte der Erzieher. Deswegen ist es vorteilhaft, wenn das Kind bei den Eltern nicht allzu viele Schwachstellen findet, denn unglücklicherweise leben die meisten Kinder mit den Eltern in einer Art Kriegszustand.

Wenn Eltern mit Nachdruck die Intelligenz des Kindes betonen, verstellt sich das Kind, als ob es dumm und minderbegabt wäre. In der Schule spielt es diese Rolle weiter.

Als Beispiel noch den folgenden Fall: Ein Junge ist in der ersten Klasse des Gymnasiums. Sein Vater ist sehr streng und legt sehr viel Wert auf gute schulische Leistungen. Der Junge arbeitet den ganzen Tag und die halbe Nacht. In allen Fächern ist er gut, auch in Latein, aber sobald es um Klassenarbeiten geht, versagt er. Sein Vater ist hart und aktiv, er erzählt uns, daß er abends spät, wenn er nach Hause kommt, mit dem Sohn noch zwei bis drei Stunden arbeitet, bis dieser alles spielend beherrsche. Wenn der Junge dann mündlich abgefragt wird, geht alles gut. Der Lehrer ist freundlich.

Der Junge ist der älteste Sohn, und sein Vater möchte etwas Besonderes aus ihm machen. Er soll eine höhere Laufbahn anstreben, wozu er Latein benötigt. Eines Tages sagt der Lehrer: »Morgen schreiben wir die letzte schriftliche Arbeit in Latein. Bis heute hast du alle Arbeiten schlecht geschrieben. Wenn diese letzte auch schlecht ist, wirst du sitzenbleiben.« Der Lehrer fügt hinzu, daß es ihm leid täte, er wisse wohl, daß der Junge sich anstrenge und auch sehr viel wisse. Er könne aber nichts daran ändern und gab ihm den Rat, einen Nervenarzt zu konsultieren.

Der Vater war sehr erschrocken und kam mit dem Jungen zu mir. Der Vater redete, während der Junge ganz unterwürfig neben ihm saß. Ich fragte: »Wann soll die Arbeit geschrieben werden?« – »Morgen.« – »Ich bin kein Zauberer und kann dir in so einer kurzen Zeit nicht helfen, aber einen Rat möchte ich dir geben: Löse diese Aufgabe so schlecht, wie du nur kannst!« Der Vater erschrak, und er gab mir heimlich ein Zeichen, doch nicht solch einen aberwitzigen Rat zu geben. Aber ich blieb dabei. »Mach es so schlecht wie nur möglich! Was kann dir jetzt noch passieren? Wenn du sitzenbleibst, bist du nächstes Jahr vielleicht der Beste deiner Klasse, und das wäre gar nicht schlecht.«

Eine Woche später kamen beide vor Freude strahlend wieder. Der Junge hatte das erste Mal im Schuljahr seine Arbeit gut gelöst!

Was hatte ich jetzt erreicht? Während der Vater den Jungen ständig in Angst versetzt hatte und die ganze Familie vor Furcht zitterte, wenn eine Arbeit geschrieben werden sollte, hatte ich ihn innerlich befreit, indem ich ihm erlaubte, Fehler zu machen, und so den Druck weitgehend von ihm nahm. Dadurch war die verwundbare Stelle entlastet und die Angst verringert worden. Nicht in jeder Situation kann natürlich eine solche Roßkur helfen, doch in diesem Fall gab es nichts mehr zu verlieren, und es war das einzige Mittel, das ich einsetzen konnte.

Übrigens verhält es sich mit den Fortschritten in der Schule oft sehr eigenartig. Wenden wir uns zum Beispiel einem anderen Fall zu. Ein zehnjähriges Mädchen kommt ganz verheult mit ihrer Mutter zu mir. Die Mutter klagt, sie sei von ihrem Mann geschieden und habe das Kind bis vor kurzem bei Pflegeeltern in einem Dorf untergebracht. Die Mutter möchte das Kind wohl gern bei sich haben, mußte sich aber zunächst um eine gute Stelle kümmern, bevor sie ihrem Kind ein Zuhause geben konnte. Sie hatte sich so darauf gefreut, als sei es das größte Glück der Erde. Das Kind war in der Dorfschule eine sehr gute Schülerin. Nun kam sie in eine Schule der Stadt, in die vierte Klasse. Die Lehrerin war entsetzt, weil sich herausstellte, daß das Mädchen in keinem einzigen Fach ausreichend war. Es sollte deswegen in die dritte Klasse zurückversetzt werden, konnte jedoch auch dort nicht mitkommen, so daß die Lehrerin zu der Meinung kam, es eigne sich bestenfalls für die zweite Klasse.

Ich machte mich mit dem Kind bekannt und untersuchte es. Es war körperlich ganz gesund. Die Mutter erzählte, daß sie sich habe scheiden lassen, weil der Vater trank, und daß sie Angst habe, das Kind könne die schlechte Veranlagung des Vaters geerbt haben. Sie wollte es deswegen sorgfältig und gut erziehen. »Was meinen Sie damit?« – »Daß ich das Kind immer beobachtet, es genau angeschaut und es oft beschimpft, ja manchmal geschlagen habe.« Dann fragte ich das Kind, ob es den Pflegeeltern noch schreibe. Es erzählte, es schicke ihnen jede Woche einen Brief, und die Pflegeeltern schrieben regelmäßig zurück. »Was waren es für Menschen?« – »Oh, sehr freundliche angenehme Leute.« – »Und wie ging es dir in der Schule?« – »Ich war eine gute Schülerin.«

Offenbar hatte das Mädchen von der Großstadt und dem Aufenthalt bei ihrer Mutter viel erwartet. Dann kam Mutter mit ihrem Mißtrauen und ihrer »guten Erziehung«. Für das Kind war dies eine große Enttäuschung, die es nicht verkraften konnte. Es verzweifelte und hatte nur den einen Wunsch, wieder zurück ins Dorf gehen zu können. Das würde ihr aber nie gelingen, wenn sie in der Schule gut wäre. Das Verlangen, in der Schule gute Leistungen zu bringen, verschwand also ganz und gar, während ihre Neigung wegzukommen wuchs und die Chance des Gelingens immer größer wurde. In der dritten Klasse war sie nicht besser als in der vierten. Da die unerwartete Haltung der Mutter in dem Kind ein immer stärkeres Verlangen nach dem früheren Leben auslöste, übte sie hartnäckigen, passiven Widerstand aus. Sie unternahm zwar keinen direkten Angriff, sondern trat gleichsam auf die Bremse. Dem Wesen nach aber handelt es sich auch hier um einen feindselig geprägten Angriff.

Ich besprach die Angelegenheit mit der Mutter unter vier Augen. Sie ist eine ordentliche, gute Frau, die alles, was ich ihr erkläre, gut versteht und zum Schluß fragt: »Was soll ich jetzt tun?« Es ist nicht leicht, auf diese Frage eine gute und passende Antwort zu geben. Der Rat, dem Kind gegenüber weiter freundlich zu sein, reicht nicht aus.

Darum sagte ich: »Ich weiß wohl, was ich an Ihrer Stelle tun würde, aber es hat keinen Sinn, es Ihnen zu sagen. Sie würden meinem Rat doch nicht folgen können.« Die Frau meinte, ich könne es ihr doch zumindest erzählen. Ich ließ mich lange bitten und spannte sie sozusagen auf die Folter. Endlich sagte ich: »Ich würde in aller Ruhe mit dem Kind reden und zu ihm sagen: Ich habe eingesehen, daß ich dich falsch behandelt habe. Ich meinte es gut, aber ich habe dich nicht verstanden. Wir wollen fortan unser Bestes tun, um Freundinnen zu werden.« Da erklärte die Frau: »Ich werde das tun.« Ich bat sie, in acht oder 14 Tagen wiederzukommen, und sie kamen auch beide strahlend vor Freude. Es ging alles gut, und sie waren die besten Freundinnen. Die Lehrerin hatte erklärt, sie könne gar nicht verstehen, warum man das Kind in die 3. Klasse zurückversetzt habe. Kurze Zeit später kam das Kind wieder in die 4. Klasse und wurde dort die beste Schülerin.

Was geschieht aber in Fällen, in denen man die Zusammenhänge nicht versteht? Verfügt das Kind über genügend Aktivität, dann stiftet es das eine oder andere Unheil. Es steckt zum Beispiel das Haus in Brand oder verursacht einen Skandal in der Schule. Ist es weniger aktiv, dann sinkt es tiefer und tiefer, reißt schließlich aus und verkommt ganz und gar. Deswegen sollte man, wie in den beiden letzten Fällen, die »Feuerwehr« spielen. Dazu ist es aber notwendig, die Eigenarten des Kindes und die Besonderheiten seiner Situation richtig einzuschätzen, um es von der Fehlerhaftigkeit seiner Haltung überzeugen zu können. Das Kind lebt immer in der Meinung, mit seiner Abwehr einen persönlichen Erfolg erreichen zu können, während ein wirklicher Erfolg nur in Zusammenarbeit mit anderen zustande kommt.

Erste Frage: Ein zwölfjähriges Mädchen, ein sehr nettes Kind, befindet sich schon seit sechs Jahren in der Klasse der Fragestellerin und näßt sich ein. Die Eltern waren früher wohlhabend. Der Vater, ein Bäckermeister, starb, als das Kind neun Jahre alt war. Es gibt drei Kinder. Der älteste Sohn ist sehr begabt und besucht das Gymnasium. Die Mutter ist tüchtig und liebevoll, sie meisterte nach dem Tode ihres Mannes die gröbsten wirtschaftlichen Schwierigkeiten und versorgt heute ihre Familie ohne Hilfe von außen.

Das Mädchen ist mittelmäßig begabt, gibt nie Anlaß zu klagen, könnte wohl noch bessere Leistungen bringen, aber sie reichen noch aus. Eine feindselige Haltung der Mutter gegenüber scheint unwahrscheinlich.

Antwort: Bettnässen gehört zu den weitverbreitetsten Kinderfehlern. In manchen Großstädten gibt es spezielle Kliniken gegen dieses Leiden. Manchmal ist die Störung sehr schwer zu heilen. In Wirklichkeit beruht sie immer auf einer feindseligen Tendenz. In diesem Fall geht es um folgendes Problem: Wer ist Mutters Liebling? Wahrscheinlich der älteste Sohn. Es scheint ganz natürlich, daß er im Licht und das Mädchen im Schatten steht. Vermutlich konkurriert sie mit ihm und ist ihm unterlegen. Und es bleibt ihr nur die Aktivität des Bettnässens, mit dem sie sich trotz des Bruders die Zuwendung der Mutter verschaffen kann. Oft kommt man der Lösung einen Schritt näher, indem man fragt: Wann hat das Übel angefangen? Es gibt Kinder, die von Anfang an Bettnässer sind. Es handelt sich dann um die Folgen eines Fehlers der Erzieher, die dem Kind die Möglichkeit gegeben haben, Unsauberkeit als Druckmittel zu benutzen, indem sie Druck auf das Kind ausgeübt haben, sauber zu werden. War das Kind allerdings schon einige Zeit sauber und wurde es später wieder unsauber, dann sollte man die Situation, in der es sich in dem Augenblick befand, in Erfahrung bringen. Es handelt sich dann oft um eine Situation, auf die es nicht vorbereitet war, zum Beispiel die Geburt eines jüngeren Kindes.

Der Vater des Mädchens starb an Zuckerkrankheit. Vielleicht paßt dies in das Bild. In solchen Fällen besteht in der Familie ein außergewöhnliches Interesse am Urin. Wasserlassen wird zu einem wichtigen Problem und rückt in den Mittelpunkt der Aufmerksamkeit. Es gibt Kinder, die ihre schlechten Angewohnheiten aufgeben, sobald sie sich in einer anderen Umgebung befinden. Dies sind aber Ausnahmen. Das Kind selbst ist nicht in der Lage, uns über die Motive seines Verhaltens Klarheit zu verschaffen, weil es sein für die Gemeinschaft schädliches

Verhalten, das dazu dient, seine Mutter stärker an sich zu binden, schon gebildet hat, noch ehe es über Worte und Sprache verfügte. Helfen kann man hier nur, wenn es einem gelingt, den Lebensstil zu ändern. Vermutlich ist die größte Schwierigkeit dieses Mädchens ihr Glaube an die Begabung ihres Bruders und an ihre eigene Unfähigkeit. Solange es der Meinung ist, es sei sein Los auf dieser Erde, unbemerkt und im Schatten zu bleiben, so lange wird es auf das Bettnässen nicht verzichten können. Es werden bei diesem Kind sicher auch Zeichen einer frühen Verwöhnung zu finden sein, wenn auch nicht ausgeprägte, so aber doch deutliche. Wahrscheinlich ist es leicht reizbar, kann sich schnell über alles ärgern.

In der Schule wird das Mädchen geschätzt. Sie hat viele Freundschaften und belohnt diese mit Zuwendung. Man sollte es von seinem Begabtheitswahn heilen. Dazu müßte man es davon überzeugen, daß die Leistungen seines Bruders nichts Außergewöhnliches darstellen. Außerdem sollte man über Verwöhnung mit ihm reden und es davon überzeugen, daß es im Leben nicht darum geht, von anderen beschützt und bedient zu werden. Man wird dann zuviel von der Meinung und der Stimmung dieser anderen Person abhängig. Dies sollte man auch im späteren Leben soviel wie möglich vermeiden. Sobald das Mädchen dies versteht, wird es nicht mehr so stark berührt sein von der Zustimmung oder Ablehnung der Mutter. Es ist nicht Ziel und Zweck des oben Gesagten, andere Meinungen herabzusetzen, sondern das richtige Verhalten als selbstverständlich zu betrachten und danach zu handeln. Es gibt viel zu viele Kinder und Erwachsene, die ständig mit der Angst leben, ausgelacht zu werden. Sie leiden unter dauerndem Lampenfieber, und ihnen fehlt jegliches Selbstvertrauen.

Sowohl die Kinder wie auch die Eltern sind voller Ungeduld, daß sie nicht in der Lage sind, den psychischen Änderungsprozeß abzuwarten. Es gibt dann immer die Möglichkeit, einen Trick anzuwenden, damit das Bettnässen eingestellt wird. Es gibt zahlreiche Kunstgriffe, die darauf abzielen, das Bettnässen sozusagen zu erschweren. Manchmal hat man Erfolg, wenn man das Kind zwingt, ein paar Tage über das Bett zu hüten. Nachts ist es dann weniger ermüdet und dadurch vielleicht in der Lage, sich besser zu beherrschen. Dies bedeutet aber keine psychische Heilung, sondern schafft eine Situation, in der das Bettnässen erschwert wird. Es ist mir ein Fall bekannt, bei dem dieses Leiden aufhörte, als der

Patient zum Militär einberufen wurde. Er war gezwungen, im oberen Teil eines Etagenbettes zu schlafen. Manchmal bringen Milieuänderungen Abhilfe. All diese Mittel aber beheben das Leiden nur in leichteren Fällen, weil sie der Ursache nicht auf den Grund gehen.

Ein 17jähriger Junge näßte immer dann ein, wenn am nächsten Tag eine Mathematikarbeit geschrieben werden sollte. Auch dann, wenn sein Vater einen Ausflug mit dem Auto unternahm, ohne ihn mitzunehmen, reagierte er auf diese Weise. Die Regelmäßigkeit dieser Reaktion war selbst dem Vater aufgefallen. Er erzählte: »Wenn ich ständig mit dem Jungen zusammen bin, so wie in den Sommerferien, passiert es nie.« Einen anderen Jungen, zwölf Jahre alt, überkommt es nur dann, wenn sein Vater ohne ihn auf die Jagd geht. Eine 24jährige Frau quälte sich ihr Leben lang mit diesem Leiden. Ihre Eltern hätten es lieber gesehen, daß sie ausgezogen wäre, und besorgten ihr eine Stelle als Dienstbotin bei einem Metzger. Der Metzger aber entließ sie wegen ihres Bettnässens, worauf sie einen Suizidversuch unternahm, so daß die Eltern sie natürlich wieder nach Hause holten. In diesem letzten Fall waren die Schwierigkeiten bald dadurch überwunden, daß ich der jungen Frau klarmachte, daß sie versuchte, die Bindung zu ihrer Mutter mit untauglichen Mitteln zu erhalten.

In solchen Fällen kann es nützlich sein, Träume und früheste Erinnerungen zu besprechen. Bei diesem Mädchen können wir Träume erwarten, in denen sie allein ist und sich in einer hilflosen Situation befindet, weil solche Träume die Neigung fördern, sich auf die Mutter zu verlassen, während solche ängstigenden Vorstellungen außerdem bei dazu prädestinierten Menschen einen Harndrang hervorrufen.

Zweite Frage: Sie betrifft einen zwölfjährigen Jungen, der in ein Heim aufgenommen wird. Sein Vater heiratete zum dritten Male. Der Junge stahl im Heim und zeigte sexuelle Abnormitäten. Er ist stolz, frühreif, aber klein von Gestalt. Trotz seiner Faulheit schafft er die Schule gut, bewältigt sogar Arbeiten in höheren Klassen. Er bemüht sich dauernd und mit all seinen Kräften, beachtet zu werden, verschüttet etwa Tinte, weil der Lehrer ihm keine Fragen stellt. Obwohl er nicht schwimmen kann, springt er ins Wasser. Er redet viel über Sport, leistet aber wenig. Er liest wie ein Besessener.

Antwort: Dieser Junge ist ein typischer Angeber. Er will aus verschiedenen Gründen immer über sich selbst hinauswachsen. Sein kleiner Wuchs fördert dies. Im allgemeinen kann man sagen, daß Kinder, die klein sind, gern auffallen. Ein bekanntes Sprichwort ist zum Beispiel: »Eine kleine Kanne läuft leicht über.« Manchmal aber kann solch ein Ehrgeiz sehr nützlich sein. Offenbar möchte dieser Junge immer auf seinen Zehenspitzen stehen und neigt dazu, den Älteren zu spielen, weil er, wie wir hören, älter ausschaut, als er ist. Der Junge hat sich auf diese Weise eine Idee der Überlegenheit gebildet. Trotzdem ist hier keine echte Kausalität am Werk. Klein zu sein ist kein schlüssiger Grund für Angeberei, aber für diesen Jungen ist es ein Grund. Er war das einzige Kind. Man hat sich viel mit ihm beschäftigt, hat seine Eitelkeit gestreichelt. Jetzt versucht er durch Angeben das zu erringen, was er meint, nicht tatsächlich realisieren zu können. Er bildet sich ein, nur dann zu seinem Recht kommen zu können, wenn er überlaut schreit. Er erreicht dies dadurch, daß er lügt und phantasiert. Solchen Kindern gelingt es manchmal, anderen zu imponieren, weil sie in dieser Kunst extrem geübt sind. Zunächst ist man erstaunt über ihre Frühreife, bei näherem Hinschauen entdeckt man, wie hohl alles ist. Der Junge bekam zweimal eine Stiefmutter. Stiefmütter sind meist wenig geliebt. Oft sind sie zu den Kindern besonders nachgiebig, gerade um dieser Feindschaft vorzubeugen. Alle Kinder aber sind hartnäckige Verfechter der Monogamie und streiten für den Erhalt der Familie. Sie sind nicht gewillt, neue Familienmitglieder zuzulassen. Sie nehmen deswegen eine Stiefmutter nur selten an, sind von vornherein mißtrauisch und auf der Suche nach Schwachpunkten. Deswegen versagen Stiefkinder so oft. Sie werden aufsässig und benützen dabei den schon gebildeten Lebensstil.

Auch der Vater dieses Kindes zeigt Züge eines Hochstaplers. Er hatte versprochen, dem begabten Jungen eine Ausbildung zukommen zu lassen, kann dieses Versprechen jedoch nicht einlösen. Der Junge ist auf dem besten Wege, ein Verbrecher zu werden. Es wird ihm nicht gelingen, der Verführung zur Prahlerei zu widerstehen. Dazu wird er Geld brauchen. Wahrscheinlich wird aus ihm ein Betrüger. Man sollte ihm klarmachen, daß sein Verhalten darauf beruht, daß er zu Unrecht meint, nichts leisten zu können. Er denkt, bei einem ehrlichen Lebensweg werde sich herausstellen, daß er nichts wert sei. Diese Gedanken sollte man ihm ausreden und ihn trösten wegen seines Kleinwuchses, indem man ihn auf Beispiele aus der Geschichte hinweist. Man müßte seine ganze Lebensgeschichte mit ihm durcharbeiten und ihn auf

Punkte aufmerksam machen, wo er vor wirklichen Taten zurückgewichen ist und dann gemeint hat, durch Lügen und anderen Unsinn Erfolge zu erzielen.

Der Junge masturbiert. Das ist ein Übel, das fast bei allen Kindern zu finden ist. Die Gesundheit wird davon nicht unmittelbar angegriffen. Trotzdem ist es aber nicht gutzuheißen, da es eine Schwäche gegenüber Verführungen und Reizen offenbart. Man sollte also versuchen, das Masturbieren zum Verschwinden zu bringen, indem man das Kind aufklärt, und nicht, indem man ihm droht. Vor allem verwöhnten Kindern fällt es schwer, dieses Fehlverhalten zu überwinden. Sie haben Schwierigkeiten, Verführungssituationen zu widerstehen, oder sie haben mit dem Masturbieren ein gutes Mittel gefunden, aufzufallen. Es besteht ein spürbarer Widerspruch zwischen der schnellen, evolutionären Entwicklung des sexuellen Triebs und der zu einem späteren Zeitpunkt hinaufgeschobenen Möglichkeit zur normalen Befriedigung innerhalb der Grenzen der Kultur.

In New York wurde mir von einer kleinen Angeberin berichtet, einem achtjährigen Mädchen, das log wie gedruckt. Dies beunruhigte die Mutter außergewöhnlich. Eines Tages kam das Kind heim und rief außer Atem: »Mutter, ein Löwe hat mich verfolgt!« Die Mutter wurde böse und erklärte, nichts davon zu glauben, sie solle nicht so lügen. Das Mädchen antwortete: »Schau mal auf die Straße, da steht er noch vor dem Haus!« Die Mutter schaute nach draußen und sah einen unschuldigen gelben kleinen Hund. Sie erklärte: »Jetzt hast du wieder gelogen. Heute abend wirst du den lieben Gott um Vergebung bitten und ihm versprechen, nie wieder zu lügen!« Am nächsten Morgen fragte sie das Kind, ob sie alles ihr Aufgetragene getan hätte. »Ja«, war die Antwort, »ich habe alles gesagt, und der liebe Gott hat mir geantwortet: Mach dir nichts draus, der gelbe Hund hat mich auch schon oft veräppelt!«

Man sieht: Solange der Lebensstil nicht geändert wird, lügt das Kind weiter. Viele dieser Angeber erwarten ganz und gar nicht, daß ihnen geglaubt wird, und wünschen es nicht einmal. Trotzdem lügen sie weiter, weil es ihnen ein stärkeres Selbstwertgefühl vermittelt. Ein ausgezeichnetes Beispiel ist Falstaff, der sich nur durch Angeberei behaupten kann, weil er im Innersten davon überzeugt ist, für nichts zu taugen.

Unser Junge hat wahrscheinlich die eine oder andere Stoffwechselstörung seiner endokrinen Drüsen. Dies erklärt sowohl seinen Kleinwuchs und zugleich seine körperliche und intellektuelle Frühreife. Vielleicht hatte er von Anfang an Schwierigkeiten und empfand das Leben nicht als eine freundliche Einladung. Ohne Angeberei meinte er nicht leben zu können, die Wahrheit scheint für ihn Untergang und Vernichtung zu bedeuten. Er nimmt es also lieber in Kauf, immer wieder als Lügner bloßgestellt zu werden, aus ähnlichen Gründen wie Erwachsene, die, wenn sie sich in einer besonders großen Gefahr befinden, noch mehr Risiken auf sich nehmen müssen als unter normalen Umständen. Wenn es gelingt, den Jungen davon zu überzeugen, daß er selbst am meisten an seinen eigenen Werten zweifelt und daß er sich zu Unrecht unterschätzt, dann wird er nicht mehr darauf angewiesen sein, immer angeben zu müssen. Auf diese Art und Weise kann man ihn heilen. Der Heilungsprozeß wird aber längere Zeit in Anspruch nehmen und von Rückfällen begleitet sein. Manchmal hilft ein Kunstgriff: »Ich glaube dir jetzt überhaupt nichts mehr, auch nicht wenn du die Wahrheit sagst.« Dadurch kann man dazu beitragen, dem Lügen alle Vorteile zu nehmen.

4. Das Kind muß sich im Leben freundlich eingeladen fühlen

Mutterliebe · Armut · Krankheiten und Körperbehinderung

Wir wollen jetzt zunächst die Behandlung unseres letzten kleinen Patienten verfolgen. Bei solchen Patienten sollte man immer einen Arzt konsultieren. Es ist wichtig, daß vor allem die Ärzte die Zusammenhänge von Körper und Seele viel genauer im Auge behalten. In unserem Fall wird es sich in der weiteren Krankheitsgeschichte herausstellen, daß der Junge seiner Mutter gegenüber feindselig eingestellt ist und daß er versucht, sie aufzuregen und zu reizen. Um dieses Ziel zu erreichen, nehmen solche Kinder oft große Unannehmlichkeiten in Kauf und lassen sich zum Beispiel lieber halb tot schlagen, als daß sie sich fügen. Dies bedeutet aber noch nicht, daß es sich hier um Kinder handelt, die bei Schlägen sexuelle Lustgefühle empfinden. Der Umstand allein, daß es wirklich solche Kinder gibt, sollte übrigens ausreichen, körperliche Züchtigung prinzipiell abzulehnen, wenn schon nicht aus anderen Gründen. In unserem Fall spielt aber dieses Problem offensichtlich keine Rolle.

Ich frage den Jungen: »Kannst du mir einen Traum erzählen?« »Ja, ich erinnere mich an einen, aber ich möchte ihn nicht erzählen.« »Welches sind deine frühesten Erinnerungen?« »Meine Mutter saß mit mir im Park und schrieb Briefe. Ich habe dann eine Kanne Wasser über sie ausgegossen.« Die ganze Lebenslinie des Kindes ist hier deutlich sichtbar. Er wünscht sich, daß seine Mutter sich ausschließlich mit ihm beschäftigt, versucht dies mit Tätlichkeiten zu erreichen und verhält sich anderen Menschen gegenüber ähnlich. An dieser Stelle wird deutlich, daß die individualpsychologische Untersuchung jegliche Lebensäußerung im Zusammenhang mit dem Ganzen sieht und so von allen Seiten beleuchtet.

Das Kind baut sich in seiner frühesten Jugend aus den Bausteinen der Vererbung und Eindrücken aus der Umgebung seine auf Erfolg ausgerichtete Lebenseinstellung. Dieser Prozeß vollzieht sich zögernd, mit Versuch und Irrtum, bis das Kind glaubt, in der einen oder anderen Richtung erfolgreich sein zu können. Wir können es dabei nur beeinflussen, indem wir ihm Erfolgsmöglichkeiten im Sinne einer Kooperation anbieten. Welche Wahl es aber trifft, bleibt seine Angelegenheit, wir können nur versuchen, ihm die Entscheidung zur Kooperation zu erleichtern und attraktiver zu machen und genau aufzupassen, ob es richtig gewählt hat. Kein Kind gleicht dem anderen. Die Vererbungstheoretiker reden viel von Gleichheit und haben damit Anlaß zur Verwirrung gegeben, vor allem bezüglich der Zwillingsforschung. Diese Theoretiker behaupten, die ganze menschliche Existenz setze sich aus »Genen« zusammen, deren Einfluß unveränderbar sei. Die »Gene« seien aus bestimmten Bestandteilen von Chromosomen im befruchteten Ei gebildet. Da sich aber in Wirklichkeit während des Lebens allerhand verändert, nimmt man an, daß es außer den Genen noch etwas anderes gibt, das man »Phän« nennt, und behauptet jetzt: Phäne sind veränderlich, Gene nicht.

Diese Theorie hat zu vielen Irrmeinungen geführt. Sie beruht auf dem primitiven Bedürfnis der Menschheit, in Gegensätzen zu denken. Dieses Bedürfnis finden wir schon beim Kind. Seine Begriffe sind: klein – groß, warm – kalt, schlafen – wachen. Antike Philosophen haben auf diese täuschende Vorstellung paarweiser Gegensätze ganze Denksysteme gebaut. Sie haben versucht, die Welt nach diesem Rezept einzuteilen in Begriffe wie: oben – unten, Tag – Nacht, Feuer – Wasser, Leben – Tod. Es ist bemerkenswert, daß auch die Bezeichnungen Mann und Frau fast regelmäßig zusammen mit solchen gegensätzlichen Begriffspaaren genannt werden, und dadurch wird eine Vorstellung genährt, die noch überall herumgeistert. Im angelsächsischen Sprachgebrauch heißt es immer noch: »The opposite sexes.«

Der wissenschaftlich forschende Mensch aber hat sich gelöst von solchem Denken in Gegensätzen. Leben und Tod sind für ihn keine Gegensätze, noch weniger Schlafen und Wachen, und genausowenig gibt es für ihn die anderen festen Begriffspaare. Dennoch begegnen wir in der Wissenschaft noch an vielen Stellen dieser Neigung zum Denken in Antithesen, das immer etwas kindlich anmutet. Auch die Sprache wird noch viel zuviel von diesem antithetischen Denken beherrscht.

Viele Psychologen und Psychiater denken in antithetischen Begriffen wie bewußt–unbewußt. Ich habe von Anfang an auf die Fragwürdigkeit solcher Denkweisen hingewiesen. Das Bewußte ist nicht fortdauernd im Bewußtsein. Zum Beispiel spricht oder denkt man oft über etwas, ohne zu wissen, was sich dahinter verbirgt, welcher auslösende Reiz wirksam war. Mit dem Unbewußten will man auf etwas hinweisen, was nicht in Worten gesagt wird. Aber der Mensch »spricht« auch mit seinem Körper, mit Bewegungen, mit seinen Augen, seiner Haltung, seinem Gang, und bringt damit gleichfalls ein Bewußtsein zum Ausdruck. Ein Bettnässer spricht sozusagen mit seiner Blase. Ich habe diese Sprache »Organsprache« genannt. Diese Sprache ist leicht zu erfassen, sie steht aber kulturell eine Stufe tiefer unter der gesprochenen. Alles, was in der Evolution neu auftaucht, ist unbewußt. Genauso zeigt sich der schöpferische Lebensstil des Kindes unbeachtet in seinem Verhalten. Der normale Mensch denkt in Gegensätzen: gleich – ungleich. Wenn er nur wüßte, daß es dieses »Gleich« ganz und gar nicht gibt, würde dieses Gegensatzpaar verschwinden. Auch das Gegensatzpaar beständig – vergänglich würde es nicht mehr geben. Diese Probleme müssen zur Sprache gebracht werden, denn sie sind für die Praxis wichtig. Die genannte Theorie bringt zum Beispiel die Redensart vom gleichen Blut hervor, das uns verbindet.

Für Laien sind die sogenannten Ergebnisse der Zwillingsforschung sehr einleuchtend. So wird zum Beispiel festgestellt, daß zwei Geschwister, die aus einem Ei hervorgegangen sind, auch wenn sie nicht zusammen wohnen, am gleichen Tag psychisch erkrankten. So etwas ist aber viel weniger beeindruckend, wenn man weiß, daß auch Menschen, die überhaupt nicht miteinander verwandt sind, öfter an einer »Folie à deux« leiden. Eineiige Zwillinge haben, auch wenn sie in unterschiedlicher Umgebung aufwachsen, im Alter von 20 Jahren gleiche oder ähnliche Verbrechen begangen, zum Beispiel Einbruch mit Diebstahl. Dies hat aber wenig Bedeutung, weil niemand weiß, ob sie nicht schon früher etwas Ähnliches getan haben. Es ist fast nie das erste Verbrechen, das entdeckt wird. Ich stellte zum Beispiel bei einem Raubmörder fest, daß er schon vorher jemanden ermordet hatte. Außerdem sind solche Berichte ziemlich lückenhaft. Wenn zum Beispiel beide Zwillinge arbeitslos waren, wundert es niemand, wenn sie, ähnlich wie hunderte andere Leute, zu Verbrechern wurden. Dazu kommt noch, daß eineiige Zwillinge sich häufig absichtlich ähnlich benehmen und daß der eine den anderen so stark beeinflußt, daß beide Verhaltensweisen übereinstimmen.

Genauere naturwissenschaftliche Forschungen haben dazu geführt, daß Behauptungen wie die oben genannten zum Teil korrigiert wurden. Die Individualpsychologie trägt dazu bei, daß auch die Vererbungslehre die Vorstellung aufgibt, daß die geistige Form, die Form der Seele, genetisch bedingt sei. Die Laien aber glauben immer noch daran, und ihre Wahrnehmungen sind entsprechend geprägt. Krankenschwestern in Kinderheimen behaupten zum Beispiel, daß die eineiigen Zwillinge immer am selben Tag an Gewicht genausoviel ab- oder zunehmen. Diese Behauptung wird aufgestellt, ohne daß gleichzeitig die anderen Kinder gewogen wurden! Es wurde berichtet, in einer bestimmten Stadt seien im gleichen Augenblick, jedoch an verschiedenen Stellen Zwillinge überfahren worden! Will man dies wirklich noch als Auswirkung der Gene verstehen? Es steht jedoch fest, daß Zwillinge ähnlich aussehen wollen. Sie passen sich einander an, freuen sich, wenn sie verwechselt werden, und wählen deshalb oft die gleiche Lebensform. Solche Theorien liefern also keine Beweise gegen die Freiheit, mit der das Kind in seinen ersten Jahren seine Lebensanschauung bildet. Das Kind unterliegt dabei sehr stark dem Einfluß der Lebensform seiner Mutter und ihrer Haltung dem Kind gegenüber. Es gibt echte »Mutterliebe«, ein Gefühl, das im Dienste der Evolution steht und Ewigkeitswert hat, weil es Leben erhalten und fortführen will. Dabei ist es aber von großer Wichtigkeit, ob der Weg zur Überwindung der Schwierigkeiten, die in der Außenwelt die Existenz der Menschheit behindern, von den Müttern richtig erkannt und gewiesen wird. Zwar spielen andere Einflüsse auch eine Rolle, doch eine vernünftige Mutter kann dem Kind den Weg zur Lösung seiner Probleme sehr erleichtern. Das Kind sollte seinen Eintritt in die Welt wie eine *freundliche Einladung* empfinden. Ein unfreundlicher Empfang ist es zum Beispiel, wenn das Kind schwach oder kränkelnd oder unter sehr schlechten materiellen Umständen geboren wird. Beide Faktoren wirken in der gleichen Richtung. Für das Kind macht es kaum einen Unterschied, ob es mit einem schwachen Verdauungsorgan zur Welt kommt oder ob es von Anfang an nicht ausreichend ernährt wird oder die falsche Nahrung bekommt. Die Medizin kann auf diesem Gebiet vieles ausgleichen. Ein kurzsichtiges Kind kann zum Beispiel frühzeitig eine Brille erhalten. So gibt es Tausende, im allgemeinen von der Heilkunde entwickelte Mittel, mit denen allerhand Gebrechen behoben werden können.

Der freundliche Empfang im Leben kann aber auch übertrieben werden, und hier haben wir ein wahres Krebsgeschwür der Erziehung vor uns. Die liebevolle Behandlung der Mutter kann so zärtlich sein, daß das Kind jede andere Behandlung als feindlich betrachtet, so daß es ein ständiges Verlangen nach mütterlicher Wärme oder nach einer damit vergleichbaren Atmosphäre entwickelt. Ein solches Kind sperrt sich gegen alle Beziehungen zu anderen Menschen. Wenn die Höherentwicklung der Menschheit die Ausweitung der sozialen Fähigkeiten voraussetzt, dann verhält sich dieses Kind wie ein Individuum mit schwachentwickelten Organen, es ist sozusagen minderwertig gemacht worden. Wenn es in die größere soziale Organisation der Schule eintritt, unternimmt es ausschließlich Schritte von der Schule fort und zur Mutter zurück. Es wird schlecht aufpassen, sich nicht konzentrieren können, stören und so weiter. Wenn es bestraft wird, verstärkt der Drang zur Mutter sich noch. Theoretisch könnte man jetzt die Schule genauso nachteilig gestalten, wie es die Familie schon ist, und manchmal geschieht dies auch wirklich. In diesem letzteren Fall lernt das verwöhnte Kind in der Schule ausgezeichnet, doch es ist nicht die richtige Methode. Denn sobald das Kind später in einem größeren gesellschaftlichen Kreis verkehrt, in dem nicht soviel Rücksicht auf seine Wünsche genommen wird, versagt es. Solche Kinder leisten im Leben nichts, ziehen sich auf sich selbst zurück oder äußern ihren Widerstand mittels unsozialem Verhalten.

Manche Psychologen unterstellen, solche Kinder hätten eine sexuelle Beziehung zu ihren Müttern. Dies trifft vielleicht in manchen Fällen zu, ist jedoch nicht zu verallgemeinern. Tatsächlich auf solche Beziehungen bei Kindern, die sehr verwöhnt wurden und eine sehr starke Bindung an die Mutter haben, von der alle anderen Personen ausgeschlossen sind. Wenn dann bei dem Kind der sexuelle Trieb erwacht, sieht es in seinem Blickfeld nur seine Mutter und geht mit ihr in der Phantasie eine sexuelle Beziehung ein. Ein solches Verhältnis ist also ein Kunstprodukt und Folge einer bestimmten Art von Erziehung. Der Ödipus-Komplex ist nicht der Anfang, sondern das Ergebnis einer falschen Entwicklung. Ein Kind, das sich nicht freundlich eingeladen fühlt, lebt wie in einem feindlichen Land. Es benimmt sich aufmüpfig, frech und arrogant und wird oft für ungesellig gehalten, paßt sich in Wirklichkeit jedoch einer ihm feindlich erscheinenden Umgebung an. Ein solches Kind kann auch scheu und verschlossen sein, Angst haben, beobachtet zu werden, oder sich fürchten, etwas zu unternehmen. Der Ruf der heutigen Menschheit nach einem Diktator ist der Ruf des verwöhnten Kindes!

Verschiedene Autoren, durch überzeugende Argumente der Individualpsychologie auf die Kindern zugefügten Schäden hingewiesen, haben in jüngerer Zeit versucht, unsere Beweisführung in Zweifel zu ziehen. Sie bestreiten, daß der größte Teil der mißratenen Menschen zu den verwöhnten Kindern zählt, denn sie wollen nur bei einer kleinen Zahl dieser Fälle eine verwöhnende Mutter festgestellt haben. Der »verwöhnende Lebensstil« kann aber nicht aus dem mütterlichen Verhalten, sondern nur aus dem Verhalten des Kindes abgeleitet werden. Es kann also geschehen, daß das Kind gerade dort, wo die verwöhnende Mutter fehlt, sich diesen Stil aus eigenem Antrieb aneignet. Oft geschieht dies gegen den Willen seiner Mutter, und nicht selten gerade dort, wo alle Möglichkeiten zur Verwöhnung ausgeschlossen sind, wie bei Waisen und unehelichen Kindern. Auch Kinder der Ärmsten können die egoistische Neigung zeigen, sich gänzlich von anderen abhängig zu machen und sich an sie anzulehnen – alles nur, um eine schnelle Erfüllung der eigenen selbstsüchtigen Wünsche zu erreichen und das Erfolgsstreben auf leichte Art und Weise befriedigt zu sehen. Kindliche Wünsche werden nirgendwo sonst in einem so großen Ausmaß erfüllt wie von erschöpften, betrübten und enttäuschten Eltern, die ohne Bedenken alles tun, um das lästige, schreiende Kind zufriedenzustellen. Nirgendwo anders werden die Kinder soviel im Arm herumgetragen und gewiegt wie gerade in armen Familien. Es kommt hinzu, daß ein einziges Jahr der Verwöhnung völlig genügt, den Säugling davon zu überzeugen, dies sei der einzige Weg zum Erfolg.

Für die Praxis ist es nützlich, zwischen aktiven und passiven Kindern zu unterscheiden. Der Beitrag passiver Kinder zum Nutzen der Allgemeinheit ist natürlich nur gering. Die Aktiven können sowohl den richtigen wie auch den falschen Weg einschlagen. Wenn sie den falschen Weg wählen, gehen sie in Richtung Kriminalität, Alkoholismus und Selbstmord oder in Richtung Nervenerkrankungen und Schwachsinn der aktiveren Formen. Hingegen kann der erste Typus in die passiveren

Formen der Neurosen und Psychosen verfallen. Das aktive Kind, das sich in die richtige Richtung bewegt, ist überzeugt davon, daß Schwierigkeiten überwunden und Rückschläge ertragen werden können. Es hat einzusehen gelernt, daß die meisten Probleme nur in Kooperation, Mitgefühl und Nächstenliebe zu lösen sind. In Organisationen wie Vereinen wird es bald bemerken, ob diese nur dem Gruppenegoismus oder dem Allgemeinwohl nachstreben. Damit haben wir einen Maßstab, mit dem wir ungefähr abschätzen können, ob ein Kind sich auf dem richtigen oder auf dem falschen Weg befindet.

Bei einer wirklich guten Mutter wird ein Kind von Anfang an nur die unvermeindlichen Schwierigkeiten bereiten. Es wird schon frühzeitig Interesse zeigen für Menschen, die ihm freundlich entgegenkommen. Die Mutter sollte auch immer Sorge dafür tragen, daß das Interesse des Kindes sich auch auf den Vater erstreckt. Sie sollte so oft wie möglich mit ihm an einem Strang ziehen, so daß es nicht hin und her geschoben wird. Sie sollte das Kind auch mit anderen Leuten in Berührung bringen, selbst dann, wenn seltsame Besucher mit unangepaßten Liebkosungen, dummen Witzen oder scherzhaft gemeinten, jedoch nicht weniger schädlichen Drohungen daherkommen. Das kleine Kind darf nicht behindert werden von zuviel oder zuwenig Licht, zuviel Lärm oder zu schlechter Luft. Man darf es in dieser Hinsicht aber auch nicht übertreiben, etwa dadurch, daß alle im Kinderzimmer auf Zehenspitzen und im Halbdunkel gehen müssen. Nur Eindrücke, die das Kind wirklich nicht ertragen kann, sollte man meiden. Man sollte ihm keine unnötigen Schwierigkeiten in den Weg legen, aber auch genausowenig alle Wege ebnen. Was man aber tun sollte, ist, das Kind so zum Handeln anzuregen, daß es sich auf die eine oder andere Weise anpaßt. Das einzige Glück für Menschen ist die gelungene Tat. Dieses Glück sollte man nicht verwechseln mit »Lust«, mit egoistischem Genuß, auch wenn er dazu benützt werden kann, den Menschen auf Trab zu bringen. Freude und Humor sind für jedes Kind fast unentbehrlich.

5. Gefährliche Stellen auf dem Weg der Entwicklung

Geburt eines jüngeren Kindes · Krankheit · Schule
Diskussion

Auf dem Entwicklungsweg eines jeden Kindes gibt es gefährliche Stellen, die der Erzieher kennen sollte, um sie dem Kinde in einer Weise zeigen zu können, daß es Erfolgsmöglichkeiten erkennt. Schwierigkeiten können zwar nicht immer umgangen werden, aber das Kind, das sich für Kooperation entschieden hat, wird sie leicht überwinden. Die erste gefährliche Stelle ist die *Geburt eines Geschwisterchens.* Das positiv eingestellte Kind wird dieses Problem, das der Neuankömmling für es darstellt, als Mitmensch betrachten und lösen. Das negativ eingestellte Kind, das die ihm liebgewordene Beziehung zur Mutter nicht gestört sehen möchte, wird den Neuankömmling hassen. Es wird neidisch sein, immer Angst haben, seines Besitztums beraubt und in seinem Erfolgsstreben gehindert zu werden. Menschen, die einmal der Meinung waren, jemanden zu besitzen, und dann entdecken, daß dies nicht so ist, zeigen Spuren dieser Enttäuschung, die wie eine innere Wunde ist. Man kann dies bei zahlreichen Erwachsenen feststellen. So lernte ich zum Beispiel einen 35jährigen Rechtsanwalt kennen, der über ständige Unruhe und schlechten Schlaf klagte und immer befürchtete, daß jemand ihn übertreffen könne. Er habe sich fast sein ganzes Leben lang unglücklich gefühlt, in der Schule, im Beruf, in der Liebe. Ein solcher Mensch macht sich tatsächlich unbeliebt, weil die anderen spüren, daß er ihnen mißtrauisch gegenübersteht. Als er sich in ein Mädchen verliebte, quälte und tyrannisierte er sie. Die früheste Erinnerung dieses Mannes ist: Er befindet sich mit seiner Mutter und einem jüngeren Bruder auf dem Markt. Plötzlich fängt es an zu regnen, und seine Mutter nimmt ihn auf den Arm (er war damals vier Jahre alt). In diesem Augenblick bemerkte die Mutter, daß sie ihren ältesten Sohn auf den Arm genommen hatte, setzte ihn wieder ab und hob den jüngeren Bruder auf. Es ist natürlich nicht dieses Erlebnis, das ihn zu dem unglücklichen

Menschen gemacht hat, der er ist, ja, es handelt sich nicht einmal um ein kausal wirkendes Trauma, aber die ganze Art und Weise seiner Entwicklung bewirkt, daß er gerade dieses Erlebnis als charakteristisch für seine Vergangenheit hervorhebt.

Die ganze Trauma-Lehre wird übrigens von manchen Psychologen maßlos übertrieben. Im überwiegenden Teil der Fälle ist das Trauma nur ein Hinweis darauf, wie ein Mensch sich entwickelt und sich bei dieser Gelegenheit in Übereinstimmung mit seinem Lebensstil verhalten hat. Manche Frauen haben Angst, ein Kind zu bekommen, weil sie nicht willens sind, die Liebe ihres Mannes mit einem Kind zu teilen. Auch der Umstand, daß Frauen junge Mädchen oft nicht leiden können, ist in vielen Fällen darauf zurückzuführen, daß ein älteres Mädchen zuweilen vom Sockel gestoßen wird, wenn ein jüngeres Schwesterchen geboren wird. Ist das jüngere Kind ein Brüderchen, kann das Mädchen sich außerdem als Mädchen zurückgesetzt fühlen. Eindrücke dieser Art können schon auf ein einjähriges, sicher aber auf ein zweijähriges Kind Einfluß ausüben. Dieser Einfluß aber entspricht dem Lebensstil und wirkt also nicht einfach kausal.

Des weiteren bilden *Krankheiten* aller Art gefährliche Kurven auf dem Entwicklungsweg. Es ist fast nicht zu vermeiden, einem kranken Kind besonders viel Zuneigung und Herzlichkeit entgegenzubringen, es unsere Sorge spüren zu lassen und all seine Wünsche zu erfüllen. Nichtsdestotrotz sollten Eltern sich bemühen, kranken Kindern ihre Besorgnis nicht allzu deutlich werden zu lassen. Dadurch wird das Kranksein für das Kind nicht leichter, sondern schwieriger. Das Kind versteht die wirklichen Zusammenhänge nicht, sondern spürt nur den großen Wert, den es für seine Eltern darstellt. Außerdem entdeckt es, daß es alles bekommen kann, was es wünscht, solange es krank ist. Da dies als Erfolgsmöglichkeit erscheint, die nichts zu tun hat mit Verdienst und Leistung, nützt das Kind diese Situation so gut wie möglich aus. Ist die Krankheit vorbei, möchte es diesen Zustand am liebsten erhalten. Es wird dann fordernd und lästig. Ich kenne ein kleines Mädchen, das nach einer schweren Diphtherie, die eine Operation notwendig machte, wieder ganz genesen war. Wenn seine Wünsche nicht sofort erfüllt wurden, stellte sie sich traurig in eine Ecke, steckte sich den Finger in den Mund und sagte tief beleidigt: »Ich war im Krankenhaus!«

Solche Schwierigkeiten treten oft nach bestimmten Krankheiten auf, die vom Krankheitsbild sehr beängstigend erscheinen, ohne daß sie eine wirkliche Gefahr darstellen. Dazu gehört zum Beispiel Keuchhusten. Bei manchen Kindern bleibt der Husten noch lange Zeit bestehen, selbst wenn es dafür keine physischen Ursachen mehr gibt. Auch nach einer Bronchitis oder einer Lungenentzündung husten zahlreiche Kinder noch jahrelang ohne wirklichen Grund. Diese Symptome bedeuten: Ich war einmal sehr krank, und daher sollst du mir all meine Wünsche erfüllen.

Verwöhnte Kinder neigen dazu, ihre Krankheitssymptome zu chronifizieren, und sie werden außerordentlich anspruchsvoll. In dieser Hinsicht sind besonders die Röteln gefürchtet. Oft werden die Kinder nachher schwer erziehbar. Sie sind schnell gereizt, faul, lügen schnell und neigen zum Diebstahl. Eine Zeitlang war man der Meinung, die Toxine mancher Erkrankungen führten zu diesen Charakterzügen. Dies ist aber ein Irrtum, denn es kommt auch vor, daß dieselben Erkrankungen eine Verbesserung des Charakters mit sich bringen. Ein zwölfjähriger Sohn aus einer Lehrerfamilie erkrankte an einer Entzündung des Hüftgelenkes. Er war ein so schwieriges Kind, daß man sich unmittelbar vor seiner Erkrankung entschieden hatte, ihn in ein Internat für schwer erziehbare Kinder zu schicken. Die Krankheit verlief sehr schleppend, und erst nach über einem Jahr konnte er wieder aufstehen und herumgehen. Dieser Junge hatte eine äußerst freundliche Mutter, die alle ihre Kinder verwöhnte. Als das Jüngste geboren wurde, entgleiste der Älteste völlig. Der Vater griff zur Strenge und zu Strafen, und es gefiel dem Jungen anscheinend sehr, beide Eltern so auf Trab zu halten. Da er sich benachteiligt fühlte, wehrte er sich und fing an zu stehlen. Durch Lügen versuchte er strenge Strafen zu vermeiden. Auf diese Weise verhinderte er selbst, daß seine Eltern ihm Wärme und Geborgenheit boten. Während seiner Erkrankung aber überzeugten ihn beide Elternteile von ihrer Zuneigung, so daß er zur Einsicht gelangte und auch eine Erfolgsmöglichkeit darin sah, daß sie gut zu ihm waren, wenn er es ihnen nicht unmöglich machte. Auch nach seiner Genesung benahm er sich weiterhin tadellos. Krankheiten machen das Kind weder gut noch schlecht. Eine andere für die Erziehung gefährliche Krankheit ist der Veitstanz (Chorea). Es ist oft eine sehr ernste Krankheit, die nicht selten auch auf das Herz übergreift, und die Ärzte warnen die Eltern davor, das kranke Kind aufzuregen. Nach Ende dieser Erkrankung werden die Kinder oft sehr anspruchsvoll und schwierig im Umgang. Auch manche Verhaltensweisen nach einer überstandenen Enzephalitis gehören in diese Kategorie.

Die nächste gefährliche Kurve ist der Eintritt in den *Kindergarten* oder in die *Grundschule*. Manche Kinder wehren sich mit Tränen, wenn sie zum erstenmal zur Schule gehen müssen. Auch kann es geschehen, daß die Kinder sich übergeben. Nicht selten meinen dann auch Ärzte: »Ja, wenn das Kind sich so wehrt, warten Sie lieber noch ein Jahr.« Damit ist aber nichts gewonnen. Bei einem Kind, das zum Kindergarten kommt, bemerkt man sofort, wie es vorbereitet wurde. Möglicherweise weint es, setzt sich in eine Ecke, versteckt sich oder läuft weg. Es ist auch möglich, daß es andere angreift, beißt, kratzt und alle Möglichkeiten ausnutzt zu stören. Die Kindergärtnerin wird so gezwungen, es dauernd im Auge zu halten und sich ganz und gar auf das Kind einzustellen. In solchen Fällen muß sie, um das Kind für sich zu gewinnen, ihm Wärme und Freundlichkeit zu vermitteln suchen. Wenn dies gelingt, dann sollte sie es allmählich mit anderen Kindern in Kontakt bringen. Den ersten Schultag sollte man so einrichten, daß es für jedes Kind wie eine freundliche Einladung und eine Erfolgsmöglichkeit erscheint. Daß sich viele Kinder am ersten Schultag schlecht benehmen, ist ein Zeichen dafür, daß der verwöhnte Lebensstil stark verbreitet ist.

Wie ich früher schon sagte, kommen in Familien, die auf eine gute Sprache viel Wert legen, häufig Sprachschwierigkeiten vor. Das Kind bekommt dann oft den falschen Rat: »Sprich langsam!« (Das ist viel schwieriger, als normal zu sprechen.) »Denk zuerst und sprich dann!« (Dies tut niemand. Der Verstand ist ein Teil der Sprache selbst, das Denken entwickelt sich während des Sprechens.) Wenn das Kind tatsächlich zuerst darüber nachdenkt, wie es sprechen, welche Worte es wählen soll, geht natürlich alles schief. Je mehr das Kind merkt, daß es durch schlechtes Sprechen in der Allgemeinheit beachtet wird, desto schlimmer wird es. Auch Zurechtweisungen wie »Still sitzen, nicht reden am Tisch«, »Halte den Mund, da kannst du nicht mitreden!« und so weiter sind keine guten Übungen für das Sprechen. Ein Kind sollte sprechen dürfen, wenn es möchte, man sollte ihm freundlich und korrekt antworten und es höflich behandeln.

Unser nächster Fall betrifft ein 13jähriges Mädchen, das stottert.

Stottern nimmt einen erstaunlich großen Raum unter den Entwicklungsstörungen ein. Jede Stadt hat ihre eigenen Institute mit Heilmethoden für Stotterer. Manche Patienten probieren 20 und mehr Methoden, eine nach der anderen, alle ohne Erfolg. Ab und zu tritt nach der einen oder anderen Behandlung eine Besserung ein. Sie beruht aber normalerweise auf dem Umstand, daß leichte Fälle von selbst ausheilen. Schweres Stottern aber wird nie durch Übungskuren beseitigt. Man muß immer bedenken, daß Stotterer sozial nicht auf das Leben vorbereitet sind. Es handelt sich um Menschen, die sich dauernd zaghaft fragen: Welchen Eindruck mache ich im Augenblick? Wie sehe ich aus? Wird man das, was ich sagen werde, begrüßen? Dieses Stottern ist ein immerwährendes Auf und Ab, es ist die zögernde Äußerung der verwöhnten, besonders eitlen Menschen, die mit ihren Sprachschwierigkeiten eine Entschuldigung für mögliche Mißerfolge suchen.

Für jeden Buchstaben öffnet das Mädchen ihren Mund sechs- oder achtmal. Manchmal spricht es plötzlich fließend. Angeblich hat es schon immer gestottert. Das ist aber nicht sonderlich aussagekräftig, weil 40 Prozent aller Kinder beim Sprechenlernen stottern. Das gibt sich von selbst, wenn man sich nicht damit befaßt, es nicht problematisiert und das Kind wie einen freundlich eingeladenen Gast behandelt. Wenn man aber eingreift und dauernd verbessert, dann hat das Kind ein Mittel gefunden, um andere an sich zu binden. Das besagte Mädchen stottert also zu Hause und in der Schule.

Stotterer sind vom Charakter her nie sehr aktiv, sie sind auch nie minderbegabt. Das Stottern verlangt ein Mindestmaß an Begabung; es ist eine schöpferische Kraft. Stotterer sind sich immer gleich, es liegt ihnen viel daran, einen guten Eindruck zu machen, sie fühlen sich geistig oft überlegen. Stotterer sprechen meistens viel. In der Schule kommt unser Mädchen nur langsam voran. Es hat fast keine Freunde. In ihren Träumen vollbringt es Heldentaten. Dies ist typisch, denn alle Stotterer entschuldigen ihre Mängel mit ihrer Behinderung. »Würde ich nicht stottern, wäre ich ein Held.« Wenn sie also stürzen, dann stürzen sie weich. Im allgemeinen wird der Stotterer zu Hause und auch in der Schule freundlich und entgegenkommend behandelt. Ab und zu beobachtet man eine ähnliche Entwicklung auch ohne Stottern, zum Beispiel bei faulen Kindern, die alles mit ihrer Faulheit entschuldigen: »Ich würde es alles können, wenn ich nur nicht so faul wäre!«

Dritte Frage: Gibt es das Unbewußte?

Antwort: Der Streit über das Bewußte und Unbewußte ist vielleicht nur ein Streit um Worte. Alle Bewegungen, Haltungen und Ausdrucksregungen eines Menschen, auch das Gehen, vollziehen sich ohne Nachdenken. Deswegen sagt man wohl, daß es unbewußt geschieht.

Das Problem des Unbewußten steht in enger Beziehung zu dem des Gedächtnisses. Wir behalten all das in unserem Gedächtnis, was zu unserem Lebensstil paßt. Was unseren Lebensstil bestätigt, behalten wir in unveränderter Form; andere Erinnerungen verformen wir so lange, bis sie als Ganzes passen. Was nicht paßt, vergessen wir vollständig. Bei späteren Untersuchungen aber findet man Eindrücke, über die der Patient vorher nicht zu verfügen meinte. Man unterstellt dann, daß sie heimlich im Unbewußten aufbewahrt wurden. Es ist aber wenig sinnvoll, zwischen dem Bewußten und dem Unbewußten einen Gegensatz zu konstruieren, denn es gibt nun mal viele verschiedene Arten und Weisen, wie wir Erinnerungen festhalten. Vieles wird nicht in Worten, sondern als averbale Eindrücke behalten. Wenn es dann heißt, diese Eindrücke lägen im Unbewußten, tut man der Wirklichkeit Gewalt an, denn auch die Dinge, die nicht in Worten und Begriffen ausgedrückt werden, können dem Menschen bewußt sein. Wenn man zum Beispiel einen Raum durch eine zu niedrige Tür betritt, stößt man sich beim ersten Mal den Kopf, vielleicht auch noch beim zweiten und dritten Mal, eine Zeitlang denkt man jedesmal an die Gefahr, wenn man vor dieser Tür steht, aber schließlich wird das Bücken zur Gewohnheit – es wird »unbewußt«.

Des weiteren gibt es einen Lebensabschnitt, in dem das Kind bestimmt schon Bewußtsein hat, jedoch noch nicht in Worten denken kann. Es kann aber auch geschehen, daß die zu einem Eindruck gehörigen Gefühle verschwinden, während das Ereignis im Gedächtnis bleibt. Dies geschieht oft bei frühesten Jugenderinnerungen, zum Beispiel bei denen des genannten Rechtsanwalts. Seine Mitteilungen enthielten keine einzige Gefühlsäußerung. Gleichgültig aber, wie mit Gefühlen umgegangen wird, nie kann das, was die Haltung bestimmt, ausgeschaltet werden. Die Haltung, die jemand als Antwort auf einen Eindruck annimmt, spricht immer eine unmißverständliche Sprache. Zum Beispiel im Falle der zu niedrigen Tür. Man kann hier an der Haltung der Person sehen, wie es in ihm aussieht.

Die Ausdrücke »bewußt« und »unbewußt« pflegt man in bezug auf Begriffsinhalte zu verwenden. Die Erinnerung aber funktioniert ökonomisch und zielgerichtet; jeder verfügt gerade über die Erinnerungen, die er für seinen Lebensstil braucht, während all das unbewußt bleibt, was ihm nur im unbewußten Zustand von Nutzen sein kann. Andererseits ist das »Bewußte« nicht immer bewußt im Sinne der Individualpsychologie, sofern der Mensch es nicht in das große Gefüge seines Lebensstils eingeordnet hat. Zum Beispiel erschrak jemand einmal durch ein Ereignis, und er zittert seitdem. Er ist der Meinung, daß ihm diese Verbindung bewußt ist. In Wirklichkeit sind diese Zusammenhänge aber unbewußt, weil ein solcher Schrecken nicht bei jedem Menschen ähnliche Folgen hat. Es muß also noch etwas hinzukommen, und man kann dieses Etwas »unbewußt« nennen; es liegt an seinem Lebensstil, an seinem körperlichen Befinden, daß auf den Schrecken ein Zittern folgt. Dieses Zittern gehört deshalb zu seiner ganzen Lebenseinstellung, und erst wenn er dieses Zittern in Zusammenhang mit dieser Einstellung sieht, kann er diesen Zusammenhang bewußt nennen.

Der Mensch läßt also all das ins Unbewußte sinken, was in seinen Lebensplan besser als unbewußt paßt, und bringt all das zum Bewußtsein, was in seinen Lebensplan als bewußt paßt. All dies sind Zusammenhänge, die nicht jeder erkennen kann. Dazu sollte man Abstand genommen haben vom antithetischen Denken, dem Denken in Gegensätzen. Der Begriff des Unbewußten hat bei vielen Philosophen eine wichtige Rolle gespielt, zum Beispiel bei Kant, Leibniz, Eduard von Hartmann und Nietzsche. Daß Freud es besonders betonte, ergibt sich aus seiner Auffassung, daß die dunklen Sexualtriebe im Unbewußten zu Hause sind und vom Bewußtsein gezähmt werden. Die bösen Triebe, die Freud meinte entdeckt zu haben, sind Kunstprodukte einer falschen Erziehung und eines falschen Lebensstils. Sobald die Verwöhnung eines verwöhnten Menschenkindes eingestellt wird, brechen diese bösen Triebe durch. Der psychische Bewegungsprozeß sollte deswegen gründlicher durchforscht werden, als es mit der Feststellung bestimmter Neigungen geschieht. Auch die Psychoanalyse ist eine Vererbungspsychologie. Ihr zufolge hat der Mensch böse Triebe geerbt und richtet sie schon als Kleinkind auf die Mutter. Wenn der Säugling an der Mutterbrust saugt, dann gilt dies bereits als Äußerung kannibalistischer Triebe. In Wirklichkeit besteht sowohl für die Mutter wie für das Kind die Notwendigkeit der Brustentleerung, und es ist also die Rede von einer natürlichen Kooperation zwischen Mutter und Kind. Wenn der Säugling ein Blatt Papier zerreißt, wäre dies eine Folge seines Zerstörungstriebs. Aber was sonst würde ein Säugling mit einem Stück Papier anfangen können? Er zerreißt es nicht, damit es zerrissen wird, sondern es verrichtet die einzige Handlung, die es mit diesem Material verrichten kann. Wenn manches wie Sadismus aussieht, so sollte man sich dadurch nicht in die Irre leiten lassen. Sonst handelt man wie Polonius in »Hamlet«. Als Hamlet ihn fragt: »Sieht diese Wolke nicht aus wie ein Kamel?«, antwortet er: »Ja, genau wie ein Kamel!« – »Nein, sie sieht einem Krokodil ähnlich!« – »Ja, sicher genau wie ein Krokodil!« – Wenn etwas so aussieht wie etwas anderes, dann ist damit noch nichts bewiesen.

Hüten wir uns vor dem »Poloniuskomplex«.

Ein Buch des Psychoanalytikers C. G. Jung ist betitelt »Die chinesische Wunderblume«. Jung ist nur mäßig originell, er ist ein Phantast des Übergroßen; im Grunde ist er Spiritist. Gegenwärtig behauptet er, sich völlig von Freud abgewandt zu haben, und versucht eine germanische Psychologie zu begründen. Auf der Titelseite des Wunderblumenbuches ist eine Blütenform abgebildet, von der Jung behauptet, daß sie aus dem Erbgut des Menschen stamme und das Lebensrätsel symbolisiere. Bei näherer Betrachtung dieser Blume erinnerte ich mich, daß ich, wenn ich gedankenverloren etwas auf Papier kritzelte, ein ähnliches Gebilde, wenngleich primitiver, produzierte. Ich kam zu dem Schluß, daß es sich hier um eine Gesetzmäßigkeit handelte, denn wenn ich so kritzele, habe ich immer das Gefühl, daß es so sein müsse und nicht anders. Diese Kritzeleien müssen genau symmetrisch sein. Jeder Mensch hat dieses Interesse für Symmetrie, und dieses Interesse ist verwandt mit dem Denken in Gegensätzen. Sie werden im willkürlichen Gekritzel eines jeden Menschen mehr oder weniger diese Symmetrie wiederfinden. Man möchte das Chaos in der Welt durch Ordnung und Form überwinden (dem Linkshänder fällt diese Formgebung schwerer als dem Rechtshänder, darum strebt er oft viel stärker danach). Zahlreiche Kinderspiele haben keinen anderen Sinn, zum Beispiel das Gehen auf den Pflastersteinen, ohne die Ränder der Steine zu berühren, das Berühren aller Stäbe eines Gitters oder aller Glasfenster, an denen man vorbeikommt, das rhythmische Klopfen an jeder Wand. All dies entspringt dem Drang, alles in eine Form zu bringen. Dieser Drang äußert sich auch in Kunstwerken. Solche Erscheinungen pflegen im gewöhnlichen Sinne des Wortes unbewußt zu sein. Bei Kindern sollte man solche Tätigkeiten augenzwinkernd zulassen, doch gleichzeitig versuchen sie zu Aktivitäten auf höherem Niveau zu motivieren.

Vierte Frage: Wie denken Sie über die in den Vereinigten Staaten sehr verbreitete Meinung, daß Linkshänder, wenn man versucht, sie zur Rechtshändigkeit zu erziehen, anfangen zu stottern?

Antwort: Wenn man versucht, einem Linkshänder Rechtshändigkeit beizubringen, kritisiert man ihn auf vielerlei Art und Weise, sowohl beim Schreiben und Lesen als auch bei allen anderen möglichen Gelegenheiten. Natürlich schadet ihm das, und es steht ferner auch fest, daß es unter Stotterern mehr Linkshänder als Rechtshänder gibt. Wer bei einem Kind die Rechtshändigkeit einüben möchte, sollte viel Geduld haben und freundlich sein. Man könnte das Kind darauf hinweisen, daß auch die Rechtshänder die ungeübte Hand üben müssen, zum Beispiel beim Klavierspielen und bei zahlreichen anderen Tätigkeiten. Man hat behauptet, daß sich das Sprachzentrum bei Rechtshändern in der linken Hemisphäre befindet und bei Linkshändern in der rechten. Diese Theorie wurde vor einiger Zeit widerlegt. Wenn zum Beispiel ein Rechtshänder eine Blutung in der rechten Hemisphäre bekommt, kann auch das Sprachzentrum betroffen sein. Es gibt die verschiedensten Formen der Aphasie. Linkshänder sind manchmal bei einer rechtsseitigen, manchmal bei einer linksseitigen Blutung sprachgestört. Die Sache ist also sehr kompliziert. Mit Geduld und Freundlichkeit kann man mit jedem Linkshänder den Gebrauch der rechten Hand üben. Es bleiben manchmal wohl geringfügige Zeichen einer schlechten Anpassung bestehen. So fällt es zum Beispiel verschiedenen Linkshändern schwer, links und rechts zu unterscheiden. Beim Verlassen eines Restaurants gehen sie zum Beispiel oft in die falsche Richtung.

Die Wahrscheinlichkeit ist groß, daß Eltern, die dem Verhalten ihrer Kinder sehr kritisch gegenüberstehen, sich auch der Sprachentwicklung gegenüber sehr kritisch verhalten. Kinder mit einem verwöhnten Lebensstil werden von einer solchen Haltung entmutigt, und dies verleitet sie dazu, die Aufmerksamkeit der Umgebung als Erfolgserlebnis auszunützen. Viele Stotterer stottern nicht, wenn sie in Abwesenheit von anderen reden, sondern nur, wenn andere Personen anwesend sind.

Diese Behinderung ist also begründet in dem schlechten Kontakt des Stotterers zu anderen Menschen. In Zusammenhang mit seiner Eitelkeit und dem Streben nach Überlegenheit hat der Stotterer ständig Angst vor einer möglichen Niederlage. So ist er überempfindlich, ungeduldig, cholerisch und sehr habsüchtig.

In leichteren Fällen tritt das Stottern nur in Anwesenheit bestimmter Personen oder in bestimmten Situationen auf, zum Beispiel in der Schule, wo der Lehrer oft als feindliche Macht angesehen wird. Der bekannte und vielzitierte Pädagoge Diesterweg hat dazu geraten, diese feindselige Haltung zu fördern, weil man mit Auseinandersetzung bessere Leistungen aus den Schülern herauspressen könne.

An dieser Stelle möchte ich eine wichtige allgemeine Bemerkung einfügen. Es ist bekannt und wird mehr und mehr bestätigt, daß jeder Mensch die eine oder andere Schwachstelle in seinem Körper hat, die aus einer ererbten Minderwertigkeit stammt. So gibt es zum Beispiel Familien mit einer ererbten Schwäche des Verdauungsorgans. In einer solchen Familie leidet der eine zum Beispiel an Magenkrebs, der andere an einer chronischen Magenschleimhautentzündung, bei einem dritten reagiert der Magen auf jede Aufregung, so daß er sich übergeben muß. Die Auswirkung von Stimmungen auf das Herz ist eine so übliche Erscheinung, daß sie wie selbstverständlich behandelt wird. Eigentlich ist dies aber gar nicht so selbstverständlich, und so hat man in der Wissenschaft nach Ursachen dafür geforscht, warum das Menschenherz so empfindlich auf Reize reagiert. Ich habe schon vor längerer Zeit darauf hingewiesen, daß Gemütsschwankungen über den Weg des Sympathikus und des Parasympathikus das Herz, die Nebennieren und andere Drüsen, einschließlich der Geschlechtsdrüsen, reizen. In jedem Fall gibt es zahlreiche Menschen, bei denen in Situationen, denen sie sich nicht gewachsen fühlen, zunächst das Herz reagiert. Bei wieder anderen Familien liegt der schwache Punkt in den Atmungsorganen. Sobald sie sich aufregen, beginnen sie schnell zu atmen, während bei anderen der Atem sich verlangsamt. In solchen Fällen gerät natürlich auch der ganze Körper in Spannung, aber an bestimmten Stellen zeigt sich dies besonders deutlich. In solchen Familien finden wir viele Fälle von Lungentuberkulose, Lungenentzündung, Asthma oder chronische Bronchitis. Es gibt auch einen Typ, bei dem die Blase leicht ins Spiel kommt. Zu diesem Typ gehören die Bettnässer. Hier findet man oft eine familiäre Minderwertigkeit der Nieren, und es kommen oft Nierensteine vor und auch Diabetes.

Manche Menschen verlieren unter schwierigen Umständen den Tonus des Muskelapparates. Sie sacken dann mehr oder weniger in sich zusammen. Oft ist in diesen Fällen die Wirbelsäule nicht ganz in Ordnung, und Rückenschmerzen sind die Folge. Rückenschmerzen gibt es übrigens auch sehr oft ohne organische Ursachen. Gleiches gilt für Plattfüße. Man hat sie manchmal jahrelang ohne Beschwerden, doch plötzlich setzen Schmerzen ein. In beiden Fällen beginnt der Schmerz in Situationen, in denen sich die Person psychisch so unsicher fühlt, daß sie ihren Muskeltonus verliert.

Beim nächsten Typ strahlen Reize in die sexuellen Organe aus. Bei vielen reichen schon emotionale Vorstellungen, besonders Grausamkeiten, um die Sexualorgane in einen Zustand der Spannung zu bringen. Insgesamt ist der Zusammenhang zwischen psychischen und körperlichen Reizen besonders stark. Die psychische Entwicklung zum männlichen oder zum weiblichen Typ erfolgt mit Sicherheit unter dem Einfluß der Reizung der Geschlechtsdrüsen. Indem man einen Jungen eher wie ein Mädchen erzieht, ihn viel zu Hause sein läßt, zu ruhigen Tätigkeiten anhält und so weiter, verweiblicht auch mehr oder weniger seine Körperform. Bringt man ihn dann wieder unter Jungen und benimmt er sich dann wie ein normaler Junge, dann ändert sich auch seine Gestalt. Der Biologe Bors in New York hat beobachtet, daß die amerikanischen Mädchen, seitdem sie soviel Sport ausüben, von ihrem Körperbau her jungenähnlicher geworden sind. Körper und Seele sind schließlich beide Ausdrucksformen desselben Lebens, wenngleich in der Körperform weniger variabel. Die Kräfte aber, die das Leben bewegen, äußern sich in beiden Aspekten. Zu Recht urteilen wir über den ganzen Menschen aufgrund seiner Körperform, seiner äußeren Erscheinung. Wie anders sieht jemand aus, wenn er traurig und wenn er fröhlich ist. Optimismus und Pessimismus haben eine bildende Wirkung, nicht allein auf die eigene Person, sondern sogar auf die Nachkommenschaft.

Jeder Mensch hat zu seinem minderwertigen Organ eine besondere Beziehung. Meistens spielt das Herz die wichtigste Rolle, bei anderen stehen Angst und Sexualität in enger Beziehung. Die meisten Menschen lassen sich lieber umbringen, als einzusehen, daß es sich hier nur um die

Auswirkung einer persönlichen Eigenart handelt, eines bestimmten körperlichen Typus. Freud hat als erster die Meinung verbreitet, Angst sei nichts anderes als unterdrückte Sexualität. Wahrscheinlich gehört er selber zu dem hier genannten Typ. Es gibt aber auch Menschen, die bei Schwierigkeiten sofort mit Kopfschmerzen, Migräne, Angstvorstellungen, Zwangsgedanken oder deliranten Zuständen reagieren. Bei Mädchen in der Pubertät spielt der Einfluß von Depressionen auf die Geschlechtsorgane eine große Rolle. Mädchen mit Menstruationsbeschwerden sind immer solche, welche die Frauenrolle als ein Unglück betrachten und sich dagegen wehren. Dadurch behindern sie den Prozeß unwillkürlich, die natürlichen Vorgänge werden gebremst, und so entstehen Schmerzen. Nur höchst selten haben solche Menstruationsschmerzen eine körperliche Ursache. Es gelingt deshalb oft, das Leiden zu bessern, wenn man dem Mädchen die Ursache erklärt.

Wir wenden uns wieder dem Stottern zu. Wenn ein Stotterer sich aufregt, werden hauptsächlich seine Sprach- und Atmungsorgane gereizt. Er gehört zu dem gleichen Typ von Menschen, die bei jeder Aufregung anfangen, hastig zu atmen. Der Stotterer ist dauernd von Emotionen überwältigt und kann deshalb unmöglich ruhig und langsam sprechen. Das 13jährige Mädchen, das uns hier beschäftigt, ist ständig erregt und befürchtet in jedem sprachlichen Kontakt mit anderen eine Todesgefahr. Sie haßt die Schule.

Stotterer gehören immer zu der passiven Sorte; sie sind gehemmt. Für welchen Beruf wird sich ein solches Kind interessieren? Wahrscheinlich nicht für einen, der ein großes Maß an Aktivität verlangt. Viele Stotterer möchten Redner, Lehrer oder Priester werden, obwohl sie der Meinung sind, daß es unmöglich ist. »Ja, aber« ist das Prinzip jeder Neurose. Stottern und Bettnässen sind Neurosen. Die tatsächliche Berufswahl der Stotterer beschränkt sich auf wenige aktive Berufe, zum Beispiel Beamte, die auf Anordnungen von Vorgesetzten warten und ruhig auf ihrem Sessel arbeiten können. Auf die Frage nach ihrer Berufswahl antwortet das Mädchen dann auch: »Stenotypistin!«

Die Berufswahl von Kindern läßt sich häufig einfach voraussagen. Kinder, bei denen sich die frühesten Erinnerungen um Krankheit und Tod drehen, wollen oft Arzt werden. Bei ihnen ist das Problem des Sterbens plötzlich und beängstigend aufgetaucht, und sie versuchen es zu überwinden. Vorausgesetzt, die soziale Position der Eltern stimmt damit überein, dann richtet sich der Berufstraum bei fünf-, sieben- und achtjährigen Kindern auf den Arztberuf. Ein solcher Versuch, eine Gefahr zu bewältigen, hat auch einen sozialen Bezug. Die Kinder denken dabei nicht nur an sich, sondern auch an andere. Solche Wünsche sind oft beständig. Ich habe mich daran gewöhnt, meine Studenten in der Medizin jedes Jahr nach ihren frühesten Erinnerungen zu fragen. Bei den Antworten handelt es sich meistens um Krankheit oder Sterben. Meine eigenen frühesten Erinnerungen sind ähnlich. Die kleine Stenotypistin träumt von Heldentaten. Sie mißt ihrem Sprachfehler größere Wichtigkeit bei, indem sie sich dauernd darüber beklagt. Ich sage in solchen Fällen: »Klagen und auch noch Stottern, das ist zuviel. Eins von beiden reicht.« Das Kind kann sich mit seinem Stottern entschuldigen. In der Schule ist es schlecht, seine jüngere Schwester im Gegensatz dazu sehr gut und bei allen beliebt. Das Deprimierende dieser Situation schwächt die Ältere dadurch ab, daß sie das Stottern als ihr Alibi ausgibt. Und je trauriger sie ist, desto wichtiger wird ihr Alibi. Sie fürchtet, den Beweis antreten zu müssen, daß sie genausoviel leisten kann wie ihre kleine Schwester, und begnügt sich lieber damit, den Eindruck zu erwecken: »Wenn ich nicht stottern würde – aber ich stottere nun einmal –, würde ich auch mehr leisten.«

Die Mutter erzählt, das Kind sei als Säugling einmal hingefallen. Dies hat aber keine Bedeutung, denn alle Kinder fallen schon mal hin. Warum sollte es gerade in diesem Fall Stottern zur Folge gehabt haben? Das Stottern hat sich im Laufe der Zeit verschlimmert – auch dies ist normal. Wenn sich das Mädchen dem Erwachsenenleben nähert, sucht es sich seine Situation zu erleichtern. Die Eltern taten von Anfang an ihr Bestes, um dem Mädchen richtiges Sprechen beizubringen. Vor allem der Vater war in dieser Hinsicht streng und hat das Kind deswegen auch schon geprügelt. Jetzt ist man sehr nachgiebig mit ihm. Die anderen Kinder müssen einkaufen gehen, es nicht; man beschäftigt sich viel mit ihm, hilft ihm und verschont es mit schwierigen Pflichten.

Das Mädchen ist Linkshänderin. Die linke Augenbraue steht etwas höher und wird beim Sprechen hochgezogen. Während der Therapie sprach sie zunächst sehr gut. Als ich aber anfing, über ihre jüngere Schwester zu reden, fing sie sofort an zu stottern. Dieses Phänomen ist völlig normal und tritt immer dann auf, wenn man den wunden Punkt berührt. So ist es auch möglich, solche wunden Punkte mittels eines

Tricks herauszufinden. Ich fragte einmal einen sechsjährigen Bettnässer: »Wie würdest du darüber denken, wenn du mal eine Zeitlang außer Haus wohntest, bei anderen Leuten.« Er antwortete spontan: »Warum nimmst du nicht meine jüngere Schwester?« Damit zeigte er deutlich, was ihn hinderte.

Fünfte Frage: Ist alles Unglück, Verrücktheit, Selbstmord und so weiter nur Folge einer falschen Erziehung?

Antwort: Wie ein Kind die Einflüsse der Erziehung aufnimmt und verwertet, ist ganz unterschiedlich und beruht auf seiner schöpferischen Kraft. Ein guter Erzieher sollte aber darauf achten, wie das Kind die Einflüsse der Außenwelt benützt, ob in eine gute oder in eine falsche Richtung. Wenn nötig, sollte er jedesmal eingreifen. Er sollte sich also nicht damit begnügen, gute Einflüsse nur einwirken zu lassen, sondern sollte die Auswirkungen immer kontrollieren. Wenn man Kindern etwas erzählt, was sie noch nicht genügend verarbeiten können, geht man ein großes Risiko ein, daß sie es falsch anwenden können. Deswegen stiften die Fanatiker der Sexualaufklärung, die kleine Kinder mit allerhand Einzelheiten des Geschlechtslebens bekanntmachen wollen, zuweilen großes Unheil. Der Erzieher sollte zum richtigen Zeitpunkt an der richtigen Stelle und in der richtigen Art und Weise eingreifen. Nur dann darf man hoffen, daß das Kind solche Eindrücke auch gut verarbeiten wird. Zeigt sich im Lebensstil ein Fehler, der bis ins Erwachsenenalter bestehenbleibt, dann gibt es trotzdem Möglichkeiten zu helfen, indem man den ganzen Entwicklungsprozeß aufdeckt. Es wird dann möglich sein, die Stelle in der Entwicklung zu erkennen, an der eine soziale Anpassung verlangt wurde, die größer war, als das Kind zu verkraften imstande war. Durch diese Überbelastung ist die Entwicklungslinie des Kindes abgeknickt worden und hat es in die falsche Richtung geführt. Wenn es gelingt, den Menschen davon zu überzeugen, daß er eine Richtung gewählt hat, die zu Neurose, Geistesstörung, Trunksucht und Kriminalität führen kann, dann kann er als Erwachsener wieder ausgleichen, was er als Kind versäumt hat, etwas, was für die Lösung des sozialen Problems aber notwendig ist. Es ist unvermeidlich, den Menschen die Augen zu öffen für das, was ihnen fehlt. Dazu verhelfen aber nicht nur Wissenschaft oder Erkenntnis, sondern auch Kunst. Denn es ist eine Kunst, und nur so läßt sich bei Kindern wie bei Erwachsenen den meisten Fehltritten vorbeugen.

Sechste Frage: Gibt es auch Kinder, deren Untugenden (wie Ungehorsam, Starrköpfigkeit, Lügen usw.) auf Schlechtigkeit beruhen, mit anderen Worten: Kann man in diesem Sinn von schlechten Kindern sprechen, da sie doch für ihre Handlungen nicht verantwortlich sind?

Antwort: Die genannten Untugenden sind natürlich bedauerlich, sind an sich schlecht. Bezüglich der Frage nach der Verantwortung heißt dies aber noch nichts. Wichtig ist nur die Frage, wie man das Kind bessern kann. Um diese Frage beantworten zu können, müßte man zuerst wissen, warum das Kind schlecht geworden ist. Schon in seinen ersten Lebensjahren hat es eine falsche Richtung eingeschlagen, und man sollte Fehler also nicht in den jetzigen Untugenden, sondern viel früher suchen. Die Kinder sind nicht verantwortlich für ihre Untugenden. Sie wissen nicht einmal, wie sich bei ihnen alles entwickelt hat, und genausowenig wissen sie, wie alles jetzt bei ihnen funktioniert. Sie sind nicht schlecht von Natur aus, sondern haben sich dahin entwickelt, weil sie meinten, so sein zu müssen, um Erfolg haben zu können. Dieses Mißverständnis liegt aber schon in ihrer frühesten Kindheit, und man kann sie also nicht dafür verantwortlich machen.

Auch den Erwachsenen kann man ihre Fehler nicht zur Last legen, weil auch sie in einer fiktiven Welt leben, ohne zu wissen, wie sie dahingelangt sind. Sie ähneln dem Menschen, der sich am Schreibtisch einen Plan von Stockholm gemacht hat, in die Stadt kommt und wütend wird, weil die Dinge nicht dort stehen, wo er sie sich gedacht hatte. Sie schwören auf ihren Stadtplan, bleiben hartnäckig dabei und kümmern sich nicht um die Wirklichkeit. So sind eigentlich alle schlechten Menschen im strengen Sinn nicht verantwortlich für ihre Taten. Aber man versucht, ihnen die Verantwortung zuzuschieben, in der vagen Hoffnung, daß es nützlich sein werde. Die einzige, jedoch ganz unnütze Folge ist die, daß eine Unzahl von Menschen mit schweren, sinnlosen Schuldgefühlen herumlaufen. Sie sind traurig, voller Reue, was nichts anderes bedeutet, als daß sie sich nicht bessern, sich auch nicht bessern wollen. Auch die Eltern, Erzieher und Lehrer können nicht verantwortlich gemacht werden, weil sie im allgemeinen genausowenig imstande sind, den Fortgang der Entwicklung zu überschauen. Eigentlich sind nur diejenigen verantwortlich, welche die Zusammenhänge verstehen, aber zu wenig tun, um ihre Einsichten zu verbreiten. Man könnte auch sagen: Jeder trägt Verantwortung für den anderen, jeder hat

Schuld für die Fehler des Nächsten. Aber vielleicht geht man dann zu weit, vielleicht können wir diese Schuld gar nicht verstehen und sind nicht in der Lage, sie auf uns zu nehmen. Man sollte dem Kind also keine Verantwortung aufladen! Nur das Kind ist verantwortlich, das schon in früher Jugend sein Gemeinschaftsgefühl weit genug entwikkelt hat. Auch der Charakter eines Kindes, oder was wir damit andeuten, ist keine Wirklichkeit, sondern nur eine Erscheinungsform des Verhältnisses, das das Kind zu den Fragen hat, die ihm von der Außenwelt vorgelegt wurden. Solche Erscheinungsformen, wie zum Beispiel der Charakter, entstehen im Laufe des Lebens und bilden sich aus sozialen Beziehungen. Das Verantwortungsgefühl aber, das richtige Verständnis für den Unterschied zwischen Gut und Böse, entspringt dem angeborenen Gemeinschaftsgefühl, das im Kinde gestärkt, kultiviert und aktiviert werden soll, so daß es nicht nur beim Wissen oder beim Gefühl bleibt, sondern in Taten umgesetzt wird.

Siebte Frage: Welche Meinung hat Professor Adler zu der alten Erziehungsregel, daß der Apfel neben der Rute liegen solle, und welche Meinung vor allem zur Anwendung der Regel bei psychopathischen Kindern?

Antwort: Wenn man davon ausgeht, daß der Lebensstil eines Kindes im Alter von vier Jahren festliegt, dann versteht man auch, daß sich dieser Stil nur ändern kann, wenn das Kind einsieht, daß eine Änderung notwendig ist. Wenn nun die Entwicklung eines Kindes in falsche Bahnen gerät und man es bestraft, dann wird es dies als Quälerei und Ungerechtigkeit empfinden, und es wird versuchen, dieses Durchkreuzen seiner vermeintlichen Erfolgsmöglichkeiten zu verhindern. Dies kann zu einem augenscheinlichen Erfolg führen, zum Beispiel zum Verschwinden einer bestimmten Untugend. Der Lebensstil bleibt aber unverändert, er widersteht jeglichem Druck, und schließlich zeigen sich beim Kind immer mehr und stärker abweichende Tendenzen. Belohnt man das Kind, dann wird es diese Belohnung immer verlangen und alles mögliche tun, um sie sich zu verschaffen. Es wird diese Belohnung als Beweis seines Erfolges ansehen. Bleiben später Belohnungen aus, wird das Kind vielleicht noch in seinen Fehlern verstärkt, weil es feststellt, daß Tugend nicht immer belohnt wird. Solche Methoden ändern das Kind nicht, sondern machen es erfindungsreich und hinterhältig. Natürlich wird man gute Taten belohnen, doch diese Belohnung darf nicht zur Hauptsache werden. Das Gefühl, nützlich zu sein, eben unentbehrlich, sollte die Hauptsache sein. Man sollte das Kind lehren, daß Anerkennung, selbst nach glänzenden Taten, oft sehr spät kommt. Alle Symphonien Beethovens und auch seine prächtige Leonoren-Ouvertüre sind zuerst Mißerfolge gewesen. Das gleiche gilt für die Opern Wagners. Trotzdem haben diese Künstler nicht aufgegeben, bis sie Erfolg hatten. Das Kind sollte wissen, daß Anerkennung manchmal erst nach dem Tode kommt. Man sollte den Zweifelnden also ruhig ab und zu durch ein lobendes Wort oder durch eine Belohnung unterstützen; man sollte aber nie strafen; und man sollte mit Sicherheit weder aus Strafe noch aus Belohnung ein System machen.

Achte Frage: Ist Professor Adler der Meinung, daß eine Angelegenheit einfach deswegen gut ist, weil sie normal ist, wie zum Beispiel die Onanie?

Antwort: Ich sage nicht, daß etwas gut ist, weil es allgemein verbreitet ist. Die Onanie zum Beispiel ist nicht gut, und man wird versuchen, die Kinder möglichst davon abzubringen. Ich bin aber nicht der Meinung, daß es möglich ist, sie aus der Welt zu schaffen. Der Grund ist: Die Menschheit hat in sexueller Hinsicht nicht das richtige Gleichgewicht zu den sozialen Verhältnissen unserer Kultur gefunden. Die sexuelle Entwicklung des Individuums geht schneller voran als die soziale, die Ehefähigkeit tritt viel später auf als die sexuelle Reife. Vielleicht wird sich dieses Ungleichgewicht in 1000 Jahren aufheben, aber in der heutigen Zeit begegnen wir dem Zwiespalt zwischen körperlicher und sozialer Entwicklung in mancher Beziehung. Der Weisheitszahn und der Blinddarm gehören auch zu dieser Kategorie. Jetzt meine ich natürlich nicht, daß in 1000 Jahren achtjährige Mädchen heiraten werden. Aber die Ehefähigkeit wird sich dann vielleicht eher und die sexuelle Reife später einstellen. Heutzutage gibt es Schwangerschaften bei zehnjährigen Mädchen, gezeugt von zwölfjährigen Jungen. Wenn man also etwas tun möchte gegen das Übel der Masturbation, kann es nur unter der Perspektive der Entwicklungsgeschichte geschehen, und nicht so, als ob es sich um eine Sünde handelte. Über solchen Dingen sollte das Kind versuchen zu stehen. Man sollte aber verstehen, daß dies nicht sofort gelingen kann.

Ergänzende Frage: Kommt Masturbation bei Naturvölkern vor?

Antwort: Bei Naturvölkern, bei denen frühe Eheschließungen die

Regel sind, gibt es keine Masturbation. In Indien heiraten schon zehnjährige Kinder. Sobald aber Kultur hinzukommt, tritt Masturbation auf. Auch bei Gefangenen und gezähmten Tieren. Dies alles spricht für meine Auffassung. Von allen kindlichen Lebensäußerungen wird die Ausübung des normalen Geschlechtsverkehrs als allergrößte Sünde verurteilt, und dies erfahren die Kinder auch in der einen oder anderen Weise. Wenn fünf-, sechs- oder achtjährige Kinder Geschlechtsverkehr ausübten, würde die Familie dies als das größte denkbare Unglück und als größte Missetat betrachten. Deswegen beschränken sich die Kinder lieber auf die Masturbation. Das beste ist, sich nicht unmittelbar um die Masturbation zu kümmern, denn sonst hört das Kind nie damit auf.

Ein neunjähriger Junge wurde wegen Onanie zu mir gebracht, nachdem man zu Hause jahrelang mit allen Mitteln dagegen angegangen war. Er saß immer zu Hause, am liebsten bei seiner Mutter. Ich fragte ihn, ob er sich allein wasche? Allein zu Bett gehe? Nein, das tat er nicht. Er blieb auch nie allein im Hause, sondern hing immer am Rockzipfel seiner Mutter. Als ich ihm erklärte, daß er nur onaniere, weil er wisse, daß seine Mutter sich so ständig um ihn sorge und immer auf ihn aufpasse, antwortete er mir: »Wenn meine Mutter wüßte, wie schön es ist, würde sie es selber auch machen!« Es ging ihm nur um die Befriedigung, er war ein typisches verwöhntes Kind. Solche Kinder streben nach jeder kleinen Lust. Sie werden auch von anderen viel gestreichelt, und es wird viel mit ihnen geschmust, sie werden von anderen gebadet und gewaschen, was häufig zu künstlich sexueller Frühreife führt. Außerdem ist die Masturbation ein wunderschönes Alibi. Wenn ein verwöhntes Menschenkind auf die eine oder andere Art versagt, hat es immer noch die Ausrede, es habe sich durch seine schlechte Gewohnheit geschadet. Sonst hätte es wohl alles gekonnt. Und was tut es nach dieser Überlegung? Es masturbiert weiter!

Jetzt haben wir noch die Frage zu beantworten, warum viele Menschen nie aufhören zu masturbieren, sondern es bis ins hohe Alter fortführen? Dies ist die Sexualität des Isolierten, er benützt sie auf seine Art und Weise und in einer Richtung, wie sie von der Natur nicht vorgesehen ist. Es ist die Äußerung eines egoistischen Lebensstils. Die einzige Art und Weise, das Masturbieren zu verhindern, besteht darin, die Kinder zu selbständigen Mitarbeitern zu machen. Sie werden dann entdecken, daß es sich um eine Untugend handelt, die durch Standhaftigkeit überwunden werden kann. Manche Menschen bekommen wegen des Masturbierens auch ein so schlechtes Gewissen, daß sie sehr nervös werden. Andere entwickeln starke Minderwertigkeitsgefühle. Das Masturbieren als solches aber hat keine unmittelbaren schädlichen Folgen.

6. Schule

Intelligenz und Training · Noten und Zeugnisse · Sitzenbleiben · Entmutigung durch die Schule
Diskussion

Alle Lebensfragen erfordern ein ausreichendes Maß an sozialem Verständnis. An dieser Forderung scheitern Kinder, die nicht genügend vorbereitet sind.

Auch die Schule stellt in verschiedener Hinsicht ein soziales Problem dar. Erstens findet das Kind dort eine neue soziale Situation vor: Lehrer, Schulkameraden, Schulaufgaben und so weiter. Zweitens hat die Schule in der Organisation der Gesellschaft eine bestimmte Rolle auszufüllen. Für das Kind bedeutet sie ein Bindeglied zwischen Familien- und öffentlichem Leben. Wäre die Familie in der Lage, das Kind so zu bilden, daß es auf das öffentliche Leben vorbereitet ist, wäre die Schule überflüssig. In primitiven Gesellschaften ist das so. Anfangs gab es also gar keine Schulen, dann entstanden in Europa Schulen für Geistliche und Schreiber. Erst später entstanden größere Schulen in den Städten. Eine spezifische Ausbildung zum Lehrer gab es noch nicht. Der Lehrer sollte nur ein wenig Lesen und Schreiben beherrschen. Der Stock bildete seine Erziehungsmethode.

Allmählich änderten sich diese Zustände: Neue Kontinente wurden entdeckt, der Verkehr nahm zu, Handel und Handwerk entwickelten sich; man brauchte deshalb Leute, die lesen, schreiben und rechnen konnten. Der Erwerb dieser Fähigkeiten blieb aber noch lange ein Vorrecht der höheren Stände. Erst als die Technik eine bestimmte Entwicklung erreicht hatte und die Industrielle Revolution einen großen Bedarf an geschulten Arbeitern schuf, reichten die Standesschulen nicht mehr aus, und es entstanden die Volksschulen. Mit der Volksschule verfolgte man übrigens neben dem Unterricht als weiteres Ziel das Heranziehen von Untertanen. Es wurde strenger Gehorsam verlangt, Widersprechen war Sünde, Fragen war Frechheit.

Noch zu meiner Zeit lief der Lehrer mit einem Stock zwischen den

Schulbänken umher und schlug jedem auf die Finger, der nicht mäuschenstill, mit beiden Händen auf der Bank, dasaß. Die Ergebnisse waren sehr mäßig, weil die Kinder entweder sehr aufsässig wurden oder aber entmutigt. Als die Völker anfingen, den Wert der Freiheit zu schätzen, änderte sich die Schule. Die Schüler durften sich bewegen, Fragen stellen, selbständig arbeiten – alles Vorrechte, die heutzutage in manchen Ländern wieder verboten sind. Auch die Kirche übte Einfluß auf die Schule aus, mal mehr, mal weniger, jedoch immer unter Aufsicht der Obrigkeit.

Die Schule ist der verlängerte Arm der Familie, aber immer so, wie es der herrschenden Regierung gefällt. Die Pädagogen hatten zu jeder Zeit Reformpläne und auch den Willen zur Änderung: Man denke nur an Comenius, Basedow, Pestalozzi. Sie standen aber immer sowohl unter dem Druck der Familie wie unter dem Druck der Obrigkeit, so daß sie widersprechenden Motivationen ausgesetzt waren. Wenn das Kind in die Schule kommt, ist sein Lebensstil bereits festgelegt und auch seine Fähigkeit zur Kooperation durch ihn bestimmt. Eigentlich sollte die Schule das Ausmaß an Entwicklung in dieser Hinsicht erforschen und dann ergänzen, was fehlt, doch dies stößt auf große Schwierigkeiten. Viele Lehrer sind auf diese Aufgabe ganz und gar nicht vorbereitet, und die, die sie verstehen, müssen sie heimlich erfüllen, damit sie weder die Eltern noch die Behörden vor den Kopf stoßen. Trotzdem sollten sie diese Aufgabe auf sich nehmen, weil die Eltern häufig nicht dazu imstande sind, denn sie sind den Kindern gegenüber nicht unbefangen. Die Zahl der Ärzte und Psychologen, die in Betracht kommen, ist zu gering, um diese Frage zu lösen, und dennoch sollte sie gelöst werden, denn die Evolution, die alles mitzieht und alles vernichtet, was ihr im Wege steht, verlangt es.

Kinder kommen meistens völlig unzureichend vorbereitet zur Schule. Befragungen haben gezeigt, daß wenigstens 80 Prozent am ersten Tag am liebsten weggelaufen wären, selbst wenn der Lehrer freundlich war. Das hat hauptsächlich mit dem Umstand zu tun, daß die Kinder zu sehr an ihren Müttern hängen und sich, ohne deren Hilfe und Unterstützung, außerhalb ihrer gewohnten Umgebung hilflos fühlen. Da viele Eltern die Schule als Mittel zur Drohung benutzen, wird diese Hilflosigkeit noch verstärkt: »Warte nur, wenn du in die Schule kommst, dann wird es dir anders ergehen!« Hinzu kommen Geschichten älterer Kinder, die den Schrecken noch vergrößern. Kinder, deren Geschwister gern zur Schule gehen, möchten bald auch selbst hingehen. Zahlreiche Kinder sind auch auf selbständiges Arbeiten überhaupt nicht vorbereitet. Woran liegt es zum Beispiel, wenn von Kindern, die zum erstenmal einen Bleistift oder Griffel in die Hand bekommen, das eine viel besser zeichnet als das andere? Nicht an der Begabung, sondern an der Vorbereitung, die mit dem Lesen oder Schreiben an sich nichts zu tun haben muß.

Wer ein guter Boxer werden möchte, übt das Seilspringen, auch wenn der Nutzen dieses Trainings dem Laien nicht sofort einleuchtet. In einem Kinderheim wuchsen drei-, vier- und fünfjährige Kinder zusammen auf. Als die Suppe mit Einlage herumgereicht wurde, fing ein Junge an zu weinen. »Rudolf hat ein, zwei, drei, vier, fünf Klößchen, ich habe nur ein, zwei, drei, vier Klößchen!« Dieser Junge übt sich im Vergleichen mit Hilfe des Zählens und wird vielleicht ein begabter Rechner werden. Ein anderer Fünfjähriger wuchs mit fünf anderen Kindern in einem kleinen Kellerzimmer auf. Er ist sehr verwahrlost, streunt barfuß durch die Straße, bettelt vor den Geschäften, bleibt die halbe Nacht außer Haus. Als er ins Heim kam, war partout nicht mit ihm auszukommen; keiner konnte etwas mit ihm anfangen. Er war aber der Beste im Rechnen. Andere Kinder werden durch Spiele vorbereitet. Gerade das Trainieren in Spielsituationen spielt bei den Resultaten der Intelligenztests oft eine große Rolle. Weil es bei verschiedenen Spielen auf den einen oder anderen Trick ankommt, ist dies einleuchtend, und um Ähnliches geht es auch bei den Aufgaben in den Intelligenztests. Ein Kind sucht immer in der Richtung, wo es sich einen Erfolg verspricht.

Man sollte dem Kind also am Anfang seiner Schulzeit eine solche Möglichkeit bieten, damit es sich entscheidet, den Weg fröhlich aufzunehmen. Wenn zum Beispiel ein dreijähriges Mädchen mit einer Nadel und einem Tüchlein ein Puppenhütchen näht, sollte die Mutter nicht herbeistürzen und ausrufen: »Was machst du denn jetzt wieder? Was soll das denn bedeuten? Leg die Nadel weg, sonst stichst du dich!« Sie sollte besser sagen: »Da hast du aber was Nettes hergestellt. Wenn du möchtest, besorge ich dir noch ein schönes Tüchlein, und dann werde ich dir zeigen, wie man ein noch schöneres Hütchen nähen kann!« Die Leistungen der Kinder sind in derart großem Ausmaß abhängig von ihrer Vorbereitung, daß es ungerecht wäre, die Leistungen unabhängig von dieser Vorbereitung durch gute oder schlechte Zensuren zu benoten, sie zu loben oder zu bemängeln. Man sollte wenigstens den schlechten Noten das Herabwürdigende nehmen. Eine schlechte Note sollte für das Kind höchstens eine freundliche Mahnung sein: »Hier gibt es für dich noch etwas zu tun!«

Auch das Sitzenbleiben ist keine einfache Angelegenheit. In Schulen, die mit einer individualpsychologischen Beratungsstelle zusammenarbeiten, ist noch kein Kind sitzengeblieben. Den Schwächeren wird geholfen, nicht durch Bemängeln, sondern dadurch, daß sie ermutigt und zum Arbeiten angehalten werden. Manchen Kindern nützt das Sitzenbleiben eher, als daß es ihnen schadet, weil sie im Wiederholungsjahr gute Schüler werden. Die Mehrheit aber spürt den Schock einer solchen Niederlage das ganze Leben hindurch. Kinder sollten deshalb eigentlich nie sitzenbleiben. Wenn man bei einem Kind voraussieht, daß es nicht ins nächste Schuljahr kommt, würde man besser daran tun, es von der Schule zu nehmen und es auf andere Art und Weise dahin zu bringen, daß es im nächsten Jahr in eine höhere Klasse kommen kann. In den meisten Fällen ist dies möglich, weil solche Kinder oft anämisch, schwach, unterernährt oder nervös sind oder aus anderen Gründen eine zusätzliche Hilfe bekommen sollten, so daß eine ärztliche Bescheinigung für eine Erholungsphase zu beschaffen ist. Schlechte Schulergebnisse haben auch zu Hause ihre Auswirkung. Manche Kinder werden verprügelt und ausgeschimpft. Aber am schlimmsten ist wohl die allgemeine Atmosphäre der Erniedrigung, die ein solches Kind umgibt und die sehr schwer zu ertragen ist. Vor allem wenn ein anderes Kind derselben Familie gute Fortschritte macht, sucht es zuerst auf anderem Wege seine Erniedrigung zu vermeiden. Man stelle sich nur vor, selbst jeden Tag zu einer bestimmten Stunde irgendwo zu erscheinen, wo man, wie man von vornherein weiß, ständig ausgelacht, bestraft und erniedrigt wird. Wie lange würde ein Erwachsener so etwas aushalten? Man darf dies also auch nicht von einem Kind verlangen und sollte nicht staunen, wenn es eines Tages aufgibt, wegläuft oder etwas anderes anstellt. Weglaufen ist noch ein relativ unschuldiger Ausweg. Dann aber steht plötzlich außerhalb der Familie und der Schule dem einsamen Kind auch noch die ganze Staatsmacht samt Polizei und Armee gegenüber. Was könnte es gegen diese Übermacht ausrichten? Es kann nur sein Heil in Lügen suchen, in Fälschungen von Unterschriften und Erklärungen und so weiter. Auch muß es sich verstecken. Aber wo kann es dies? Natürlich am Stadtrand, wo es andere Kinder antrifft, die schon früher weggelaufen sind. Sie schauen nicht auf das Kind herab, und so hat es bei ihnen eine angenehme Zeit. Die Bande weiß genau, wie es die Zeit am besten verbringt, und es ist also kein Wunder, daß das Kind sich bald wie zu Hause fühlt. Unbemerkt wurde es so zum Mitglied einer Bande von Tagedieben, Vagabunden, Ladendieben und Kriminellen. Diesem unseligen Gang der Dinge könnte man vorbeugen, wenn kein einziges Kind mehr in der Schule entmutigt wird oder wenn die Eltern ein Kind, das in der Schule in eine aussichtslose Situation geraten ist, rechtzeitig von der Schule nähmen, um es von Grund auf zu bessern.

Neunte Frage: Kann man Stottern durch Singen heilen?

Antwort: Es stimmt, daß fast alle Stotterer ohne Behinderung singen und schimpfen können. Es ist jedoch zwecklos, ihn auf diese Weise therapieren zu wollen. Das Mittel ist rein technisch und kann nur in sehr leichten Fällen etwas nutzen. Natürlich können während der einen oder anderen Behandlung Stotterer von sich aus auf den Gedanken kommen, daß sie nicht nur stottern, sondern auch fließend sprechen könnten. In anderen Fällen kann sich ein Sprachlehrer viel Mühe geben und so dem Stotterer Gutes tun. Er schließt sich dem Lehrer an, stellt also eine soziale Beziehung her und mildert so das Stottern. Wenn dann plötzlich das Stottern aufhört, freut sich der Lehrer über den Erfolg seiner Methode, doch in Wirklichkeit verdankt er ihn ganz anderen Kräften, Kräften natürlicher und sozialer Art, wie sie von überallher auf den Menschen einwirken, vom Lehrer freilich unbemerkt.

In schwierigen Fällen muß man den Stotterer davon überzeugen, daß ihm der Kontakt zu anderen Menschen fehlt. Außerdem muß man versuchen, sein Interesse zu wecken für andere Menschen und Dinge, ohne sich um das Stottern selbst zu kümmern. Dies ist keine einfache Aufgabe, denn der Stotterer hat sich sehr hohe Ziele gesteckt und fragt sich ständig, ob das, was er sagen will, den anderen wohl übertrumpfen und faszinieren wird. Bei der Behandlung von Stotterern kommt man im allgemeinen selbst schwer zu Wort. Mein letzter Patient war ein 32jähriger Stotterer, sehr intelligent, gebildet und zivilisiert, der die Neigung hatte, sich um jedermann zu kümmern, etwas für ihn zu tun. Auch mir gab er ausführliche Ratschläge, natürlich nur um mich daran zu hindern, auf gleichem Fuße oder über ihm zu stehen. Alle Stotterer üben so Widerstand gegen die Behandlung aus.

Zehnte Frage: Wenn man körperlich leidet, zum Beispiel an Kopfschmerzen am Sonntag, und man ist überzeugt davon, daß diese Schmerzen nicht organisch, sondern rein psychisch verursacht werden, ist es dann möglich, sich selbst zu helfen? Meistens verschwindet der Schmerz mit Aspirin. Handelt es sich um Autosuggestion?

Antwort: Es stimmt, daß die meisten nervösen Leute sonntags mehr Beschwerden haben als in der Woche. An Wochentagen arbeitet man an einem bestimmten Ort, auf eine bestimmte Weise, man ist darin trainiert. Am Sonntag ist alles anders. Man steht jedesmal wieder vor der offenen Frage: Was werde ich jetzt tun? Man erwartet, daß der Tag etwas Besonderes bringen wird. Man begegnet allerhand Leuten, die Familie ist mehr zusammen als an Werktagen. Also kein Wunder, daß am Sonntag mehr Beschwerden auftreten, trotzdem sollte man auch beim »Sonntagsschmerz« den Patienten körperlich genau untersuchen, weil auch in solchen Fällen eine organische Ursache des Leidens vorliegen kann. Liegt jedoch keine organische Krankheit vor, kann man weiter rein psychologisch vorgehen. Jedoch ist auch bei körperlichen Störungen oft eine psychologische Behandlung notwendig, weil in den meisten Fällen auch psychische Faktoren eine Rolle spielen. Kopfschmerzen der genannten Art sind meistens migräneähnlich. Ich habe als erster behauptet, daß echte Migräne immer ein psychisches Leiden ist und verursacht wird durch ein Gefühl, das der Wut entspricht. Die Erklärung dafür ist nicht einfach und verlangt gründliche medizinische Betrachtungen. Bei Wut reagiert das Nervensystem auf besondere Art und Weise. Die Nebennieren scheiden bestimmte Stoffe ins Blut ab. Der Sympaticus, der den Kreislauf reguliert, korrigiert diese Regulation bei verschiedenen Menschen auf unterschiedliche Art und Weise. Es gibt Menschen, die bei Wut einen hochroten Kopf bekommen, bei anderen schwellen die Adern an. Es ist als sicher anzunehmen, daß bei Wut auch die Blutgefäße des Gehirns beeinflußt werden. Es gibt nun Menschen mit kleinen Normabweichungen bei der Gehirnentwicklung und Gefäßversorgung, bei denen die Gefäße durch Emotionen einseitig in einen Krampfzustand oder in einen zu starken Füllungszustand geraten können. Auch andere Arten von Kopfschmerz können von Bosheit, Ärger oder Angst verursacht werden. Immer wird dabei das vasomotorische System über den Weg des Sympaticus beeinflußt. Daß psychisch verursachte Kopfschmerzen nach der Einnahme von Aspirin verschwinden, ist keine Autosuggestion. Solche Mittel wirken auf das vasomotorische Zentrum und können dem Beginn der Reaktion entgegenwirken. Es bleibt trotzdem eine symptomatische Behandlung, und es wäre besser, wenn das verstärkte Affekterleben dieser Menschen abzumildern wäre. In schweren Fällen können bei solchen Patienten Ohnmachtszustände, Krämpfe und so weiter auftreten. Seit einigen Jahrzehnten werden in der Medizin die Probleme des zu hohen Blutdruckes untersucht, die auch mit den Kopfschmerzen zusammenhängen können. Auch in diesen Fällen gelingt eine Heilung oft durch eine Verminderung der affektiven Spannungen, also durch die Ausbildung einer mehr sozialen Einstellung des Patienten.

Elfte Frage: Wenn es so ist, daß ein Kind nur masturbiert, um die Aufmerksamkeit seiner Mutter auf sich zu ziehen, warum weint es dann nicht eher? Ist nicht das Verlangen nach Lust die primäre Ursache der Masturbation? Oder steht das Masturbieren in Relation zum Überlegenheitsstreben?

Antwort: Der Wunsch, die Aufmerksamkeit der Eltern auf sich zu ziehen, ist nicht die eigentliche Ursache, sondern, wie ich bereits erklärte, das Mißverhältnis zwischen einerseits der individuellen Entwicklung des Geschlechtstriebes und andererseits der sozialen Entwicklung der sexuellen Verhältnisse. Wenn aber ein Kind einmal verwöhnt wurde und ständig den Blick seiner Eltern auf sich gerichtet haben möchte, benützt es auch dieses Mittel zu seinem Zweck. Das Kind mit verwöhntem Lebensstil kann keiner Versuchung widerstehen. Ohne Lustgefühle wäre die Masturbation undenkbar, das ist selbstverständlich. Das verwöhnte Kind ist aber nicht in der Lage, sein Verlangen nach Lust zu überwinden. Die richtige Behandlung besteht darin, das Kind nicht allzu genau zu beobachten und seine falschen Gewohnheiten nicht so schwerzunehmen. Man täte besser daran, dem Kind, wenn sich eine gute Gelegenheit dazu bietet, deutlich zu machen, daß es sich um eine Untugend handelt, die man überwinden kann.

Lust und Freude sind nicht nur unschädlich, sondern sogar notwendig für den Menschen, wenn er zum Allgemeinwohl tätig bleiben möchte. Ein trauriger Mensch leistet weniger als ein fröhlicher. Trotzdem ist es ein Irrtum, wenn behauptet wird, der Mensch richte sein

Leben nur nach dem Lustprinzip aus. Jeder Mensch sucht Lust, aber die Richtung, in der er sucht, ist unterschiedlich, und gerade die Unterschiede kennzeichnen den Menschen. Die Psychoanalyse ist der Meinung, das Streben des Menschen sei ganz auf Lust gerichtet; diese Einsicht ist aber nicht tief genug. Sollte jemand ausschließlich auf Lust erpicht sein, dann handelt es sich um das Kunstprodukt einer falschen Erziehung. Das höchste Streben des Menschen richtet sich auf das Glück, das heißt auf eine sozial legitimierte Lust, die sich aus einer sozialen Leistung ergibt. Ein Taschendieb spürt vielleicht Genugtuung, aber kein Glück. Die Mutter aber ist glücklich mit ihrem Kind.

Zwölfte Frage: Welche Ausbildungsmöglichkeiten gibt es für jemanden, der eine gründliche individualpsychologische Ausbildung durchlaufen will? Wie lange dauert eine solche Ausbildung?

Antwort: Zentren für die Ausbildung gibt es in Wien und New York. Die Ausbildung besteht darin, daß Behandlungen, die in den Zentren durchgeführt werden, beobachtet und in daran anschließenden Sitzungen besprochen werden. Wenn einer der Meinung ist, er sei ausreichend vorbereitet, übernimmt er selbständig, jedoch in Begleitung eines erfahrenen Individualpsychologen, die Behandlung eines schwierigen Kindes. Bei der Behandlung von Erwachsenen kann kein dritter anwesend sein, denn dadurch würde das Vertrauensverhältnis gestört werden. Kann man nicht nach Wien oder New York fahren, muß man seine Ausbildung selbst in die Hand nehmen. Dazu habe ich zur Bildung von Arbeitsgemeinschaften geraten, wie es sie heutzutage in mehr als 50 Städten gibt. Man setzt sich wöchentlich zusammen und bespricht ein bestimmtes Problem vom individualpsychologischen Standpunkt aus. Nach Möglichkeit sollte ein erfahrener Experte anwesend sein, besonders am Anfang. Solche Experten können aus Wien, New York oder anderen Städten kommen. Finanziell ist dies häufig so zu organisieren, daß Vorträge arrangiert werden und man bei solchen Gelegenheiten dann im kleineren Kreis mit dem Redner Gedanken austauscht. Wer die Individualpsychologie ohne Mithilfe studieren möchte, sollte die wichtigsten Bücher und die *Zeitschrift für Individualpsychologie* lesen. Eventuell kann man seine Fragen schriftlich an das Zentrum in Wien stellen. Es gibt dort genügend Experten, die immer gern bereit sind, Fragen schriftlich und in der Zeitschrift zu beantworten. Wenn es möglich ist, mit dem Lehrpersonal zusammenzuarbeiten, dann ist es angebracht, eine Beratungsstelle in Zusammenarbeit mit einer Schule einzurichten. Die Lehrer der Schule bilden dann eine Arbeitsgemeinschaft, soweit sie interessiert sind. Sie machen sich Gedanken über die schwierigen Fälle, die es in der Schule gibt. Zu diesem Zweck habe ich eine Liste mit Fragen als Leitfaden aufgestellt, Fragen, die sehr einleuchtend sind. Die erste Frage auf dieser Liste lautet: Seit wann bestehen die Schwierigkeiten? Durch die Antwort kommt man oft sofort mitten in die Problembereiche, zu Hause oder in der Schule. Die zweite Frage untersucht, warum gerade in dieser Situation, die in der ersten Antwort genannt wurde, bei diesem Kind das Problem auftrat. Die Antwort auf diese zweite Frage erklärt dann, aus welchem Grund das Kind mit seinen früher erworbenen Eigenschaften das bestimmte Problem nicht lösen konnte. Dieses Frageschema ist natürlich auch außerhalb einer Beratungsstelle, bei der Behandlung bestimmter Fälle, von Vorteil und nützlich. Die beste Schulung erhält man aber im Unterricht durch autorisierte Experten.

In diesem Zusammenhang möchte ich noch auf zwei wichtige Punkte aufmerksam machen. Zum ersten die Haltung des psychologischen Beraters dem Lehrer gegenüber. Man sollte nie auf belehrende Art mit ihm sprechen, sondern immer so, als ob man freundschaftlich Erfahrungen miteinander austauscht. Ziel und Absicht des Psychologen sollte immer sein, sich selbst überflüssig zu machen. Die zweite Schwierigkeit ist die Art und Weise, wie mit den Eltern zu sprechen ist. Auch ihnen gegenüber sollte man nicht als Richter auftreten. Ich habe noch nie eine Mutter beschimpft. Ich versuche ihr Mut zuzusprechen und Hoffnung zu geben; ich räume ein, daß sie ihr Bestes getan hat. Ich sage zum Beispiel: »Das Kind hat sich jetzt so weit entwickelt, daß ich für die Zukunft noch dieses oder jenes vorschlagen möchte.« Oder: »Es würde uns ein Stück weiterbringen, wenn Sie das achtjährige Kind nicht mehr wie ein Baby, sondern wie ein verständnisvolles Wesen behandelten.« In dieser Form können Mütter meine Ratschläge zumeist akzeptieren, ohne gereizt zu werden. Nur ab und zu sagt mir eine Mutter: »Ich als Mutter muß doch wissen, wie ich mein Kind zu behandeln habe!« Worauf ich dann antworte: »Ja, das haben Sie schon immer gewußt. Doch vielleicht könnten Sie außerdem noch dieses oder jenes tun oder lassen.« Oft weist eine Mutter oder ein Vater unseren Rat sofort zurück; wenn sie dann nach Hause kommen, richten sie sich dennoch danach.

Wenn man mit den Eltern gesprochen hat, ist es angebracht, noch zu fragen: »Möchten Sie jetzt, daß ich auch mit dem Kind spreche?« Die Frage wird dann immer bejaht, und keiner kann später behaupten, daß man das Kind gegen den Willen der Eltern beeinflußt hat. Das Kind kommt in dem Bewußtsein seiner Schuld und erwartet, wieder Zurechtweisungen zu hören. Aber man begrüßt es freundlich und stellt einige neutrale Fragen, zum Beispiel: »Was möchtest du später werden?« Jede Frage ist gut, um die Probleme des Kindes anzuschneiden.

Es kommt etwa ein Kind herein, das als hochmütig bezeichnet wird. Gewöhnlich ist es in Wirklichkeit feige und ängstlich. Man fragt, ob es Freunde hat. Manchmal antwortet ein solches Kind dann: »Wohl zwölf«, auch wenn es nicht stimmt. »Was machst du mit denen? Tun sie, was du sagst, oder hast du einen Freund, der sagt, was du machen sollst?« – »Wie ist dein Lehrer? Ist er streng? Ist er ungerecht?« Diese Fragen haben zunächst nichts zu tun mit der Überheblichkeit des Kindes, sie führen jedoch mit großer Sicherheit in die Richtung des Problems.

In einem ähnlichen Fall bin ich einmal schweigend und auf Zehenspitzen gegangen. Nach einigen Augenblicken fragte ich das Kind: »Siehst du, was ich tue?« – »Nein!« – »Schau mal: Ich stehe auf Zehenspitzen, damit ich größer aussehe, als ich bin. Ich glaube, daß ich zu klein bin, und deswegen tue ich das immer, und deshalb schreie ich auch immer so laut wie möglich!« Der Junge verstand mich ganz gut. Ich sagte weiter nichts wie »Auf Wiedersehen« und verabschiedete mich.

Natürlich sollte man gute Einfälle haben, wenn man bei einem Kind Eindruck machen möchte. Möchte man als Lehrer über die Kinder seiner Klasse etwas wissen, kann man einen Aufsatz über bestimmte Themen aufgeben, zum Beispiel: »Meine Mutter«, »Ein Traum«, »Meine früheste Erinnerung«, »Wie kann ich mich nützlich machen?«, »Wovor habe ich Angst?«, »Was möchte ich werden?«

Diese letzte Frage sollten Kinder im Alter von 13 bis 14 Jahren normalerweise beantworten können. Wenn ein Kind in diesem Alter noch keine Wahl getroffen hat, dann steht es hilflos zwischen seinen zahlreichen Eindrücken; hat es aber eine bestimmte Wahl getroffen, dann sammelt es Eindrücke in einer bestimmten Richtung. Auf diese Art und Weise können große Leistungen vorbereitet werden. Wohl besteht die Gefahr einer zu großen Einseitigkeit, dem kann man aber ohne große

Schwierigkeiten vorbeugen. Es ist auch gut, die Kinder in der Schule über bestimmte Themen diskutieren zu lassen. Sowohl der Lehrer wie auch die Kinder können die Behandlung bestimmter Themen vorgeben. Zum Beispiel: »Faulheit«. Es ist dabei nicht notwendig, über bestimmte Kinder zu reden, weil die allgemeine Diskussion genügend Dinge ans Licht bringt. Andere Themen sind: »Warum ist man eifersüchtig?« oder »Ist ein Krimineller mutig oder feige?« Auf diese Art und Weise bringt man Menschen und Lebenserfahrungen in die Schulklasse, so daß die Kinder lernen, sich in der Welt zurechtzufinden. Auch kann man über soziale Probleme sprechen, zum Beispiel über Arbeitslosigkeit, und dadurch das soziale Blickfeld erweitern. Ich habe immer dafür plädiert, Fragen, die nicht zum Gebiet der Individualpsychologie gehören, aus unseren Diskussionen herauszuhalten. Hierzu gehören zum Beispiel politische und religiöse Probleme. Gerade meine weniger begabten Schüler haben wiederholt versucht diese Fragen in unsere Arbeit miteinzubeziehen. Sie möchten damit ihren Mangel an wissenschaftlichem Wissen verbergen und sich die Unterstützung bestimmter Kreise sichern. Im Namen der Wissenschaft muß ich mich dagegen wehren, und deshalb ist die Individualpsychologie ständig mit einer Art »Säuberung« beschäftigt: Denn Leute, die Unterstützung von außen brauchen, dürfen nicht als Vertreter der Individualpsychologie auftreten.

7. Nochmals Schule

Lehrerwechsel · Verehrung des Lehrers · Schulwechsel · Begabung, Charakter und Training · Sexuelle Aufklärung · Ungleiche Wertschätzung der Geschlechter

Wenn ein Kind in der Schule sehr ungleichmäßige Fortschritte macht und es in manchen Fächern sehr gut, in anderen sehr schlecht ist, dann handelt es sich um ein verwöhntes Kind, das nur unter bestimmten Bedingungen mitarbeitet. Ist ein Kind in allen Fächern schlecht, dann können wir daraus schließen, daß es innerlich mit der Schule abgeschlossen hat und es darauf anlegt, von der Schule verwiesen zu werden. Man sollte dann natürlich versuchen, das Kind so weit zu bringen, daß es wieder mit Freude arbeitet. Viele Kinder sind übertrieben nervös, wenn Schularbeiten oder Abschlußprüfungen anstehen. Sie werden bleich, stottern, fangen an zu weinen, halten immer Abstand und wollen nicht näherkommen. Man kann dann mit Sicherheit sagen: Dieses Kind denkt zuviel an seinen persönlichen Erfolg. An seinen Bewegungsabläufen erkennt man Ähnliches wie beim Stotterer. Bei Erwachsenen spricht man von Lampenfieber. Der ganze Körper zittert mit, und das Leid kann sehr intensiv sein. Je nach Körperbau sind diese Erscheinungen unterschiedlich. Oft zeigen sich Magen-Darmstörungen, manchmal auch sexuelle Reizzustände. Manche Kinder werden überfallen von einem unstillbaren Verlangen nach Masturbation; bei älteren Jungen kommt es zur Ejakulation. In ihrer Angst beschwören die Kinder allerhand Zauberkünste. Ein Kind sagt zum Beispiel: »Wenn es mir gelingt, fünf Minuten auf einem Bein zu stehen, geht es gut.« (Die tiefere Bedeutung besteht darin, das Gefühl zu haben, etwas leisten zu können.)

Auch viele Erwachsene benützen solche abergläubischen Methoden, um sich ein Gefühl der Sicherheit zu geben. Im allgemeinen ist Aberglaube nur ein Mittel, sich im Leben sicherer zu fühlen, als man eigentlich ist. Es tritt an die Stelle von Mut und Optimismus. Zu den schwierigen Situationen des Schulkindes zählt der Lehrerwechsel, der

Anlaß zu Problemen bei der Versetzung in eine höhere Klasse, verstärkt noch, wenn der Wechsel während des Schuljahres eintritt. Vertretungszeiten sind auch bei Lehrern selbst nicht sehr beliebt. Die Kinder sind dann oft unruhig, lachen und versuchen allerhand Blödsinn zu machen, so daß sich manchmal groteske Szenen abspielen können. Wenn die Kinder zunächst von einem freundlichen Lehrer betreut wurden, bringt eine Änderung des Lehrpersonals oft ihre schwachen Seiten ans Licht. Die Kinder versagen leicht, wenn der neue Lehrer weniger freundlich ist und andere Forderungen stellt. Die Eltern beschweren sich dann vielleicht über den neuen Lehrer. Dieser sollte in einem solchen Fall verstehen, daß er es mit verwöhnten Kindern zu tun hat, und diesem Umstand besonders Rechnung tragen. Der Vorgänger ist nicht notwendigerweise schuld an dieser Verwöhnung; Kinder verwöhnen sich manchmal selbst in ihrer Beziehung zu dem Lehrer.

Daß manche Mädchen in übertriebener Weise von ihrer Lehrerin schwärmen, ist bekannt. In Amerika sagt man dann, daß die Kinder einen »Crash« für sie haben. Sie becircen die Lehrerin auf eine Art und Weise, der manchmal schwer zu widerstehen ist. Wenn Rivalität unter den Kindern hinzukommt, nehmen diese Neigungen Formen an, die an Fetischismus erinnern. So wird zum Beispiel der Name der Lehrerin auf einen Zettel geschrieben und dann verspeist. Die Kinder zeigen sich übertrieben gefällig und streiten sich darum, dem Objekt ihrer Verehrung kleine Dienstleistungen zu erweisen. Sie gehen an ihrer Wohnung vorbei und streiten darüber, wer die erste sei. Wenn man dann sieht, wie heftig die Mütter sich über solche Verhaltensweisen ärgern, versteht man sie plötzlich viel besser: Die Liebe für die Lehrerin enthält Kritik und ist gleichzeitig ein Angriff auf die Mutter. Die Kinder wollen damit sagen, daß sie sich eine Mutter wünschen, die der Lehrerin ähnelt. Ein 15jähriges Mädchen, das geisteskrank wurde, erklärte mit Überzeugung, daß die Lehrerin ihre wirkliche Mutter sei. Auch die Sexualität spielt natürlich bei diesen übertriebenen Gefühlen eine Rolle. Die sexuelle Reife tritt nun einmal viel eher ein als die Möglichkeit, sie normal zu befriedigen, und so können allerhand abartig erscheinende Formen entstehen, wie zum Beispiel Liebe zur Lehrerin, gleichgeschlechtliche Verhältnisse zwischen Kindern, sexuelle Tagträume (oft sadistischer oder masochistischer Art), Masturbation und so weiter.

Die Verehrung der Jungen für ihren Lehrer zeigt sich nicht so offensichtlich. Die öffentliche Meinung verhindert dies, denn wenn männliche Personen sich gegenseitig liebkosen, wird sofort etwas dahinter vermutet. Eigentlich sollten solche Unterstellungen bei Mädchen, die sich gegenseitig umarmen oder küssen, genauso angebracht sein. Solche Verhaltensweisen bedeuten aber bei beiden Geschlechtern keineswegs, daß die Kinder tatsächlich pervers sind.

Manche Kinder geraten in Schwierigkeiten beim Schulwechsel. Wenn man sich erkundigt, zu welchem Zeitpunkt bestimmte Charakterfehler zuerst sichtbar wurden, bekommt man wiederholt die Antwort: »Nachdem das Kind auf eine andere Schule gekommen war.« Manchmal aber ist eine solche Änderung für die Kinder vorteilhaft. Wieder andere Kinder sind längere Zeit gute Schüler gewesen, versagen jedoch plötzlich, zum Beispiel nach einer Reise oder nach einer Krankheit. Hier handelt es sich um Kinder, die keine einzige Niederlage ertragen, sie sind Strategen des Rückzugs, und ihnen fehlt der Mut, einen zeitweiligen Rückstand einzuholen. Nach der ersten Niederlage geben sie den Streit für immer auf.

Ein sehr wichtiger Zeitpunkt in der Entwicklung ist die Berufswahl. Wie schon bemerkt, sollte eigentlich jedes Kind im 12. bis 13. Lebensjahr wissen, was es werden will. Damit ist aber nicht gesagt, daß es diesen Beruf später auch wirklich ausüben wird, sondern daß es in die Zukunft blickt, in eine Richtung, in der es sich einmal nützlich machen möchte. Die Berufswahl ist heutzutage besonders schwierig, und auch die vielen Beratungsstellen für die Berufswahl ändern daran wenig. Im Prinzip ist es richtig, daß jeder den Beruf wählen darf, wozu er am meisten geeignet ist und wozu er am meisten Lust hat. Aber infolge der wirtschaftlichen Umstände ist die Berufswahl oft nicht realisierbar. Leute in wichtigen und augenscheinlich höchst befriedigenden Positionen, wie Ärzte, Rechtsanwälte, Gelehrte, haben mir auf meine Frage nach dem Beruf oft geantwortet: »Wenn mein Sohn die gleiche Dummheit begehen sollte, haue ich ihn vorher lieber blau und grün!«

Die Unfreiheit in der Berufswahl ist also eine Frage der verwirrenden wirtschaftlichen Zustände. Die allgemein herrschende Unzufriedenheit mit dem ausgeübten Beruf ist aber außerdem Folge des Umstandes, daß sowohl die Organisationsform des Berufslebens wie auch die Menschen selbst so wenig auf Zusammenarbeit eingestellt sind. Überall sehen wir eine künstliche Autorität neben einer genauso künstlichen

Unterordnung, überall stoßen wir auf Zwang, Unterwürfigkeit, Neid, Vetternwirtschaft. All dies macht es verständlich, warum so viele Menschen in ihrem Beruf unzufrieden sind.

Manchmal habe ich jungen Leuten, die sich einen anderen Beruf wünschten, geraten, in ihrer Freizeit ihren eigentlichen Neigungen zu folgen. Dann bemerkt man jedoch immer wieder zu seinem Erstaunen, daß der junge Mensch solches Ansinnen zurückweist. Er behauptet dann, daß er abends zu müde sei oder daß er zu wenig Zeit habe. So ergibt sich der Eindruck, daß der Berufswunsch nicht aufrichtig gemeint war und nur als Ausrede diente, um den fehlenden Erfolg im tatsächlichen Beruf auf diese Umstände schieben zu können. Bei vielen Kindern ist die Mathematik von besonderer Schwierigkeit. Meist betrifft es Kinder, die nicht selbständig geworden sind, denn in keinem anderen Lehrfach ist es notwendig, so selbständig zu denken und zu kombinieren. In anderen Fächern kann man sich auf Bücher oder auf Vorträge der Lehrer stützen, manchmal auf Notizen oder eine geeignete bildhafte Vorstellung. In der Mathematik aber befindet man sich allein in der Wüste. Es stellt sich immer heraus, daß schlechte Mathematikschüler der Meinung sind, daß sie für dieses Fach keine Begabung besitzen. Auf keinem einzigen anderen Gebiet spielt der Begabungswahn eine so verhängnisvolle Rolle wie hier. Am schwierigsten haben es noch die verwöhnten Kinder, weil gerade bei ihnen die Selbständigkeit fehlt. Vor allem wenn ein anderes Kind der Familie auf diesem Gebiet glänzt, mangelt es ihnen an Mut.

Es gibt aber von dieser Regel auch Ausnahmen. Wenn in einer Familie viel Mathematik gelehrt wird, schafft es auch das verwöhnte Kind, auf diesem Gebiet etwas zu erreichen. Auch wenn ein Kind von Anfang an Erfolgserlebnisse hat, wird es sich weiter interessieren und fleißig weitermachen. Die hauptsächlichen Schwierigkeiten des Schullebens sind damit behandelt worden. Einige andere häufig auftretende Fehler sollten aber noch zu Sprache kommen. An erster Stelle die Faulheit. Mit Vorwürfen kommt man dabei nicht viel weiter. Besser ist es, sie wie ein Schutzmittel gegen eine Kränkung des Ehrgeizes zu betrachten. Die Kinder möchten lieber als faul gelten, als daß sie sich als wertlos betrachten müßten. Man kann Faulheit also nur bekämpfen, indem man den Kindern Mut zuspricht. Ein weiterer Fehler ist das Lügen. Lügen sind immer Kunstgriffe oder Umwege, um Erniedrigungen auszuweichen. Eigentlich sollte kein Kind jemals Angst davor haben, die Wahrheit zu sagen. Es sollte wissen, daß der Lehrer es unter allen Umständen versteht und immer bereit ist, ihm zu helfen. Es ist nicht zu vermeiden, daß in der Schule gestohlen wird. Meistens betrifft es Kinder, die das Gefühl haben, benachteiligt zu sein. Manchmal fangen Kinder nach der Geburt eines Geschwisterchens an zu stehlen, weil sie glauben, beraubt worden zu sein. Das Stehlen ist dann ein Versuch, das Gleichgewicht wiederherzustellen. Die Behandlung ist schwierig, weil das Kind fast immer bei seinen Kameraden in ein falsches Licht gerät, auch bei denjenigen, die selbst stehlen oder gestohlen haben. Dadurch fühlt sich das Kind immer mehr ausgeschlossen. Man sollte versuchen dahinterzukommen, warum sich das Kind benachteiligt fühlt. Diese Benachteiligung gibt es oft nur in der Vorstellung des Kindes, und seine falschen Vorstellungen sind leicht zu korrigieren. Auch in dieser Hinsicht ist die Gefahr bei verwöhnten Kindern am größten. Sie stehlen oft Süßigkeiten, Schmuckstücke, farbige Bleistifte und andere verlockende Dinge. Wenn ein Kind, das gestohlen hat, in der Schule als »Dieb« bezeichnet wird, sollte es vernünftigerweise die Schule wechseln. Nicht als Strafe, sondern damit es die Möglichkeit hat, einen neuen Anfang zu machen.

Eine nächste Schwierigkeit bilden sexuelle Abweichungen. Auf die Frage, was man dagegen unternehmen sollte, kommt meistens die Antwort: »Aufklärung.« Diese Antwort ist aber zu allgemein, weil Aufklärung auf die richtige Art und Weise und zum richtigen Zeitpunkt stattfinden sollte. Auf diesem Gebiet gibt es ganz eifrige Leute, die das ganze Leben lang sexuelle Aufklärung betreiben wollen. Im allgemeinen kann man sagen, daß man nie die Frage eines Kindes mit einer Unwahrheit beantworten sollte. Wenn Kinder Sie nach der ersten Antwort weiterfragen, dann sollte man weiter antworten. Man sollte sich aber davon überzeugen, daß das Kind auch wirklich versteht, was ihm gesagt wird. Wenn es das nämlich falsch versteht, hat man in Wirklichkeit eine Lüge verbreitet. Wenn man das richtige Verhältnis zu dem Kind hat, spürt man automatisch, wie es über sexuelle Probleme denkt, und es ist leicht, falschen Meinungen vorzubeugen. Sehr viele Menschen betrachten alles Sexuelle als tierisch, abscheulich und verwerflich, weil ihre erste Aufklärung abwegig war. Dadurch kann die spätere Lebensfreude und Lebenskraft auf diesem wichtigen Gebiet gestört werden. Auch das Liebesleben braucht seine Erziehung. Jeder Mensch wird mit der Frage der Liebe konfrontiert und beantwortet sie mittels seiner Aktivität oder seiner Passivität. Es wäre ein großer Fortschritt, wenn die Kinder so vorbereitet würden, daß ihre Antworten wenigstens einigermaßen ausreichend wären. Eine erste Voraussetzung wäre, daß Jungen und Mädchen im Bewußtsein vollkommener Gleichwertigkeit aufwachsen.

Das Liebesproblem kann nur von Menschen gelöst werden, die den Standpunkt überwunden haben, daß die Frauen ihre Gleichwertigkeit noch unter Beweis zu stellen haben. Die Gleichwertigkeit ist aber selbstverständlich. Außerdem ist es für den Betroffenen schädlich, seine Gleichwertigkeit immer wieder beweisen zu müssen. Dieses Übel gehört zu den Fehlern unserer Kultur und zeigt uns eine Aufgabe für die Zukunft. Wenn nicht jemand in uralten Zeiten den Krieg erfunden hätte, wäre die Gleichwertigkeit der Frau nie bezweifelt worden. Zum Krieg sind Männer tatsächlich besser geeignet. Frauen aber sind für andere Dinge geeigneter.

Auch Emerson, der große amerikanische Ethiker, scheitert an diesem trügerischen Kriterium, wenn er sich mit der Frage beschäftigt, warum man dem Menschen unterschiedliche Werte zuweist. Er ist der Meinung, daß der Kaufmann nicht so hoch eingeschätzt werde, weil er nur sein Geld riskiere. Ein Arzt werde höhergeschätzt, weil er seine Gesundheit und sein Leben aufs Spiel setze. Der Soldat jedoch riskiert jeden Augenblick sein Leben für den Staat, deswegen sei er am meisten geschätzt. Alle Menschen, die das Kriegerische verehren, verlangen gleichzeitig, daß man die Frauen niedriger einschätze als die Männer. Früher hieß es: Nur wer Waffen trägt, ist ein freier Mann.

In der Familie und in der Schule sollte die Gleichwertigkeit der Geschlechter selbstverständlich sein. Leider müssen Mädchen in unserer Kultur und in unserer Zeit für ihre Gleichwertigkeit immer noch Beweise liefern, und wenn jemand etwas beweisen will, schießt er im allgemeinen übers Ziel hinaus. Aus diesem Grunde findet man bei Mädchen schon sehr früh ein übermäßiges Streben zu zeigen, daß sie nicht weniger wert sind als ein Junge, ja, daß sie fast so sind wie Jungen. Aus diesem Grund haben viele Mädchen eine tiefe Abneigung gegen Hausarbeit. Das Haushalten ist aber eine sehr wichtige Angelegenheit, und es ist nicht ratsam, dazu beizutragen, daß sich Mädchen dagegen stellen. Das Haushalten kann man seiner Art nach vergleichen mit den Tätigkeiten eines Beamten oder eines Handwerkers. Sollte ein Mädchen für den Haushalt überhaupt nicht taugen, sollte man untersuchen, ob es nicht an einem Gefühl der Erniedrigung liegt. Dieses Gefühl kann so stark sein, daß es zu Menstruations- und anderen Körperfunktionsstörungen als Ausdruck der Abneigung gegen die Frauenrolle führen. Jedes Kind sollte am Ende seines zweiten Lebensjahres sicher wissen, ob es ein Junge oder ein Mädchen ist und daß dies unwiderruflich so ist. Manche Kinder sind sich in dieser Hinsicht unsicher oder glauben, daß es möglich sei, in späteren Jahren das Geschlecht zu ändern. Es geschieht manchmal, daß Jungen mit zwölf Jahren noch keine absolute Sicherheit über ihr Geschlecht haben. Aus diesem Zwiespalt entsteht oft ein allgemeines Gefühl der Unsicherheit im ganzen Leben, und daraus kann sich eine falsche Richtung des Liebeslebens ergeben. Für das Kind ist es in manchen Fällen nicht ganz leicht, zu der richtigen Überzeugung zu kommen. Das gilt zum Beispiel für ein Mädchen, das eher aussieht wie ein Junge, oder für einen Jungen, der aussieht wie ein Mädchen. Oft erziehen Mütter ihre Kinder nach den Charakteristika des anderen Geschlechts. Die ganze Existenz solcher Menschen steht dann auf unsicherem Boden.

8. Prophylaxe

Gutes Erbgut ist noch keine Garantie · Pubertätsprobleme · Schädliche Faktoren in der Gesellschaft
Diskussion

Im vorangehenden Vortrag haben wir die normale Entwicklung des Kindes beschrieben und die Gefährdungen aufgezeigt. Jetzt stehen wir vor der Frage: Wie können wir Schaden vorbeugen, wie können wir helfen? Die beste Hilfe für das Kind ist natürlich, dem Übel vorzubeugen, also Prophylaxe, und sie besteht darin, dem Kind schon in den ersten Lebensjahren ein ausreichendes Gemeinschaftsgefühl zu vermitteln. Die Individualpsychologie ist in der Lage, jeden Erzieher bei dieser prophylaktischen Arbeit zu beraten und zu unterstützen. Vielen Fehlschlägen wäre vorzubeugen, wenn es genügend Institutionen gäbe, welche die Mütter darauf vorbereiteten, ihre Kinder in den ersten Lebensjahren zur Kooperation zu erziehen. Je weniger Beschränkungen das Kind ausgesetzt ist, sein Leben mit anderen gemeinsam zu gestalten, desto weiter reicht sein Horizont und desto besser wird es sich entwickeln.

Manche psychologische Schulen behaupten, ein gutes Erbgut sei ein ausreichender Schutz gegen Fehlschläge. Eine solche Theorie, die nur den »Besitz« des Menschen berücksichtigt, kann man als »Besitzpsychologie« kennzeichnen. Nach dieser Lehre kommt bei der Entwicklung nur das zum Vorschein, was jemand besitzt, und sowohl Vererbungslehre, Psychoanalyse, Verhaltenspsychologie wie auch die Triebpsychologie sind in diesem Punkt gleicher Meinung. Wer aber den Besitz als ausschlaggebend betrachtet, hat keinen Blick für die Richtung, in der dieser Besitz benutzt wird. Dieser »Besitz« – stellt die »Gebrauchspsychologie« gegenüber, und ihre reinste Form ist die Individualpsychologie. Die entscheidende Bedeutung des Gebrauchs, den man von seinem Besitz macht, liegt so offen auf der Hand, daß man manchmal am gesunden Menschenverstand derjenigen zu zweifeln beginnt, die dies nicht einsehen und nicht einsehen wollen. Der Hammer ist ein intelligentes Werkzeug und als solcher Träger einer jahrhundertealten menschlichen Weisheit, insoweit es das Hämmern betrifft. Ich kann den Hammer aber zu einer kriminellen Tat wie auch für eine nützliche Aufgabe verwenden.

Die Individualpsychologie ist folglich die einzige Psychologie, die für die Prophylaxe geeignet ist, denn sie zeigt auf, wie man den »Besitz« des kleinen Kindes einer guten Verwendung zuführen kann. Höchst schwierig dabei ist aber, daß es in der heutigen Zeit sowohl aus praktischen wie auch aus wirtschaftlichen Gründen unmöglich ist, alle Eltern individualpsychologisch aufzuklären. Am ehesten ginge dies noch bei Lehrern, aber die Schule kommt für die Prophylaxe im Grunde schon zu spät; sie kann eigentlich nur noch heilen, bessern, erziehen. Trotzdem sollte die Schule einen wichtigen Teil der Prophylaxe übernehmen. Sie sollte die Eltern beraten, aufklären und beeinflussen, und sie soll die Kinder vorbereiten auf das Leben. In Amerika und im ehemaligen Österreich sind diese Funktionen der Schule schon in hohem Maße realisiert.

Wichtig ist zum Beispiel die Vorbereitung auf die Pubertät. Sie ist eine schwierige Situation, die aber mehr vom Kinde selbst als von äußeren Umständen heraufbeschworen wird. Im 13. und 14. Lebensjahr sind verschiedene Fähigkeiten des Kindes voll entwickelt, und zugleich genießt es mehr Freiheiten als früher. Ihm kommt jetzt oft der Gedanke, beweisen zu müssen, daß es kein Kind mehr ist. Die Beziehungen zur Außenwelt weiten sich aus. Diese Horizontsausweitung ist jedoch ebenfalls eine Erprobung. Der Umstand, daß das Kind beweisen will, kein Kind mehr zu sein, bringt Übertreibungen mit sich. Das Kind überschreitet seine Grenzen, und so entstehen Konflikte. Ein Kind jedoch, das vorher schon gut kooperierte, wird es auch weiterhin tun. Manche Psychologen sind der Meinung, daß die Pubertät ein Alter ist, in dem alle Teufel freigelassen werden. Dies gilt aber nur für Fälle mißlungener Prophylaxe. Solche Kinder waren immer unsozial, sie waren immer sicher in ihrem Käfig. Jetzt kommen sie heraus, und nun sieht man, was da ausgebrütet wurde. Manche psychologische Richtungen befürworten eine Prophylaxe in dem Sinne, daß man die Umstände so zu gestalten habe, daß das Kind keine Fehler begehen kann. Man möchte eine günstige Situation schaffen, die wirtschaftlichen Zustände bessern und so weiter. Das ist alles sehr schön, aber wer soll diese günstige Situation für das Kind schaffen? Die anderen! Und da hören wir wieder die Forderung des verwöhnten Kindes. Außerdem sind Leute, die versuchen für andere bessere Umstände zu schaffen, ausschließlich solche, die von Kind an ein großes Maß an sozialem Gefühl entwickelt haben. Um also in dieser Richtung etwas zu erreichen, müssen wir unsere Kinder von Anfang auf das Allgemeinwohl einstellen. Damit meinen wir natürlich nicht, daß wir die Verbesserung des heutigen Zustandes in die Zukunft verschieben möchten! Nein, vieles sollte schon jetzt als schädlich bekämpft werden, weil es das Kind daran hindert, kooperativ zu werden. Äußere Bedingungen, die ihre Schatten auch ins Kinderzimmer werfen, sind die Ursache dafür, daß das Kind sich nicht freundlich eingeladen fühlt, sondern sich als störend und überflüssig betrachtet. Ein unwillkommener Gast jedoch benimmt sich dumm und linkisch. In dem großen Roman »Der Idiot« von Dostojewski wird mit großem psychologischem Einfühlungsvermögen eine Szene geschildert, während der Held des Buches in Anwesenheit der von ihm verehrten, schönen Frau des Hauses ziemlich unfreundlich darauf hingewiesen wird, daß er neben einer sehr kostbaren Vase Platz genommen habe, die er doch auf keinen Fall beschädigen möge. In diesem Augenblick konzentriert sich seine Aufmerksamkeit ängstlich auf die Vase, und nach einer Viertelstunde liegt sie in Scherben am Boden. Diese Szene ist eine gelungene symbolische Darstellung des Kindes, das sich als unwillkommener Gast fühlt. Die Verwirrungen des äußeren Lebens lasten sehr stark auf einem solchen Kind. Seine Eltern sind niedergeschlagen und unzufrieden, sie sind nörglerisch und ungeduldig. Das Kind verwahrlost. Diese dunklen äußeren Umstände fallen wie Nebel und Rauch auf das Kind. Es bekommt das Gefühl, einer feindlichen Welt gegenüberzustehen, und fängt bald an, sich danach zu richten. Oder es wehrt sich und gerät entweder in offenen Streit oder es unterwirft sich, wird willfährig und benimmt sich wie ein Bettler. Beide Extreme sind gefährlich, das letztere doch noch weit mehr als das erstere, weil der stille, heimliche Neid sich nicht von sich aus aufhebt und deshalb nie endet.

Zu den Umständen, die dem Kind den Eindruck einer feindlichen Welt vermitteln, gehört in erster Linie der Krieg. Die während eines Krieges geborenen Kinder behalten den Eindruck einer feindlichen Welt bis an ihr Lebensende, jedenfalls wenn sie nicht besser aufgeklärt werden. Diese Aufklärung kann nur darin bestehen, dem Kind die eigene Zeit als Durchgang in einer langen Entwicklungslinie darzustellen und ihm deutlich zu machen, daß diese Zeit zwar viele Fehler und Unbilden aufweist, wir sie aber zusammen bekämpfen und überwinden sollten. Das Kind sollte seine soziale Aufgabe verstehen, um schädlichen Eindrücken widerstehen zu können.

Ein zweiter gefährlicher Umstand ist die allgemein verbreitete Arbeitslosigkeit. Sie benachteiligt eine ganze Generation von Kindern, sowohl physisch wie auch psychisch. Das Kind bekommt das Gefühl, man solle sich wehren, die Zähne zeigen, Hammer oder Amboß sein, denn das Leben sei voller Feindschaft. So entsteht die von Haß erfüllte Ideologie der jungen Generation.

Zu den vielen schädlichen Eindrücken gehört auch das Festhalten an der Todesstrafe, des weiteren Vorurteile in bezug auf Staatsangehörigkeit, Rasse, Geschlecht oder Religionszugehörigkeit, Vorurteile, welche die Kinder wie Gift in sich aufnehmen. Wenn man die Massenpsyche und ihre Äußerungen erkennt, spürt man, daß alle neuen Ideen dem aktiven Teil der aufwachsenden Generation entstammen. Wenn es uns nicht gelingt, die gegenwärtigen Umstände so zu beeinflussen, daß sie dem Kind nicht schaden, sondern seine Aktivität in soziale Bahnen lenken, dann sollten wir wenigstens versuchen, es aufzuklären und ihm seine Aufgaben für die Zukunft zu zeigen.

13. Frage: Ein Fall: Ein Junge von elf Jahren ging vier Jahre zur Schule, kann jedoch weder lesen noch schreiben. Er kennt die Buchstaben, es gelingt ihm aber nicht, eine Beziehung zwischen ihnen herzustellen. Er ist einmal sitzengeblieben, wurde dann weiter mitgeschleppt. Es wurde zweimal geprüft, ob er nicht in eine Sonderschule gehen sollte, doch er erwies sich als normal intelligent. In der Schule kann er alles, was erzählt wird, auch klar verstehen und zum Beispiel kleine Geschichten gut nacherzählen. Bei Handarbeiten aber ist er linkisch. Er ist freundlich, hilfsbereit und fröhlich. Er nimmt das Leben leicht. Wegen Kurzsichtigkeit trägt er eine Brille, auch wurden ihm die Nasenpolypen entfernt. Beides hatte jedoch keinen Einfluß auf seine schulischen Leistungen.

Antwort: Dieser Fall ist vielleicht rein medizinisch zu erklären. Vielleicht liegen hier bestimmte Gehirnverletzungen während der Geburt vor, wie zum Beispiel beim Morbus Little. Fast 50 Prozent aller Säuglinge erleiden bei der Geburt Hirnblutungen, die aber meistens ohne Folgen resorbiert werden. In anderen Fällen jedoch bleiben Schäden zurück. So können Behinderungen auftreten, die Lähmungen ähnlich sind, wie Alexie, das heißt die Unmöglichkeit zu lesen, weil die Verbindung zwischen optischen Eindrücken und Sprachfunktionen gestört ist. Oder Agraphie, wenn das Schreibzentrum geschädigt ist, oder Abraxie, bei der alle feineren motorischen Handlungen erschwert sind und das Kind im täglichen Leben sehr linkisch ist. In dem Fall, der hier zur Sprache gekommen ist, handelt es sich um eine Kombination dieser drei Abweichungen. Sie können auch Folge einer Hirngeschwulst sein. Manchmal kann eine Behandlung zur Besserung führen. Mittels einer systematischen Übungstherapie ist es erreichbar, daß bestimmte Hirnfunktionen von anderen Hirnbereichen übernommen werden. Bei solchen Patienten ist es notwendig, einen Arzt zu konsultieren, wenn Schwierigkeiten bei der Erziehung auftreten. In einem Fall wie dem geschilderten kann man so dem Kind wie auch dem Erzieher viel Ungemach ersparen. Wenn der Junge, wie der Augenarzt festgestellt hat, nur 50 Prozent Sehschärfe besitzt, dann ist diese Abweichung wahrscheinlich auch nur ein Symptom dieser Erkrankung und nicht Ursache seines Versagens. Es gibt eine große Zahl von Kindern mit einer viel geringeren Sehschärfe, die mühelos lesen können. Ähnliche Phänomene können sich aber auch bei passiven Linkshändern zeigen, die nach einigen fruchtlosen Versuchen alles aufgeben.

14. Frage: Wie kann man einem Kind helfen, das für gewöhnlich fließend sprechen kann, aber wenn es in der Schule eine Lektion aufsagen soll, die Sprache gänzlich verliert? Das Mädchen öffnet häufig den Mund, bevor es unter größter Mühe das erste Wort hinausbringt. Anschließend spricht es fließend.

Antwort: Diese Fälle sind sehr häufig. Es handelt sich um ein Kind, das gut sprechen kann, doch beim Lösen von Schulaufgaben nach Luft ringt und nicht reden kann. Im Prinzip handelt es sich um die gleiche Störung wie beim Stottern. Die Hemmung tritt immer dann auf, wenn das Kind vor einer Prüfung steht. Wenn ein Mensch jeden anderen als Prüfer betrachtet, kann es nicht anders als stottern. Es kann jedoch auch andere Hemmungen haben, z. B. ein Stocken des Gedankenflusses. Leider ist die Gewohnheit, jeden Menschen als Prüfer oder als Richter zu betrachten, weit verbreitet; sie erschwert das Leben beträchtlich und schränkt unsere Handlungsfreiheit ein. Alle nervösen Menschen sind so. Sie haben Angst, ihre Überlegenheit zu verlieren, und fliehen deshalb vor jeder Schwierigkeit, um sich dem Urteil anderer so gut wie möglich zu entziehen. Auch das hier geschilderte Kind ist mit Sicherheit sehr ehrgeizig.

Einer meiner Patienten, der diesen Zusammenhang erkannt hatte, half sich selber, indem er sich sagte: »Was macht es eigentlich aus, wenn ich Fehler mache? Gar nichts! Ich werde das beweisen und einmal absichtlich viele Fehler machen.« Vielleicht könnte man diesem Kind helfen, indem man ihm sagt: »Lies falsch! Gib falsche Antworten! Du wirst sehen, daß die Welt dadurch nicht untergeht.« Auf diese Art und Weise bringt man das Kind der Gefahr näher, genauso wie man ein Pferd absichtlich in die Nähe von Lärm bringt. Ein solches Kind ist sehr eitel und ehrgeizig. Es kann sich nicht einfach an seine Aufgabe machen, sondern verhält sich wie jener Tausendfüßler, der von der Kröte zugrunde gerichtet wurde. Die Kröte lobte den Tausendfüßler, weil er immer wisse, welchen seiner tausend Füße er aufheben und welchen er aufsetzen müsse. Als der Tausendfüßler dann mit dem 52. Fuß vorgehen wollte, fiel ihm ein, daß es viel schöner wäre, wenn er mit dem 65. Fuß anheben würde und so weiter und so weiter, und so konnte er zum Schluß keinen Fuß mehr bewegen, stand wie festgenagelt am Boden und starb vor Hunger und Erschöpfung. Ein überempfindliches Kind sollte man weder zu hart noch zu nachsichtig anfassen – man sollte es anleiten und aufklären.

15. Frage: Professor Adler ist der Meinung, in erster Linie sei die Schule aufgerufen, die prophylaktische Behandlung der Kinder zu übernehmen. Wenn das richtig ist, handelt es sich dann nicht um eine vorübergehende Aufgabe, die in Zukunft von der Familie übernommen wird?

Antwort: Im Augenblick kann man noch nicht wissen, ob diese Aufgabe eine dauernde oder vorübergehende sein wird. Heute sollte man in jedem Fall von seiten der Schule zwei Dinge tun: den Kindern so gut wie möglich helfen und die Eltern so gut wie möglich aufklären. Jede Aufklärung einer Mutter kann auch für eine andere Mutter von Bedeutung sein, und wenn später unter den Eltern die richtigen Einsichten allgemein verbreitet sind, wird die Schule in dieser Hinsicht nichts mehr zu tun haben.

16. Frage: Wie kann die Schule das Rauchen bei Kindern verhindern? Was sollte man den Eltern der Kinder sagen?

Antwort: Die Wahrheit. Es handelt sich hier um den gleichen Sachverhalt wie beim Alkohol. Mehr als die Wahrheit kann man nicht sagen. Die Schule kann hier aber sicher viel mehr tun. Man könnte Aufsätze verfassen lassen oder Diskussionen veranstalten zu Themen wie: Was denken Sie über Alkohol? Über die Trunksucht? Über das Rauchen? Wenn der Lehrer deutlich erklärt, wie schädlich es für die Atemwege ist, so früh mit dem Rauchen anzufangen, werden die Kinder sich in dieser Hinsicht zurückhalten. In der Pubertät ist das Bedürfnis zu beweisen, daß man kein Kind mehr ist, überstark. Das Rauchen bei jungen Menschen ist nicht zu trennen von ihrem Streben nach Überlegenheit. Manchmal hilft es, wenn man dem Kind erklärt und durch Taten beweist, daß es sein Erwachsensein nicht unter Beweis zu stellen braucht, weil man es auch so ernst nimmt und seine Handlungsfreiheit respektiert. Das Rauchen wird benutzt als Äußerung des »männlichen Protests«. Kinder möchten nicht nur Erwachsene, sondern am liebsten auch Helden sein, das Rauchen erscheint ihnen heldenhaft, genauso wie es vielen Kindern heldenhaft erscheint, mit Hilfe einer Übermacht einen Schwächeren anzugreifen.

17. Frage: Professor Adler hat auf die Gefahren hingewiesen, die das System der Prüfungen und Diplome darstellt. Diese Gefahren spielen eine große Rolle in allen pädagogischen Diskussionen der heutigen Zeit. Was würde Professor Adler statt der Prüfungen vorschlagen?

Antwort: Ich möchte gar keine Vorschläge machen, da ich keine Bedenken gegen Befragungen und Prüfungen habe. Sie sollten aber in der Form eines freundlichen Gesprächs stattfinden und dem Kind deutlich zeigen, daß ihm keine Gefahr droht. Eine Prüfung sollte Gelegenheit sein, zu zeigen, was man kann, und in Erfahrung zu bringen, was man noch lernen sollte. Es ist möglich und notwendig, eine Atmosphäre zu schaffen, in der die Prüfung kein Schreckensbild, sondern ein Vergnügen ist. Heutzutage gibt es genug gute Schüler, die sich enttäuscht fühlen, wenn sie nicht befragt werden. Auch Benotungen der Schülerarbeiten sollte nur den Kindern zugute kommen. Für den Lehrer sind sie sowieso überflüssig; er weiß auch so, was die Schüler leisten. Kinder möchten sich aber gern beweisen können. Der Lehrer sollte darauf achten, daß er keinen Konkurrenzgeist erzeugt.

Eine solche friedfertige Atmosphäre sollte auch auf die Eltern ausgedehnt werden. Viele Eltern nehmen die Schulzeugnisse und Noten sehr schwer. Sie kontrollieren alles und bemängeln jede Note. Wenn das Kind gute Noten hat, dann heißt es: »So gehört es sich auch. Ich selbst habe auch immer gute Noten gehabt!« Ist eine Note schlecht, ist es wie eine Katastrophe. Es sollte dahinkommen, daß das Kind eine schlechte Note lachend entgegennimmt und zu Hause sagt: »Ich habe eine schlechte Note, jetzt werde ich dieses und jenes tun. Es ist aber nett von der Lehrerin, daß sie mich darauf aufmerksam gemacht hat.«

So wie es jetzt aussieht, ist die Schule für viele, auch in ihrem späteren Leben, ein Beispiel für alles Schreckliche, wie aus zahlreichen Träumen über die Schulzeit zu ersehen ist, in denen der Träumer unter einer schweren Last zusammenbricht.

18. Frage: Ein Mann, in guter Stellung, kommt oft mehr oder weniger angetrunken nach Hause. Er näßt sich dann nachts ein. Seine Frau schämt sich vor dem Dienstmädchen und hat Angst, daß die Kinder es erfahren könnten. Was sollte man in diesem Fall tun?

Antwort: Hier handelt es sich um einen Fall von schwerer Psychopathie. Der Mann sollte medizinisch behandelt werden, schon wegen des schlechten Einflusses auf seine Familie. Wenn man die Form seiner Handlungen außer acht läßt und nur die Richtung der Bewegung betrachtet, dann zeigt sich deutlich eine feindselige Einstellung der Familie gegenüber. Vielleicht betrifft diese nicht die ganze Familie, sondern nur einige Mitglieder. Am wahrscheinlichsten richtet sie sich gegen die Ehepartnerin, nicht offen, bewußt und planmäßig, aber doch ganz deutlich. Es sieht so aus, als ob jemand einen anderen kräftig auf die Füße tritt und dabei sagt: »Entschuldigung, ich wollte ihnen nicht weh tun!« In solchen Fällen ist es das Beste, nicht auf die Worte zu hören, sondern alles als feindliche Aktion anzusehen. Man sagt auch, daß der Trinker nur trinke, weil es ihm gut schmeckt. Natürlich – man rächt sich am liebsten in einer Form, die für einen selbst angenehm ist. Trotzdem bleibt es eine Rache. Alkoholismus richtet sich in erster Linie gegen den Trinker selbst. Er greift also sich selbst an, um anderen zu schaden. Er möchte den Wert herabsetzen, den eine andere Person für ihn hat. Es ist der gleiche Weg wie beim Selbstmord, nur chronisch. Der Trinker lebt in einem Zustand latenter Spannungen, deren Ursache oft nur in seinen Vorstellungen besteht. In 90 Prozent aller Fälle stimmen seine Vorstellungen nicht mit der Wirklichkeit überein. In bezug auf die Kinder braucht die Mutter nicht so vorsichtig sein: Die haben alles schon längst mitbekommen. Kinder sehen immer alles. Am besten ist es, ihnen das Trinken wie eine Krankheit zu erklären, die behandelt und geheilt werden sollte. Dann brauchen sie ihren Vater nicht verachten.

19. Frage: Ich fühle mich fast nie nervös vor einer Prüfung oder vor einer anderen kritischen Situation. Im Gegenteil, vor und während der Gefahr bin ich ausgeglichen. Im nachhinein aber spüre ich eine unangenehme Unruhe und Angst, die bis zu Schlaflosigkeit und völliger Erschöpfung führen kann.

Antwort: Nervosität nach einer Prüfung ist etwas ganz Gewöhnliches. Sie hat ihren Ursprung in der Angst, daß man ein erreichtes Niveau in Zukunft nicht halten kann. Einer meiner Patienten bekam nach einer ausgezeichneten Musikprüfung schwere Platzangst. Ein bekannter Schriftsteller in Wien verfiel nach Veröffentlichung eines jeden Buches in eine schwere Melancholie. Die Bewegung ist in solchen Fällen die gleiche wie bei jemandem, der ruhig, aber angestrengt einen hohen Berggipfel besteigt und, oben angekommen, von Schwindel erfaßt wird. Es ist eine Art Höhenangst, gleichzeitig eine Überschattung der Höhe, die man erreicht hat.

Zahlreiche Menschen glauben nicht an ihren Erfolg, sondern sind der Meinung, es sei nur ein Zufall gewesen, beim nächsten Mal werde es anders kommen. Der Ring von Polykrates behandelt das gleiche Problem. Die Volkspsychologie und -philosophie sagt immer: »Wer nicht hoch hinaufsteigt, kann nicht so tief fallen!«

9. Über die Neurose

Der Begriff Neurose · Reizbarkeit · »Ja, aber« · Falsche Meinung · Entmutigung
Diskussion

Die Neurosen sind Teil der menschlichen Unvollkommenheit, der die Menschen seit vielen Jahren erregt, ohne daß wirkliche Einsicht in das Problem allgemein erkennbar wäre. Der Begriff Neurose kann nicht weit genug gefaßt werden. Wo es zu Fehlleistungen kommt, sind neurotische Entwicklungen im Spiel. Mit Nervosität werden im täglichen Leben häufig verschiedene Zustände bezeichnet und fast immer zu Recht. Die meisten Phänomene des persönlichen und sozialen Lebens könnte man ohne weiteres als nervös bezeichnen.

Wir leiden an einem Übermaß an persönlichem Lebensstil und einem Mangel an »Common sense«. Der Common sense wird für gewöhnlich unterschätzt und auch verwechselt mit dem gewöhnlichen bürgerlich-häuslichen Verstand. In den angelsächsischen Ländern versteht man darunter aber den höchst entwickelten menschlichen Verstand und ein Denken, dem nicht widersprochen werden kann. Nur Schwachsinnige und Verrückte unterliegen nicht dem Common sense.

Psychiatrische Handbücher bieten keine befriedigende Definition der Neurosen. Man liest dort: Neurose ist ein Zustand erhöhter Suggestibilität. Dies ist aber eine schlechte Beschreibung und erinnert sehr stark an die Armut, die von der »Pauvreté« kommt (Reuter). In neueren Handbüchern findet man etwas mehr, zum Beispiel: Die Neurose ist der Kampf des Unbewußten mit dem Bewußten. Auch dies verdeutlicht den Sachverhalt nicht sonderlich. Und wenn wir erfahren, die Neurose sei Ausdruck eines tiefen Schuldgefühls oder es handele sich um eine reizbare Schwäche, erklärt uns dies auch nicht besonders viel. Fest steht jedoch, das kennzeichnende Merkmal jeder Neurose ist eine Überempfindlichkeit. Neurotische Menschen werden von allen Ereignissen stärker gereizt, als man erwarten würde und für sie oder die Umgebung nützlich ist. Sie stehen sozusagen immer mit ausgestreckten

Fühlern da und spüren überall Gefahren. Oft haben bestimmte Konstellationen in ihrer frühesten Kindheit diese Überempfindlichkeit herbeigeführt.

Bei Neurotikern handelt es sich immer um Menschen, die in ihrer Kindheit zu wenig soziales Interesse entwickelt haben und später irrigen Meinungen über das Leben und ihren eigenen Wert anhängen. Ihre Aktivität liegt immer unterhalb des Mittelmaßes. Sie versagen bei jeder Aufgabe, wie ein Mensch, der zahlen soll und auf einmal bemerkt, daß er kein Geld dabei hat. Die dadurch ausgelöste Erschütterung ist natürlich psychischer Natur, aber wir wissen, daß bei psychischen Erschütterungen auch der ganze Körper anfängt zu zittern. Jetzt zeigen sich alle schon früher genannten Schockerscheinungen und treten an die Stelle der Problemlösungen. Da aber die intellektuellen Fähigkeiten unberührt bleiben – alle Neurotiker sind intelligent –, weiß der Patient, daß er das Problem eigentlich lösen sollte. Er sagt sich aber: Ich würde das Problem gern lösen, aber ich kann nicht! *Ja – aber!*

Jetzt fehlt nur noch die Erklärung, warum ein Mensch neurotisch wird. Er könnte die Aufgabe doch auch einfach ungelöst lassen oder zum Kriminellen oder Alkoholiker werden. Die Individualpsychologie hat auf diese Frage eine klare Antwort: Bei diesen Menschen fehlte es in ihrer Kindheit nicht nur an sozialem Interesse, sondern es handelte sich auch um Kinder, deren Aktivitäten in der frühen Kindheit eingeschränkt wurden. Aktive Typen wählen andere Lösungen als Neurotiker. Der neurotische Mensch kann sein Überlegenheitsstreben nicht deutlich artikulieren. Er kann nicht weitergehen, weil er eine Niederlage voraussieht, und diese würde für ihn das gleiche bedeuten wie Untergang und Tod. Trotzdem strebt er genauso wie jeder andere Mensch nach Erfolg und Überlegenheit, und so läßt er das drohende Problem verschwinden und hat dann nur noch Augen für die Folgen seines Schockerlebnisses, für seine nervösen Beschwerden. Wenn auch diese Haltung im Grunde passiv ist, so ist die Passivität in ihren Ausprägungen doch sehr unterschiedlich. Solange der Mensch lebt, zeigt er ein bestimmtes Ausmaß an Aktivität.

Die meisten Neurosen sind Angstneurosen. Manchmal wird dabei an erster Stelle das Herz beeinflußt, so daß der Patient die Reize, die vom Herzen ausgehen, häufig stärker spürt als seine seelischen Schmerzen. In anderen Fällen sind der Magen im Spiel oder die Sexualorgane. Man spricht dann von Herz-, Magen- oder Sexualneurosen. In der medizinischen Sprache heißen solche Neurosen funktionelle Neurosen. Dabei kann das betroffene Organ durchaus gesund sein, doch es kann von der Neurose auch tatsächlich angegriffen werden. Deshalb ist die Zusammenarbeit zwischen Arzt und Erzieher so wichtig. Das Hauptsymptom aber bleibt die Angst. Oft ist das Streben solcher Leute angespannt und krampfhaft. Sie haben besonders starken persönlichen Ehrgeiz, Eitelkeit und Arroganz und ringen unaufhörlich darum, über sich selbst hinauszuwachsen, sich und anderen größer zu erscheinen, als sie sind. So möchte ich definieren: Neurotiker sind Menschen, die auf die eine oder andere, meist immer vorhandene Situation mit einem sehr ausgeprägten Maß an Minderwertigkeitsgefühlen reagieren, so daß die so hervorgerufene Spannung nicht mehr stimulierend, sondern wie hemmend, als Art Blockade wirkt. Die Symptome, die dabei auftreten und die dem Betroffenen seine Unfähigkeit beweisen, nenne ich Minderwertigkeitskomplex.

Das Minderwertigkeitsgefühl ist allerdings eine allgemeinmenschliche Erscheinung und als treibende Kraft sehr wichtig. Der *Minderwertigkeitskomplex* jedoch ist eine krankhafte Erscheinung und macht den Betroffenen ganz und gar unfähig, an der Lösung sozialer Probleme mitzuwirken. Da der neurotische Mensch vom »Common sense« daran gehindert wird, entgegen seinem Verstand zu handeln, und weil er außerdem die Notwendigkeit einsieht, die Aufgaben zu lösen, verhält er sich vor seinen Problemen, als ob er sagen möchte: »Ja, aber«.

»Ja, aber« ist die beste Definition der Neurose. Jeder weiß, daß sich zahllose Menschen in dieser Situation befinden. Viele, die sich selbst nicht für neurotisch halten, gehen durchs Leben mit der Haltung von »Ja, aber«. Veranschaulicht als Bewegung ist diese Haltung ein Schritt vorwärts und ein Schritt rückwärts. Sie trifft man bei jedem neurotischen Menschen an, und deshalb behaupten Psychiater oft, daß der an einer Neurose erkrankte Mensch »ambivalent« sei, zwei Seelen in sich habe und so weiter. In schweren Fällen sei er schizoid, sein Bewußtsein sei gespalten. Tatsächlich besitzt jedoch auch der neurotische Mensch nur eine Seele. Wenn jemand gleichzeitig ja und nein sagt, meint er faktisch nur nein!

Vor der Individualpsychologie hat man von der »Psychologie des Wollens« nur wenig verstanden, trotz des großen Interesses, das diesem

Problem immer entgegengebracht wurde. Man braucht nur an berühmte Schriften zu denken, etwa an »Die Welt als Wille und Vorstellung« und an alles, was über Freiheit und Unfreiheit des Willens gesagt und geschrieben wurde. Wenn man es jedoch genau betrachtet und die Bewegung des »Wollens« beobachtet, dann sieht man: Solange jemand etwas will, geschieht nichts. Jemand kann 20 Jahre oder sein ganzes Leben lang etwas wollen, ohne daß er etwas tut. Das trifft die Sache so genau, daß es begründet ist, jemandem sofort zu mißtrauen, der erklärt: »Ich will.« Wenn jemand so handelt, wie es sich ziemt, und seine Probleme löst, spüren wir von seinem Wollen nicht viel.

Der neurotische Mensch sagt immer: »Ich will, aber ich kann leider nicht.« Er geht gebeugt unter der Last seiner Symptome; er ist blokkiert. Schon in der Bibel wird erwähnt, daß Paulus gesagt haben soll: »Ich will das Gute, doch ich tue das Böse.« Wenn jemand mir sagt: »Ich möchte doch so gern – zum Beispiel heiraten oder einen Besuch machen oder arbeiten!«, dann antworte ich: »Ich würde lieber sehen, wenn Sie nicht möchten, sondern es einfach tun.« Neurotische Menschen haben keinen Mut. Sie leben in einer anderen Welt und fühlen sich im wirklichen Leben wie in einem feindlichen Land. Welche Art von Leben wünschen sie sich eigentlich? Es ist ein Leben, in dem ein anderer alles für sie tut, in dem sie alles umsonst bekommen. Sie sind nicht darauf vorbereitet, selbst die Lösung ihrer Aufgabe in die Hand zu nehmen. Und hier zeigt sich wieder der Lebensstil des Kindes, das sich selbst verwöhnt.

Die psychischen Symptome der Neurosekranken sind meistens offensichtliche oder versteckte Angstsymptome. Beim Mut handelt es sich um ein positives Verhältnis zum Leben; man fühlt sich zu Hause in dieser Welt, akzeptiert die Aufgaben, die den Sterblichen auferlegt sind, und fühlt sich ihnen gewachsen. Der ängstliche Mensch fühlt sich so, als ob er aus einem Gewächshaus ins Freie verbannt sei, wo er umgeben ist von Gefahren.

Andere Symptome sind entweder indirekte Folgen dieser Angst oder rühren aus anderen Quellen her. Sie können sich äußern als Betrübnis, Depression, Verbitterung oder Wut, offen oder getarnt. Der neurotische Mensch weicht der drohenden Aufgabe aus, indem er auf seine Symptome verweist, und er hofft, so Hilfe und Mitleid anderer zu ergattern. Er wendet sich an den Arzt, erwartet Rettung von der Medizin, aber er möchte darauf warten, bis ihm die Heilung auf einem Präsentierteller gereicht wird. Doch solange er so eingestellt ist, kann kein Neurotiker geheilt und kein nervöses Kind erzogen werden. Man muß den Kranken dazu bringen, mit anderen zu kooperieren, auch wenn es das erste Mal in seinem Leben ist.

Ein wichtiger Punkt ist, daß der Patient immer sofortige Erleichterung verspürt, sobald sich seine Symptome manifestieren. Er braucht sich jetzt nicht niedergeschlagen zu fühlen, das Problem ist aus seinem Gesichtsfeld verschwunden, und nur die Beschwerden seiner Krankheitssymptome sind übriggeblieben. Die Symptome treten nie auf, ohne daß äußere Probleme Anlaß dazu gäben. Deshalb ist man auch wohl der Meinung, daß diese äußeren Umstände Ursache der Neurose sind. Das stimmt natürlich nicht ganz, da die Mängel in der psychischen Struktur des an einer Neurose Erkrankten zwar aufgrund der Umstände virulent wurden, jedoch bereits vorher vorhanden waren. Zu den Neurosen zählt man die Phobien, zum Beispiel Platzangst, die den Betroffenen nicht allein aus dem Haus, nicht über die Straße oder einen offenen Platz gehen läßt. Manchmal kann er nur in Begleitung eines bestimmten Menschen über die Straße gehen. Mit dieser Angst besitzt der Patient ein immenses Machtmittel. Ängstliche Kinder können eine ganze Familie terrorisieren. Ähnliches gilt für den erwachsenen Neurosepatienten. Die wirklichen Probleme, denen er gegenübersteht, werden beiseitegeschoben, und er stellt sich beharrlich auf den Boden seiner Symptome. Das hat manchen Psychiater dazu veranlaßt, zu denken, der Neurosekranke sei verliebt in seine Symptome. Davon kann jedoch nicht die Rede sein. Natürlich würde er seine Symptome gern loswerden – aber dann stände er mit einer Pistole auf der Brust da, vor einem Abgrund, bedroht von der endgültigen Niederlage. Deswegen entscheidet er sich für seine Symptome; sie sind der teure Preis, den der Neurosekranke zahlt, um von seinen Lebensproblemen befreit zu werden.

Die Psychoanalyse hält die neurotischen Symptome für eine mit Lust verbundene Selbstbestrafung. Verständlich, daß man auf diesen Gedanken gekommen ist, denn die Symptome verschlimmern sich tatsächlich, sobald man den Patienten anspornt. Er klammert sich sozusagen an seine Symptome. Dieses Antreiben ist jedoch eine völlig falsche Art der Behandlung. Vor allem bei Depressionen sollte man nicht versuchen den Patienten anzutreiben, aufzumuntern, entgegen seinem Wunsch zwingen, in Gesellschaft zu gehen, oder auf andere Art und Weise »abzulenken«. Das kann katastrophale Folgen haben, nicht selten führt eine solch falsche Behandlung dazu, daß die Kranken sich umbringen.

Klausthrophobie ist Angst vor geschlossenen Räumen. Sie gilt durchweg Eisenbahnabteilen, Straßenbahnen, Dampfschiffen, Theatern, selten Autos. Hier erkennt man wieder, wie sinnvoll die Symptome gewählt werden. Dem Zug oder dem Schiff ist man hilflos ausgeliefert, man kann keinen Einfluß ausüben, kann auch nicht aussteigen. So entsteht das Gefühl, ein »Niemand« zu sein. Manche Patienten können nicht an einer Apotheke vorübergehen. Wie unbedeutend dieser Komplex auch erscheinen mag, dennoch wird der ganze Lebensablauf eingeschränkt. Andere haben Angst vor Hunden. All diese Leute nehmen automatisch Hilfe von anderen in Anspruch, sie benutzen den Hund als Symbol für die feindliche Außenwelt, die sie ohne fremde Hilfe nicht meistern können.

Eine spezielle Form der Neurose ist die Zwangsneurose. Wie unter einem äußeren Zwang tauchen bestimmte Gedanken oft mit abscheulichem Inhalt im Bewußtsein dieser Patienten auf. Der Kranke kann zum Beispiel der Meinung sein, er solle jemanden umbringen und wehrt sich ängstlich gegen diese Gedanken. Hier sehen wir sehr deutlich die typische Bewegungsstruktur der Neurose: »Ich möchte meine Mutter umbringen, aber...!« Dieser Kampf beschäftigt den Patienten ununterbrochen, lähmt ihn völlig und schützt ihn vor den wirklichen Lebensproblemen. Der Vorgang des »Ja, aber«, findet hier im Symptom seinen unmittelbaren Ausdruck. In jeder Zwangsneurose kommt Feindseligkeit zum Ausdruck, die manchmal bizarre Formen annehmen kann. Eine heimliche Verfluchung, ein tiefsitzender Ärger, ein Bedauern, nicht an erster Stelle zu stehen, können sich darin äußern. Bei der Tochter eines Geistlichen kommt zum Beispiel immer, wenn sie jemandem begegnet, der Wunsch auf, diese Person zur Hölle zu wünschen. In Gedanken sieht sie sie dann in der Hölle, bereut es jedoch und betet zu Gott, er möge sie wieder erlösen. Das Endresultat ist also – nichts! So ist es immer: Menschen mit einer Zwangsneurose schaden in Wirklichkeit nie jemandem. Trotzdem steht hinter der Zwangsneurose, im Vergleich zu anderen Neurosen, noch die meiste Aktivität. Schon als kleines Kind hatten solche Patienten die Gedanken, jemandem etwas Böses anzutun. Ein kleiner Junge kommt zum Beispiel auf die Idee, an seinem Vater hochzuklettern, um ihm den Schädel einzuschlagen. Ein anderes Kind möchte seinen Onkel erstechen, weil dieser bei der Arbeit weilt und sich nicht um ihn kümmert.

Eine häufige Erscheinung ist der Waschzwang, bei Frauen mehr noch als bei Männern. Es gibt Frauen, deren Anfälle von Sauberkeitswut als leichter Grad einer solchen Erkrankung angesehen werden sollten. Die schweren Fälle sind oft sehr schlimm, wenn zum Beispiel jemand sich selbst und alle Dinge in seiner Umgebung den ganzen Tag und die halbe Nacht wäscht. Er zeigt damit, daß ihm alles in der Welt schmutzig erscheint. Ich habe noch nirgendwo soviel Schmutz gesehen wie in den Wohnungen von Patienten mit Waschzwang. Sie bohnern und schrubben Mauern, waschen Schuhe, Decken und alles andere, was um sie herum ist. Doch dadurch beschädigen und beschmutzen sie alles. Sie geben sich alle mögliche Mühe, um zu beweisen, daß alles schmutzig ist. Eine Patientin wollte darüber mit einem Chemiker sprechen. Sie diskutierte stundenlang mit ihm – bis der Chemiker sich geschlagen gab! Natürlich findet man überall ein Stäubchen, wir haben jedoch wichtigere Dinge zu tun, als jedes Staubkörnchen und jede Mikrobe zu beseitigen. Sauberkeit sollte sich auch im Haushalt des Lebens innerhalb normaler Grenzen halten.

Die traumatische Neurose, nach einem Unfall oder nach einem anderen Schockerlebnis, ist schwer zu erklären, wenn man sie nicht als zielgerichtet, als in Übereinstimmung mit dem Lebensstil betrachtet. Oft steht diese Neurose in enger Beziehung zur Angst, einen Versicherungs- oder Entschädigungsprozeß zu verlieren. Hierzu gehören auch die Neurosen der Kriegsverletzten, zum Beispiel das Zittern von Personen, die bei einer Explosion verschüttet wurden. Diese Neurosen hat man während des Krieges mit den brutalsten Mitteln zu beseitigen versucht, zum Beispiel durch das Herbeiführen von Schreckerlebnissen, etwa indem man den Patienten starken Elektroschocks aussetzte. Viele Patienten sind an solchen Schocks gestorben, andere haben wirklich nicht mehr gezittert – zwei oder drei Tage lang! Auf Dauer gesehen, hilft jedoch keine Gewalt. Man kann einen Neurotiker nicht zwingen. Wohl kann man die Symptome manchmal zum Verschwinden bringen – zum Beispiel einen hysterischen Anfall, indem man den Patienten mit kaltem Wasser übergießt oder mittels eines Schmerzreizes –, aber die Neurose selber kann man auf diesem Weg nicht heilen.

Einer meiner Bekannten, dessen Ehefrau sich beim Autofahren immer ängstigte, weil er ihrer Meinung nach zu schnell fuhr, beseitigte er dadurch, daß er bei jeder Angstäußerung das Tempo noch erhöhte. Ihre Angstsymptome verschwanden wirklich beim Fahren, jedoch ihre allgemeine Nervosität verschlimmerte sich. Wir brauchen uns hier nicht mit einer genaueren Unterscheidung zwischen Psychoneurose und funktioneller Neurose zu beschäftigen. Bei der letzteren geht es um vielerlei Symptome, die an verschiedenen, meist minderwertigen Körperteilen auftreten können, während gleichzeitig das körperliche und geistige Gleichgewicht gestört ist. So gibt es Menschen, die seit ihrer Kindheit eine leichte Skoliose haben, jedoch nur Schmerzen verspüren, wenn ihre Stimmung gedrückt ist. Auch bei Plattfüßen stehen die Schmerzen oft in Zusammenhang mit psychischen Ursachen. Eine immer größer werdende Anzahl von Krankheiten, die früher ausschließlich als körperliche Leiden betrachtet wurden, werden heute dem Psychiater vorgestellt. Eigentlich gibt es keine Krankheit, die nicht mehr Symptome mit sich bringt, als eigentlich notwendig sind, die also keine neurotischen Elemente in sich trägt. Dies gilt für alles, für Pneumonie, Typhus, Knochenbrüche usw., und es ist von altersher bekannt, was der psychische Einfluß des Arztes für den Kranken bedeutet. Sogar Magengeschwüre und chronische Darmentzündungen haben häufig eine psychische Komponente. Dabei sind zwar meistens gleichzeitig Organminderwertigkeiten im Spiel, sie geben jedoch erst Anlaß zur Krankheit, wenn Störungen des Gefühlslebens hinzukommen.

Verschiedene Ärzte gehen so weit, einen Zusammenhang zwischen Geschwulstbildung, Krebs eingeschlossen, und psychischen Störungen anzunehmen. Dieser Zusammenhang ist jedoch nicht bewiesen, und mit Sicherheit können Gemütsschwankungen an sich keinen Krebs verursachen. Bekannte Internisten behaupten jedoch, das 70 Prozent aller Krankheiten einer psychischen Behandlung bedürfen. Mit Sicherheit ist dies der Fall bei Krankheiten der Schilddrüse, zum Beispiel des sogenannten Basedow. Manchmal werden Erkrankungen von Drüsen geheilt, jedoch bleiben die Symptome weiterhin aufgrund der neurotischen Grundeinstellung bestehen. Daraus ergibt sich die Notwendigkeit psychologischen Verständnisses bei jeglicher Krankheitsbehandlung. Dieses Verständnis soll so weit gehen und so frei sein von vorgefaßten Meinungen, daß man als Arzt zuweilen dieselben Worte benutzen sollte wie der Patient. Eine große Anzahl zutreffender Begriffe verdanke ich meinen Patienten. Der Arzt soll den Patienten dazu bringen, seine Probleme mutig anzugehen. Um das zu erreichen, sollte der Patient jedoch eine gute Beziehung zu ihm haben. Alle psychologischen Feinheiten müssen bei jedem neuen Fall neu entdeckt werden. Keine Phrasen, allgemeinen Sätze, vorgefertigten Ansichten oder vorformulierte Auffassungen! Jedes Wort, das man sagt, sollte aus dem Leben gegriffen sein und in das Leben eingreifen. Man sollte mit dem Kranken seinem ganzem Leben nachgehen, ihm auf all seinen Wegen, bei allen Kleinigkeiten begleiten; dann wird sich herausstellen, daß er schon als Kind zu wenig Aktivität und ein zu geringes soziales Interesse entwikkelt hat, weil er in dieser Richtung keine Erfolgsmöglichkeiten zu haben glaubte. All seine Standpunkte sollten untersucht und geprüft werden, bis er gänzlich überzeugt ist. Daraufhin tut der Patient meistens folgendes: Er bleibt bei seinen Symptomen, doch wenn ihm der Fehler das nächste Mal wieder unterläuft, wird ihm danach der Gedanke kommen: »Aha! Das habe ich aus diesem Grund gemacht.« So übt der Patient langsam, bis er durch richtiges Handeln automatisch zum Mitarbeiter wird und von seinen Symptomen befreit wird. Er wurde krank, weil er nicht genügend darauf vorbereitet war, seine aktuellen sozialen Probleme zu lösen, und eine Niederlage befürchtete. Nur allmählich, bei wachsendem Verständnis und Einsicht, fängt er an, seine Probleme zu lösen.

Neurosekranke waren früher immer nervöse Kinder, die ihre schwierige Erziehbarkeit auf passive Art und Weise zu erkennen gegeben haben: Scheu, Kontaktarmut, Bedürfnis nach Unterstützung und so weiter. Oft haben sie vieles gelesen, ohne jedoch zu handeln. In der Schule waren sie oft Vorzeigekinder, die jedoch zur Lösung ihrer Probleme immer die Hilfe und Zuneigung anderer erwarteten. Wir beziehen bei unseren Betrachtungen nicht diejenigen mit ein, die an einer organischen Hirnkrankheit oder an Krankheiten der endokrinen Drüsen leiden.

Auch die an Syphilis oder an Paralyse Erkrankten schließen wir aus, obwohl man bei der letzteren Krankheit den individuellen Lebensstil häufig noch lange erkennen kann. Manchmal sieht man bei diesen

Kranken das Machtstreben in grotesker Übertreibung ausgebildet. Es gibt Geistesgestörte, die mit einer organischen Minderwertigkeit des zentralen Nervensystems zur Welt gekommen sind, die jedoch lange Zeit zurechtkamen, weil sie sorgfältig versorgt und verwöhnt wurden und so ziemlich ausgeglichen erschienen. Aber bei ihnen findet man während dieser frühen Periode auch Symptome, die auf eine fehlerhafte Drüsenfunktion hinweisen: Wachstumsstörungen, Körperbau und so weiter. Kretschmer hat sich auf diesem Gebiet viele Verdienste erworben. Seine Wahrnehmungen erlaubten es, bestimmte körperlichen Typen zu unterscheiden, die im Krankheitsfall bestimmte Formen psychischer Krankheiten erkennen lassen. Als häufigste Psychosen unterscheiden wir in:

1. Schizophrenie oder Dementia praecox
2. Melancholie
3. manisch-depressive Psychose
4. Paranoia.

Jede Form der Psychose geht einher mit paranoiden Vorstellungen, doch die echte Paranoia zeichnet sich dadurch aus, daß der Kranke in einem vollständigen Wahnsystem verfangen ist, das kein Entrinnen erlaubt. So sieht man ziemlich häufig eingebildete illegale Fürstenkinder. In solchen Fällen war der eine oder andere fürstliche Sproß gerade neun Monate vor der Geburt in der Geburtsstadt gewesen; außerdem hatte sich die Mutter darüber ausgelassen, daß ihr Kind seiner Geburt nach eigentlich Anspruch auf eine andere Art der Erziehung hätte; auch fühlt sich der Patient durch neidische Politiker verfolgt, oder die Kommunisten hätten es auf ihn abgesehen. Also alles Argumente, die seine fürstliche Herkunft beweisen sollen. Was mich bei solchen Wahnvorstellungen am meisten beeindruckt, ist der Umstand, daß der Mensch glaubt, er stehe im Mittelpunkt des Weltgeschehens. Dieser Glaube wächst mit der Dauer der Erkrankung. Oft entsteht dann eine Kombination von Querulantentum, Größen- und Verfolgungswahn.

Schizophrene Patienten treten anfänglich oft sehr selbstbewußt auf. Sie zeigen übertriebenen Redefluß und maßloses Selbstbewußtsein, werfen mit Zitaten und Kritiken um sich. Dabei äußern sie einen hartnäckigen Widerwillen gegen Leistungen und sind erstaunlich streitsüchtig. Zahlreiche solcher Menschen laufen frei herum, ohne daß jemand sie für verrückt hielte. Andere Schizophrene mit Wahnvorstellungen hören Stimmen, die so deutlich sind, daß sie für wirklich gehalten werden, und sie erzählen gern davon, wenn man sie danach fragt. Manchmal wollen sie nicht wiederholen, was die Stimmen gesagt haben. Das sei ihnen verboten worden. Solch einer Verweigerung liegt ein Rest von Respekt vor dem gesunden Menschenverstand zugrunde. Meistens schimpfen die Stimmen, benützen unflätige Worte oder drohen mit Strafen. Die Patienten geben sich oft Mühe, eine Erklärung für diese Stimmen zu bieten: Jemand übe einen magnetischen Einfluß auf sie aus, oder es seien Drähte durch die Luft gespannt, um die Stimmen weiterzuleiten. Diese Menschen sind paranoid.

Der katatone Typ vollführt allerhand komische Bewegungen und nimmt bestimmte fremdartige Haltungen ein. Wenn sein Körper in eine bestimmte Haltung gebracht wird, geschieht es oft, daß er in dieser Haltung verharrt, als ob seine Glieder aus Wachs wären. Katatone Patienten können Tage und Wochen unbeweglich im Bett liegenbleiben, als ob sie gestorben seien. Oft bilden sie sich ein, eine bestimmte Rolle spielen zu müssen: die einer Puppe oder eines Toten. Gerade die Rolle eines Toten liegt bei ihnen auf der Hand, da Wahnsinn und Tod auf der gleichen Ebene liegen.

Schizophrenie, eine sehr häufig auftretende Krankheit, bildet eine schwere Last für die Familie und den Arzt. Fast genauso häufig ist die Melancholie, die der Kranke häufig verbirgt und die so unerkannt bleibt. Bei allen Formen der Melancholie verliert der Patient schnell an Gewicht, obwohl er zuweilen gut ißt. Es ist also auch etwas Grundkörperliches bei ihm nicht in Ordnung. Das zweite Symptom ist eine fast immer vorhandene Schlaflosigkeit, die sehr quälend sein kann. Zum dritten sind alle Patienten morgens stärker krank und leiden schlimmer als abends. Viele leichte Fälle fühlen sich abends ganz in Ordnung, schaffen es dann, Besuche zu machen, und so weiter. Im allgemeinen klagen melancholische Patienten sehr viel, meistens äußern sie Selbstanklagen. Manche erklären, sie seien schuld am Weltkrieg, andere, sie hätten den Weltuntergang auf dem Gewissen. Natürlich braucht es hier eine medizinische Behandlung. An erster Stelle sollte man verhindern, daß der Patient sich umbringt; denn diese Gefahr besteht bei jeder Melancholie. Wenn der Patient die Krankheit aber übersteht, ist die Wahrscheinlichkeit der Heilung sehr groß. Man sollte dann aber versuchen, einen Zustand zu erreichen, der besser ist als der ursprüngliche »gesunde« Zustand des Patienten. Die Melancholie tritt nur bei Personen auf, die sich zum Ziel gesetzt haben, ihre Umgebung zu beherrschen, oft in Form einer alles beherrschenden Liebe und Besorgtheit.

Eine 68jährige Frau hat mit ihrem 76jährigen Mann immer recht glücklich gelebt. Plötzlich beginnt sie, sich zu beschuldigen, sie sei ihm, als sie 24 Jahre alt gewesen sei, untreu geworden, und sie habe ihn damit zugrunde gerichtet. Ihr Mann suchte sie zu beschwichtigen, das sei schon so lange her, daß es ihm jetzt nichts mehr ausmache. Sie aber ließ sich nicht beruhigen, zog die ganze Familie ins Unglück, und ihre Melancholie verschlimmerte sich zunehmend. Es stellte sich heraus, daß ihre Krankheit eingesetzt hatte, als sie wegen eines bestimmten Vorfalls gleichzeitig die Herrschaft über ihren Mann und ihre drei verheirateten Töchter verloren hatte.

Das wichtigste Ziel des melancholischen Menschen ist Herrschaft über seine Umgebung. Nur die Menschen neigen dazu, die sich in alle Angelegenheiten der anderen mischen und überall ihre Nase hineinstecken, was oft genug durchaus auf freundliche Art und Weise geschieht. Sie erlauben dem anderen jedoch nicht, selbständig zu handeln. Die Krankheit setzt dann ein, wenn etwas eintritt, was ihren Einfluß mindert. Frauen fühlen sich, wenn sie älter werden oder im Klimakterium sind, verstoßen aus ihrer Rolle in der Gesellschaft oder vertrieben aus Liebesbeziehungen; dadurch empfinden sie sich als zutiefst erniedrigt. Sie drängen sich jetzt auf andere Art wieder in den Vordergrund – durch ihre Melancholie. Damit leidet die Familie oft noch mehr als die Patientin selbst; nicht selten werden alle Angehörigen Tag und Nacht unter Druck gesetzt. Leider treten auch bei vollständig Geheilten nicht selten wieder Anfälle von Melancholie auf. Wenn man eine gänzliche Heilung erreichen möchte, sollte man den ganzen Lebensstil dieser Menschen ändern.

Mit der Melancholie eng verwandt ist die manisch-depressive Psychose. Für gewöhnlich beginnt sie mit einer Phase außergewöhnlichen Überschwangs. Die Patienten widmen sich voller Elan der einen oder anderen Sache; sie wollen ihr Land, die Welt oder die Menschheit retten. Sie setzen sich in Verbindung mit prominenten Persönlichkeiten, reden ununterbrochen, haben den Mund voller Zitate, sind geistreich und schlagfertig, immer bereit zu Unternehmungen, die wenig Mühe oder Ausdauer fordern. Auch ihr sexuelles Leben ist überreizt.

Junge Mädchen reißen mit dem erstbesten Mann aus, werden schwanger, werden angesteckt.

Oft werden solche Menschen, besonders jüngere, als kriminell betrachtet und bestraft, bis später die Wahrheit ans Licht kommt. Und das kommt sie immer: Eines Tages brechen diese Patienten zusammen und geraten in eine schwere Depression. Fast ohne Ausnahme genesen die Patienten und finden zu ihrem alten Zustand zurück, der jedoch in Wirklichkeit auch nicht in Ordnung war. Eine richtige Behandlung jedoch könnte diesen ursprünglichen Zustand mit all seinen unglücklichen Zügen zum Besseren verändern. Auch Schizophrenie ist nicht unheilbar, besonders nicht im Anfangsstadium der Erkrankung. Nach längerer Zeit erreicht sie aber ein Stadium, in dem die geistigen Werkzeuge wahrscheinlich infolge ständiger Nichtbenutzung verkümmert sind. Auffällig ist, daß die Patienten sich mit dieser »Verrücktheit« all ihren Lebensproblemen entziehen, doch gleichzeitig zeigt sich, daß sie ihr Leben lang für den Common sense wenig übrig hatten. Die Geistesgestörtheit zeigt sich dann, wenn der Mensch sich einem Problem stellen muß, das er für unlösbar hält. Wenn zum Beispiel ein Kind sich als großes Genie ansieht, erlebt es später aufgrund einer Enttäuschung einen Einbruch. Menschen mit einer Veranlagung zur Geistesstörung sind in einigen Bereichen oft besonders begabt. Melancholiker findet man nicht selten in hohen sozialen Positionen. Schon im Kindesalter läßt sich voraussehen, welches Kind im Falle einer psychischen Erkrankung melancholisch, welches schizophren wird. Immer handelt es sich um Menschen, die große Angst vor dem Leben haben, und versuchen alle Beziehungen zur Wirklichkeit zu unterbinden. Manche liegen zum Beispiel 14 Tage ununterbrochen wie tot im Bett. Dieses völlige Ausschalten aller Lebensprobleme ist auf andere Weise nur schwierig zu erreichen, es sei denn durch Selbstmord. Doch der Wunsch nach dieser Ausschaltung von Problemen ist in jedem Element der Psychose spürbar, im Blick, beim Essen und so weiter.

Die Behandlung wird dann erfolgreich sein, wenn man den betroffenen Menschen versteht. Bereits vor 35 Jahren, als noch kein Therapeut einen Schizophrenen behandelte, weil man der Meinung war, diese Erkrankung ende unvermeidlich im Schwachsinn, habe ich einen Schizophrenen geheilt, und seitdem noch einige weitere. Dabei habe ich von meinen Patienten viel gelernt, am meisten von einem Mädchen, das schon drei Jahre in einer Anstalt verbracht hatte und mir nach ihrer Heilung erklärte: »Ich wurde krank, weil ich im Leben alle Hoffnung verloren hatte, und wurde gesund, weil Sie mir wieder Hoffnung gegeben haben.« Ein ausgezeichneter und bekannter Psychiater hat einmal formuliert: »In friedlichen Zeiten schließt man die Geisteskranken in Irrenanstalten ein, in unruhigen Zeiten werden sie unsere Herrscher und Tyrannen.«

Fest steht, daß all diese Kranken in ihrer Jugend körperlich nicht ganz gesund waren. Um sie für das Leben vorzubereiten, wäre eine richtige, eine sehr spezielle Erziehung notwendig gewesen. Bei solchen Kindern gelingt sie nicht mit den Methoden, die üblicherweise für normale Kinder ausreichen. Schizophrene sind in ihrer Jugend im allgemeinen scheu und zurückgezogen und zeigen schon jetzt eine Neigung, den Lebensproblemen aus dem Wege zu gehen. Melancholiker sind in ihren Kinderjahren leicht gereizt und schnell in ihrer Würde verletzt. Ein vierjähriger Junge erklärte zum Beispiel, nachdem er von seiner Tante eine Ohrfeige bekommen hat: »Wie kann ich jetzt weiterleben, nachdem meine Ehre so beschmutzt wurde!« Menschen mit solch ehrgeizigen Haltungen, die immer in alles eingeweiht sein wollen, können, wenn von einer großen Enttäuschung getroffen, oder bei hohen Anforderungen zu Melancholikern werden. Über die Struktur des Wahnsinns sollte jeder Pädagoge einiges wissen, um bei Kindern prophylaktisch eingreifen zu können.

20. Frage: Die unterschiedliche Haltung mancher Eltern ihren Kindern gegenüber, zum Beispiel strenger Vater und nachgiebige Mutter, bildet eine große Gefahr für die Erziehung. Würde Professor Adler so freundlich sein, seine Meinung zu diesem Punkt zu erläutern und die Aufgabe der Eltern aufzuzeigen?

Antwort: Wenn ein Vater bemerkt, daß die Mutter das Kind verwöhnt, und er dann streng eingreift, verschlimmert er die Situation, denn er bringt das Kind dazu, ihn als Vater auszuschalten. Deshalb sollten Eltern sich einig sein, damit das Kind mit beiden Seiten ein gutes Verhältnis haben kann. Aber, geben Sie acht! Auch hier kann des Guten zuviel getan werden. Wenn die Eltern stets gemeinsam ausgleichen, aufpassen, kontrollieren, können sie auch eine gefährlich falsche Situation herstellen. Ein Psychologe, der mit seiner Frau die Kinder jeden Abend aushorcht: Was habt ihr gemacht? Wo seid ihr gewesen? Wie war es? Und so weiter, verhindert durch solche Übertreibungen jede mögliche gute Erziehung.

21. Frage: Was kann eine Mutter während der ersten Lebensjahre tun, um eine Verwöhnung der Kinder möglichst zu vermeiden? Gerade in der ersten Zeit wird das Kind sozusagen von Natur aus verwöhnt.

Antwort: Alles, was man tun kann, ist, die Kräfte des Kindes einzuschätzen und ihm in Übereinstimmung damit Aufgaben zuzuweisen, so daß es auf Erfolge in Richtung Kooperation hoffen kann. Dies kann bereits ab dem ersten Tag geschehen, indem das Kind an regelmäßiges Essen, Schlafen und später an Sauberkeit gewöhnt wird. In den meisten Fällen gelingt dies ohne Mühe, fast spielerisch. Man sollte das Kind nicht dauernd herumtragen. Auch wenn es schreit, weil es naß ist, sollte man es so anleiten, bis es versteht, daß es nur ein Zeichen zu geben braucht. Das Kind sollte immer so behandelt werden, wie es zweckmäßig und angenehm ist. Das Bad sollte nicht zu kalt und nicht zu warm sein. Wenn die Kräfte des Kindes zunehmen, kann man es etwas weniger vorsichtig behandeln. Man wird es schon früh gewähren lassen. Bei wirklichen Gefahren legt man natürlich alle Psychologie beiseite und greift ohne Zögern ein. Auch gegenüber älteren Kindern sollte man nicht übertrieben ernst sein; sobald man aber wirkliche Gefahr vermutet, darf man vor einem schnellen Eingreifen nicht zurückschrecken: *Safety first*! Handlungen, die das Kind selber verrichten kann, darf man ihm nicht abnehmen. Jeder Mensch hat die Neigung, etwas für andere zu tun, wenn er es besser kann. Diese Neigung sollte man zügeln. Statt dem Kind ganze Tätigkeitsbereiche vorzuenthalten: »Du darfst die Blumen nicht berühren! Das Glas darfst du nicht in die Hand nehmen!«, sollte man ihm besser erklären, wie man mit zerbrechlichen Dingen umgeht. Wenn man mitstenographieren würde, was sich in Familien alles abspielt, besonders während der Mahlzeiten, würde man staunen. »Sitz gerade! Warum ißt du nicht? Stopf den Mund nicht so voll!« Und so weiter, und so weiter. Viele Kinder reagieren gar nicht mehr auf solche Zurechtweisungen, häufig weil sie sich wünschen, daß die Eltern sich ständig mit ihnen beschäftigen. In vielen Familien herrscht das strenge Gebot: »Kinder dürfen am Tisch nicht reden.« In diesen Fällen sind die Kinder froh, wenn die Mahlzeiten beendet, das heißt wenn das Zusammensein mit den Eltern beendet ist. Die Mahlzeiten sind im allgemeinen die einzige Gelegenheit, bei der die ganze Familie zusammen ist. Diese Gelegenheit sollte man nützen, um das Kind fröhlich zu stimmen. Man sollte also während dieses Zusammenseins nicht über schlechte Zeugnisse reden, keine Zurechtweisungen äußern, sondern sich mit den Kindern über angenehme Dinge unterhalten, so daß sie gern in Gesellschaft der Eltern sind. Eine besondere Schwierigkeit liegt im Frühstück. Die Schule fängt gewöhnlich um 8 Uhr an, aber vielleicht geht der Vater erst um 9 Uhr ins Büro. Die Kinder stehen auf, die Eltern bleiben noch ein Stündchen liegen. Oft bereitet einer der Eltern ihnen etwas zu essen vor; manchmal frühstücken sie stehend. Im Grunde ist dies nicht richtig, weil man gerade morgens den meisten Ansporn für den ganzen Tag geben kann, indem man für eine fröhliche Stimmung sorgt. Daher sollte sich die ganze Familie am Tisch zusammenfinden und in gehobener Stimmung frühstücken.

Gewöhnlich erschrecken die Leute, wenn solche Forderungen erhoben werden, die doch eigentlich selbstverständlich und notwendig sind. Wenn ein Kind immer erlebt, daß seine Eltern im Bett bleiben, während es selbst früh zur Schule gehen soll, und daß ein gemeinsames Frühstück nicht zum Lebensstil gehört, ist es später, wenn es nicht mehr zur Schule gehen muß, auch der Meinung, es könne bis 10, 11 oder 12 Uhr im Bett liegenbleiben, im Bett frühstücken, lesen und so weiter. Solche Kinder sind abends nicht müde und wollen ausgehen, kommen erst um 23 oder 24 Uhr nach Hause und bleiben dann morgens wieder bis um 10 Uhr im Bett, und das wird dann bei Kindern von 16, 17, 18 Jahren zur Gewohnheit. Dies gravierende Übel kann nicht eintreten, wenn fröhliche Stimmung um 7 Uhr am Frühstückstisch zur Hausregel gemacht wird. Bei manchen Berufen ist dies nicht durchführbar; ist es jedoch möglich, sollte man an dieser Regel festhalten, weil sie für das weitere Leben des Kindes von großer Bedeutung ist.

22. Frage: Ein Mann von 48 Jahren leidet seit 15 Jahren an Schluckbeschwerden. Auch stößt er immer wieder auf, vor allem bei Aufregung oder Ermüdung. Er hat eine zwei Jahre ältere und vier jüngere Schwestern. Sehr empfindlich reagiert er auf Kritik, besonders wenn sie von einer der jüngeren Schwestern kommt. Die Ärzte rechnen diese Krankheit zu den Neurosen, raten dazu, dem Patienten das Leben zu erleichtern, indem man ihm nicht widerspricht und so weiter. Taugt dieser Rat als Weg zur Heilung?

Antwort: Zuerst sollte untersucht werden, ob es sich nicht um eine

Schlucklähmung handelt. Da aber der Patient in ärztlicher Behandlung ist, ist es wahrscheinlich wirklich eine Neurose. Diese Form kommt auch bei Kindern sehr oft vor. Solche Menschen stehen meistens unter starker Anspannung, vor allem wenn sie in Gegenwart anderer essen sollen. Aus Schüchternheit stößt man sein Glas um, bekleckert sich und auch den Nachbarn mit der Suppe. Das sind alles Symptome von Lampenfieber. Es ist normal, daß psychische Spannungen Reizzustände beim Schlucken verursachen. Manchmal geschieht dies in der Art und Weise, daß die betreffende Person Luft schluckt, was zu einem aufgeblähten Magen, zu Atembeschwerden und Herzangst führen kann. Schluckbeschwerden führen zur Besorgtheit der Umgebung, nicht ganz zu Unrecht, denn es kann dabei wirklich zu Unfällen kommen. Deshalb achtet jeder ängstlich darauf, den Patienten beim Essen nicht aufzuregen, was seine Position verstärkt. Ich lernte einmal einen Arzt kennen, der aus diesen Gründen nur flüssige Nahrung zu sich nahm. Er lebte mit zwei älteren Schwestern zusammen, sollte natürlich immer zu Hause essen, und die Schwestern bereiteten alles mit größter Sorgfalt für ihn zu. Er war der Jüngste, war als Kind immer verwöhnt worden und wurde jetzt natürlich von seinen Schwestern weiter verwöhnt. Jede andere Situation führte bei ihm zu Spannungen, so daß er jeden geselligen Verkehr mit anderen meiden mußte. Er kam erst in meine Behandlung, als ihm eine Ehe bevorstand und sich die Symptome infolgedessen verschlimmerten. Mit seiner Erkrankung schloß er jede Möglichkeit zur Heirat aus.

Betrachten wir einmal, auf welchen Gebieten der Mensch aktiv ist. Den idealen Menschen würde man überall dort antreffen, wo es eine Aufgabe für ihn gibt. Er würde ein kreisförmiges Tätigkeitsfeld haben. Beim neurotischen Menschen ändert sich dieses Feld, der Radius ist in verschiedenen Richtungen unterschiedlich lang. Je nervöser ein Mensch ist, je mehr sein Leben gescheitert ist, desto kleiner ist sein Aktionsradius. So war es für unseren Patienten mit Schluckbeschwerden nicht möglich zu heiraten. Am besten gelingt es noch auf der beruflichen Ebene, Leistungen zu erreichen, und zwar deshalb, weil wir so stark auf den Beruf fixiert sind und weil ein Versagen hier unweigerlich mit zu Hunger und Elend führt. Manche Menschen haben einen Aktionsradius, der an manchen Stellen den Durchschnitt bei weitem überschreitet, aber häufig Einschränkungen in andere Richtungen aufweist. Bestimmte Leistungen gehen in solchen Fällen weit über das Gewöhnliche hinaus, während alle anderen mangelhaft sind. Dies ist das Aktionsfeld des Genies und des Künstlers, deren Privatleben oft gänzlich scheitert. Solche Beobachtungen haben manche Psychiater und Psychologen dazu verleitet, einen Zusammenhang zwischen Genialität und Wahnsinn zu postulieren oder wenigstens anzunehmen, alle Künstler seien neurotisch. Diese Auffassung ist aber nicht richtig.

23. Frage: Kann eine Neurose auch bei einem sehr aktiven Menschentyp auftreten, der für seinen Tätigkeitsdrang keine Ausdrucksmöglichkeit gefunden hat, zum Beispiel bei einem Menschen, den die Umstände zwingen, einer mechanischen Tätigkeit nachzugehen, während es ihn nach einem persönlicheren, freieren Beruf verlangt? Oder wie ist es sonst zu erklären, daß geheilte Neurotiker sehr aktive und sozial nützliche Menschen werden können?

Antwort: Ein auf das Leben ausreichend vorbereiteter Mensch kann nicht nervös werden, nur weil er einen mechanischen Beruf ausüben muß, während er einen anderen begehrt. In seiner Freizeit wird er seiner Vorliebe frönen. Er wird sich umsehen nach Möglichkeiten, einer anderen Arbeit nachgehen zu können. Eine Neurose entsteht nur dann, wenn jemand vor einem Problem zurückweicht, und nicht wenn er vor ein Problem gestellt wird, das ihm nicht gefällt. Neurotische Menschen behaupten oft, daß ihre tatsächliche Aufgabe sie nicht befriedigt. Die meisten würden dies von jeder Arbeit behaupten, allein schon deswegen, weil keine Arbeit ihre persönliche Eitelkeit und ihren Ehrgeiz befriedigen kann. Es kann sehr nachteilig sein, wenn jemand Arbeiten verrichtet, die er ungern tut. Zum Beispiel wird er dann mehr von Unfällen bedroht. Doktor Alexandra Adler hat gezeigt, daß 50 Prozent aller Betriebsunfälle bei Menschen vorkommen, die eine Arbeit wider ihre Neigungen verrichten. Auch die Arbeitsergebnisse sind für gewöhnlich schlecht, wenn zum Beispiel ein stark visuell ausgerichteter Mensch Arbeiten verrichten soll, die eigentlich einen motorischen Typ verlangen. Bei Häftlingen kann man zum Beispiel mehr Erfolg haben, wenn man ihnen Arbeiten verschafft, die mit ihrer Konstitution übereinstimmen. Ein motorischer Typus wird als Buchhalter leicht Unheil anrichten. In Ausnahmefällen kann man Betroffenen helfen, indem man ihnen eine Vertretertätigkeit vermittelt, so daß sie ihre Neigung zur Bewegung auf legitime Art befriedigen können. Nie ist der Beruf allein verantwortlich für eine Neurose.

24. Frage: Ist Professor Adler der Meinung, daß jede pessimistische Lebensauffassung, gleich, ob sie sich in Alkoholismus oder Selbstmordabsichten manifestiert, auf Rachegedanken beruht? Kann nicht eine auf rein theoretischem Wege gewonnene pessimistische Lebensbetrachtung, wie die von Schopenhauer, Leopardi und Weininger, zur Flucht aus dem Leben in Trunksucht oder Selbstmord führen?

Antwort: Philosophischer Pessimismus kann keine Erklärung sein für Selbstmord oder Alkoholismus. Nur wer keine Rücksicht auf andere nimmt, sucht eine solche Zuflucht. Keiner bringt sich um, ohne daß ein anderer darunter leidet. Die Wahl dieses Weges beruht immer auf Rachegedanken. Das Wesen jeder Tat verlangt Optimismus. Wer etwas zustandebringt, beweist damit Optimismus. Wie er dabei über sich selber denkt oder ob er sich selbst für einen Pessimisten oder für einen Optimisten hält, ist völlig unerheblich. Schopenhauer war Optimist! Weininger beging Suizid nicht aus philosophischen Gründen, sondern aus Rache gegen Wiener Professoren, die ihm zu Unrecht einen Lehrstuhl verweigert hatten. Wenn jemand in gebildeter, ja brillanter Sprache Gedanken von allgemeinem Wert niederlegt, dann handelt es sich um eine Leistung im Dienste der Menschheit. Wer Schopenhauer kennt, weiß, daß ein bestimmter Teil seines Werks dem allgemein geäußerten Pessimismus unmittelbar widerspricht: die Lehre vom Mitleid. Mitleiden ist ohne sozialen Bezug undenkbar. Schopenhauer weist trotz eigener Schwierigkeiten einen Weg zum menschlichen Leben, indem er seinen pessimistischen Gedanken Mitleiden entgegenhält. Im Mitleid ist man mit Menschen verbunden und dazu angehalten, alles zu versuchen, ihr Wohlbefinden zu sichern. Der pessimistische Zug in Schopenhauers Philosophie geht auf neidische Gedanken zurück. Er war ein häßliches Kind und ein häßlicher Mann. Zunächst sehr verwöhnt, lebte er später in erbittertem Streit mit seiner Mutter. Von der Universität wurde er nicht anerkannt, obwohl seine Arbeit bereits preisgekrönt war. Er hatte also genügend Anlaß zur Verbitterung, doch sein großer Geist verleiht auch diesem Gefühl einen besonderen Glanz. Daß er voller Wut geschrieben hat, erkennt man am deutlichsten an seinen Äußerungen über das Frauenproblem. Er geht dabei so weit, daß er sich gegen die Fortpflanzung der Menschheit ausspricht. Aber auch dies kann man besser verstehen, wenn man weiß, daß eine venezianische Kurtisane ihm empfohlen hat: »Studieren Sie lieber Mathematik und kümmern Sie sich nicht um die Liebe!«

Es ist nicht so wichtig, was jemand über sich selbst sagt. Viele Menschen halten sich für die entschiedensten Pessimisten und erklären, »daß das Leben nicht den geringsten Wert für sie hat«, aber gleichzeitig entfalten sie ihre Tätigkeiten und bringen etwas zustande, mit dem sie ihren Worten widersprechen. Wenn Sie einen Menschen verstehen möchten, machen Sie dann die Ohren zu, wenn er über sich spricht, sondern schauen Sie, wie er handelt, wie er sich bewegt.

25. Frage: Professor Adler hat behauptet, daß das Minderwertigkeitsgefühl – im Gegensatz zum Minderwertigkeitskomplex – ein wertvolles, antreibendes Gefühl sei. Sollte der Mensch also eigentlich nie versuchen sein Minderwertigkeitsgefühl loszuwerden? Und wäre es ein Unglück, wenn die Menschheit der Zukunft – vielleicht infolge einer psychologisch richtigen Erziehung – freier sein würde von Minderwertigkeitsgefühlen?

Antwort: Diese Frage hat ihren Ursprung in der Armut unserer Sprache. Im Sprachgebrauch hat das Minderwertigkeitsgefühl sich offensichtlich verbunden mit etwas Niedrigem, dessen man sich schämen sollte. Man könnte genausogut sagen, Unsicherheit oder Minus-Gefühl. Das Minderwertigkeitsgefühl sollte in jedem Bereich des Lebens als treibender Faktor wirken. Es würde erst verschwinden in einer Zeit, in der die Menschen endgültig zur Ruhe gekommen sein würden, und das wäre eine höchst langweilige Zeit.

10. Über Kriminalität

Prostitution

Diskussion

Jeder Gesetzesbrecher, gleich ob Kind oder Erwachsener, hat eine bestimmte Einstellung gegenüber den Lebensproblemen, genau wie jeder andere Mensch. Es fehlt ihm aber an Gemeinschaftsgefühl, und dieser Mangel ist nur von der Kindheit her zu erklären. Die Belange anderer berühren den Delinquenten nicht, auch nicht, wenn ein Unschuldiger in Verdacht geraten oder bestraft werden sollte. Schon kleine Kinder versuchen bei häuslichem Diebstahl den Verdacht auf andere zu lenken. Während der neurotische Mensch die Notwendigkeit des Gemeinschaftsgefühls anerkennt, wenn auch nicht bei jeder Gelegenheit zum Ausdruck bringt, leugnet der Kriminelle das Gemeinschaftsgefühl rundweg. Will man einer solchen Entwicklung vorbeugen, dann sollte man dem Kind zeigen, daß es gerade durch Kooperation erfolgreich und glücklich werden und Freude genießen kann, während im Handeln gegen andere kein Glück zu finden ist.

In kleinen Dingen erkennt man bei jedem Kind die Freude daran, etwas für andere zu tun. Dieses Gefühl sollte man fördern, denn dann wird das Kind im späteren Leben Versuchungen leichter widerstehen können. Es gibt Situationen, in denen das Gemeinschaftsgefühl der heutigen ganzen Menschheit nicht ausreicht, zum Beispiel bei Panikzuständen. Fast jeder denkt dabei nur an seine eigene Rettung. Auch im Krieg wird die Grenze des Gemeinschaftsgefühls häufig überschritten, wenngleich es in manchen Fällen auch dem Feind gegenüber zum Vorschein kam. Was verhindert die Entwicklung des Gemeinschaftsgefühls bei einem Menschen? Hauptsächlich der Umstand, daß das Menschenkind sich nicht freundlich zum Leben eingeladen fühlt und deshalb von Anfang glaubt, nur an sich selbst denken zu müssen. Dies zeigt sich auf tausend Arten und in verschiedenen Formen, und auch die Ergebnisse sind unendlich verschieden. Hier die wichtigsten Fälle:

1. Kinder mit schwachen Organen. Dabei sollte die konstitutionelle Schwäche von den psychischen Folgen unterschieden werden. Die Schwäche ist konstitutionell, die Folgen sind vom Kind selbst geschaffen. Die psychische Verfassung ist deshalb nicht vor dem dritten oder vierten Lebensjahr erkennbar. Zu dieser Gruppe gehören also Kinder mit schwachen Organen. Atmung, Körperhaltung, Herz, zentrales Nervensystem, endokrine Drüsen und so weiter sind ererbte Minderwertigkeiten (oder aber kurz nach der Geburt aufgetretene Krankheiten). Diese Kinder haben von Anfang an hart zu kämpfen, um der Außenwelt erfolgreich standhalten zu können. Manche Kinder überwinden diese Schwierigkeiten frühzeitig und bringen es dabei zu größten Leistungen. Frühzeitige Erfolgserlebnisse sind für ihr Schicksal entscheidend. Bei fast allen großen Männern entdeckt man körperliche Schwächen; unter ihnen sind fast keine Athleten.

2. Kinder, die verwahrlost sind. Auch unter ihnen gibt es viele, die diesen Umstand überwunden und besondere Taten vollbracht haben. Eine große Zahl jedoch bleibt in ihrer Entwicklung zurück, wird entmutigt, denkt nur an sich selbst, ist anderen gegenüber mißtrauisch und wird getrieben vom Streben nach persönlichem Erfolg. Ein gänzlich verwahrlostes Kind ist undenkbar, weil nicht lebensfähig. Ein Minimum an Versorgung braucht jedes Kind; unter den im frühen Alter verstorbenen Kindern ist ein beschämend hoher Anteil verwahrloster Kinder. Das Kind ist jedoch in der Lage, ein ziemlich hohes Maß an Verwahrlosung zu überleben. Auch hier kann man wieder bestimmte Gruppen unterscheiden. Zum Beispiel die unehelichen Kinder. Die Unehelichkeit gilt als Schandfleck unserer Zeit und bringt dem Kind immer Nachteile. Der heutige Mensch ist im allgemeinen monogam und hat daher eine unfreundliche Einstellung gegenüber unehelichen Kindern. Diese Kinder wachsen oft bei mangelhafter Versorgung und Ernährung durch Fremde auf und leiden später unter der allgemeinen Verachtung, mit der man ihnen begegnet. In einigen Fällen werden sie durch die Großeltern verwöhnt.

Dazu kommen *Waisenkinder*, die sich benachteiligt fühlen und es im allgemeinen auch sind. Aufgrund der Not unserer Zeit und mangelhafter psychologischer Ausbildung des Personals reicht der Standard vieler Waisenhäuser nicht aus. Waisen ist deutlich bewußt, daß die Allgemeinheit die Pflicht hat, sie zu versorgen. Sie machen also andere für ihr

Leben verantwortlich. So nehmen sie den verwöhnten Lebensstil an und sind stets der Meinung, daß die anderen für sie sorgen müßten. Des weiteren gehören zu dieser Gruppe die häßlichen Kinder. Bei ihnen zeigen sich oft körperliche Gebrechen, leichte Mißbildungen der Ohren, Zähne, der Wirbelsäule, der Schädelform und so weiter. In Wirklichkeit hat das häßliche Kind von Anfang an zu seiner Umgebung keinen guten Kontakt, und es spürt das auch. Es wird anderen gegenüber benachteiligt, fühlt sich dadurch gekränkt, denkt deshalb viel an sich selbst und vermag kein ausreichendes Gemeinschaftsgefühl zu entwikkeln. Unter Kriminellen findet man sehr viele uneheliche Kinder, Waisen und häßliche Leute. Vor allem diese dritte Kategorie ist so auffällig, daß Lombroso sich dadurch beirren ließ und glaubte, er habe den »geborenen Kriminellen« entdeckt. Dabei handelt es sich um ein Mißverständnis. Die andere Hälfte der Kriminellen sind im Gegensatz dazu meist besonders schöne, anziehende Menschen. Während ihrer Gerichtsprozesse gewinnen sie mit ihrem Aussehen die Gunst der Bevölkerung. Es waren verwöhnte Kinder, denen es gelang, jeden für sich einzunehmen; jeder hatte sie lieb und beschenkte sie. Wenn dies später aufhört, wird das Gefühl der Benachteiligung und Nichtanerkennung um so stärker, zusammen mit dem unwiderstehlichen Drang, sich zu nehmen, was sie sonst nicht bekommen. Häufig kann man an Kriminellen noch erkennen, ob sie verwahrloste oder verwöhnte Kinder gewesen sind. Die Gruppe der verwöhnten Kinder ist die größte, die mit Organminderwertigkeiten ziemlich klein, die der verwahrlosten Kinder liegt in der Mitte.

Die verwöhnten Kinder wurden oft von ihren Großeltern verwöhnt, oder es waren Einzel- oder älteste Kinder. Zu den verwahrlosten Kindern gehört manchmal auch das einzige Mädchen unter vielen Jungen, zu den Kindern mit Organminderwertigkeiten zählen auch Linkshänder, die ihr Handicap als dauernde Belastung empfunden haben. Etwas von der Neigung, die eigenen Belange gegen die Belange anderer auszuspielen, kennt jeder Mensch. Man nennt es gern den »Selbsterhaltungstrieb«. Doch das ist eine ganz falsche Bezeichnung. Wer mit und für andere lebt, soll natürlich auch selbst leben und wachsen können, und deshalb ist der Gegensatz Ich-Du im Gemütsleben schon ein Grundfehler der Charakterentwicklung.

Für Nervosität und Neurosen sind nur verwöhnte Kinder mit geringer Aktivität anfällig. In Kriminalität enden die verwöhnten oder verwahrlosten Kinder von großer Aktivität. Die Kriminalität äußert sich genau wie die Neurose, nur in subjektiv als schwierig angesehenen Situationen, zum Beispiel, wenn ein Kind sich wegen einer wirklichen oder eingebildeten Benachteiligung in der Schule oder zu Hause beraubt fühlt und jetzt seinerseits andere beraubt, um sich selbst zu bereichern. Der Kriminelle hat zuwenig Gemeinschaftsgefühl, doch viel Aktivitätsdrang. Welche Situation kriminelle Handlungen auslöst und wie die Gefahr beschaffen ist, die sich in dieser Situation zu verbergen scheint, hängt natürlich sehr stark von den Ansichten des Kriminellen ab. Rechnet man mit Gefahren, wird man immer einen bestimmten Anlaß für kriminelle Handlungen finden und sich gleichzeitig vorstellen, daß diese Handlungen für einen selbst einen persönlichen Erfolg bedeuten. Meistens handelt es sich bei der zuerst vollführten kriminellen Tat in Wirklichkeit nicht um die erste. In der häuslichen Situation neigen Kinder, die sich nicht an die Regeln der Familie halten, leicht dazu, sich etwas anzueignen, Süßigkeiten, Obst, Gebäck und so weiter. In diesem Zusammenhang machen die Erzieher oft große Fehler, zum Beispiel, indem sie alles verschließen und so das Gefühl der Benachteiligung verstärken. Es ist viel besser, das Kind so zu erziehen, daß es von sich aus richtig handelt. Wer einigermaßen vertrauenswürdige Biographien jugendlicher Krimineller in die Hand bekommt, ist immer wieder überrascht, wie früh sich die Neigung zur Kriminalität bei ihnen zeigte. Natürlich haben nicht alle Kinderdiebstähle die gleiche Relevanz; manchmal sind es nur vorübergehende Verirrungen, aus denen sich das Kind leicht wieder löst; doch manchmal ist es auch der Anfang einer kriminellen Karriere.

Eine erstaunlich große Zahl von Kindern haben schon einmal kleine Geldbeträge gestohlen oder kleine Betrügereien begangen. Wenn nun sowohl der Vater wie auch der Sohn als Kind gestohlen haben, so neigt der Vater dazu, an die Vererbung zu glauben, weil er nicht weiß, daß 90 Prozent aller Kinder gelegentlich stehlen. Am besten beugt man bei Kindern der Neigung zu stehlen und Süßigkeiten zu naschen vor, indem man ihnen erlaubt, sich ungehindert etwas zu nehmen. Zur echten Kriminalität kommt es nur dann, wenn die normale Entwicklung des Gemeinschaftsgefühls unterbrochen ist und der Mensch vor eine offensichtlich harte Probe gestellt ist. Schuldiebstähle treten oft nach der Geburt eines jüngeren Kindes oder aufgrund eines anderen Gefühls von Benachteiligung auf. Beispiel: Ein 20jähriger Junge wird von seiner Mutter, die allein zur Beratung kommt, wie folgt beschrieben: Seit seinem 15. Lebensjahr ist er jede Woche ausgerissen. (Dies beweist, daß ihm sein Elternhaus nicht gefällt.) Seine Mutter muß ihn immer suchen und findet ihn dann manchmal in Tanzlokalen. Es scheint, daß sie immer weiß, wo sie ihn zu suchen hat. (Wahrscheinlich deutet der Sohn der Mutter an, wo er zu finden ist bzw. gefunden werden möchte!) Während der ganzen Zeit hat er auch regelmäßig gestohlen, von seiner Mutter oder anderen Familienmitgliedern, in jedem Fall immer dann, wenn er wußte, daß seine Mutter das Gestohlene zurückgeben würde.

Richtig betrachtet, handelt es sich bei all seinen Missetaten um Angriffe gegen seine Mutter. Er muß also etwas gegen sie haben. – Er ist der Älteste von zwei Jungen, sein Bruder ist zwei Jahre jünger. Die Mutter behauptet, er sei nie eifersüchtig auf den Bruder gewesen; das beweist aber nicht viel, denn verständlicherweise möchte sie das Ganze am liebsten rätselhaft erscheinen lassen. In der Schule war er einer der Besten; auch der Bruder ist ein guter Schüler. Als er 15 Jahre alt war, verloren die Eltern ihr Vermögen, und als er die Schule verließ, versuchten die Eltern ihm eine Stelle zu besorgen, damit er etwas verdienen könnte. Doch er lief überall fort. Er hat zur Zeit keine Arbeit, aber viele Bedürfnisse, und deshalb stiehlt er. Der jüngere Sohn bekam eine Stelle, geht der Arbeit treu nach, entwickelt sich gut und hat von seinem verdienten Geld etwas gespart. Der Jüngste droht damit, den Ältesten zu verprügeln, wenn dieser wieder einmal von einem seiner Streifzüge zurückkehren sollte. Er hat also die Oberhand, auch körperlich, was für den Älteren ein schwer zu verkraftender Zustand ist. Man sollte diesem Jungen auf freundliche Art und so, daß seine Verantwortung geweckt wird, deutlich machen, daß er das Opfer seines Lebensstils geworden ist. Ich erklärte ihm: »Wenn es Ihrem Bruder besser geht als Ihnen, werden Sie immer wieder stehlen!« Er bestritt das jedoch, ich aber beharrte auf meiner Äußerung. Vielleicht erfahre ich noch, daß er mir beweist, daß ich unrecht habe!

Ein anderer Fall: Ein Mädchen wuchs allein bei seiner Mutter auf, wie auf einer Insel. Die Mutter war sehr unglücklich in ihrer Ehe; sie war enttäuscht, verhärtet, manchmal auch sadistisch. Zeitweilig verwöhnte sie das Kind und gab ihm alles, was es sich wünschte. Mit 14 kam das Kind in eine private Schule, und dort stellte sich heraus, daß es sinnlose kleine Diebstähle beging, zum Beispiel von Bleistiften auf einem Basar. Die Leiterin der Schule wendete sich an mich, weil sie Bedenken hatte, das Kind in der Schule zu belassen. Es schien mir, daß das Kind sich in der Schule benachteiligt fühlte. Wegen mangelhafter Leistungen war es zu jüngeren Kindern gesetzt worden und fühlte sich dort erniedrigt und unterdrückt. Ich riet, es zu älteren Mädchen zu setzen und ihr Zeit zu lassen, ihren Rückstand bei den schulischen Leistungen aufzuholen. Danach hat sie nicht mehr gestohlen.

Es ist auffallend, daß der Diebstahl, der dann entdeckt wurde, während ihrer Menstruation auftrat. Kriminologen wissen, daß viele Kaufhausdiebstähle von Frauen während ihrer »kritischen Tage« begangen werden. Die Ursache ist nicht organischer Art, sondern die Frauen fühlen sich während dieser Tage beraubt und benachteiligt. Ich vermute, daß auch unser Mädchen die anderen Diebstähle während der Menstruation begangen hatte. Ich fragte sie: »Was möchtest du werden?« »Filmstar.« Sie sagte nicht, Filmschauspielerin, sondern -star! Also der Wunsch, ganz oben zu stehen, zu glänzen! Obwohl sie weder schön noch klug, noch anziehend war. Neben Diebstählen kommt es in der Schule oft zu sexuellen Delikten. Sie sind sehr schwer zu verhindern, weil gerade auf diesem Gebiet die meisten Menschen wenig mit der Gemeinschaft rechnen. Sexualität wird ganz allgemein als Privatangelegenheit und als geheime Sache angesehen, besonders wenn das Gemeinschaftsgefühl mangelhaft ausgebildet ist. Bei sexuellen Verfehlungen rate ich: Man solle in der Schule am besten keinen Lärm darum machen. Keine Verhöre, keine Befragungen nach Einzelheiten! Es kommt nämlich immer sehr bald der Punkt, an dem man nur wünscht, niemals damit angefangen zu haben. Immer mehr Lehrpersonen und Kinder werden in solch eine Untersuchung hineingezogen, die ganze Schule gerät durcheinander, monatelang sind die Gemüter erregt. Die Schule sollte sich soweit wie möglich aus diesen und ähnlichen Problemen heraushalten; schlimmstenfalls sollten die Kinder von der Schule verwiesen werden.

Sexuelle Aufklärung, als Heilmittel angepriesen, bringt nicht viel. Trotzdem kann es sehr nützlich sein, Aufklärung in Mädchenschulen einzuführen und von weiblichen Lehrkräften vortragen zu lassen. In

Jungenschulen sollte das ein Arzt übernehmen. Natürlich sollte den Kindern als erster Grundsatz beigebracht werden, daß Sexualität nur in einer Liebesbeziehung etwas zu suchen hat, als Aufgabe für zwei gleichgestimmte Menschen verschiedenen Geschlechtes, und nicht als etwas rein Körperliches außerhalb einer Liebesbeziehung und als Aufgabe für eine einzige Person. Geschlechtskrankheiten können sich nur verbreiten, weil Sexualität ohne Liebe ausgeübt wird.

Kriminelle begehen immer ähnliche Verbrechen: Ein Taschendieb ist immer ein Taschendieb, ein Betrüger immer ein Betrüger, ein Sexualtäter immer ein Sexualtäter. Das ist sehr auffällig, wie in einer Fabel: Löwe, Fuchs, Esel – man kennt sie von vornherein, und jeder weiß, wie das Tier sich verhalten wird. Einen breiten Weg voller Abwechslungen bietet eigentlich nur das Gemeinschaftsgefühl. Das Verbrechen kann man bezeichnen als Beruf aktiver Menschen ohne Gemeinschaftsgefühl. Daher das merkwürdige Wort »Berufsverbrecher«. Der größte Teil der Verbrecher geht, wird ihre Richtung nicht von äußeren Einflüssen geändert, seinen Weg immer weiter. In der Statistik wird der Anteil der Verbrechen, die unaufgeklärt bleiben, mit 40 Prozent angegeben. Der größte Teil davon geht auf das Konto der Berufsverbrecher. Verbrecher sind angewiesen auf den Umgang mit Gleichgesinnten. Es kommt fast nie vor, daß ein Verbrecher mit einem ehrlichen Menschen Freundschaft schließt. Alle Verbrecher sind schlecht auf das Leben vorbereitet; 50 Prozent sind ungelernte Arbeiter. Im allgemeinen haben sie auch in der Liebe wenig erreicht; 50 Prozent der Kriminellen sind bei ihrer Festnahme geschlechtskrank.

Wie kommt ein Mensch auf den Weg des Verbrechens? Wie kommt zum Beispiel ein Mädchen dazu, sich zu prostituieren? Man sollte nicht vereinfachend erklären: aus Not, denn es gibt viele, sehr viele Mädchen, die auch im größten Elend nicht zur Prostitution veranlaßt werden können. Zur Prostitution neigen nur diejenigen, die bereits während ihrer Kindheit in ihrer Würde als Mädchen verletzt worden sind. Oft galten in ihrer Umgebung Mädchen allgemein als wertlos oder sie wurden ohne Skrupel vom Vater oder von Brüdern mißbraucht. Deshalb kann man Prostituierten nur helfen, indem man ihnen ihre menschliche Würde zurückgibt, die sie glauben verloren zu haben. Oft haben sie sich schon sehr früh Geschlechtskrankheiten zugezogen und verfolgen dann den Rachegedanken, die Krankheit zu verbreiten – ein abwegiger

Versuch, auf diese Weise die verlorene Gleichheit mit anderen wiederherzustellen. Mädchen, welche die Hoffnung aufgegeben haben, zu Hause, in der Schule oder im Beruf anerkannt zu werden, die nicht mehr nach Geborgenheit und Wärme verlangen, aber erfahren haben, daß zumindest ihr Körper noch einen Wert hat, sehen meistens nur noch den Weg in die Prostitution. Man sollte also immer darauf achten, daß kein Mädchen die Hoffnung verliert, anerkannt und für wertvoll angesehen zu werden.

Der Weg zum Einbrecher ist eigenartig. Der Einbrecher ist eine Ausnahme unter den Verbrechern: Er ist immer intelligent und verfügt über großes Geschick, das bereits in seiner Kindheit zur Geltung kam. Er fühlt sich in jedem Handwerk zu Hause, ist ein geschickter Bastler, besitzt jedoch kein großes Maß an Gemeinschaftsgefühl, allerdings immerhin ein wenig mehr als andere Typen von Verbrechern. Es ist leichter, ihn wieder auf den richtigen Weg zu bringen als andere. Kriminologisch ist es bekannt, daß viele Einbrecher, wenn sie das 30. Lebensjahr überschritten haben, ihre Verbrecherkarriere aufgeben, heiraten, sich einen bürgerlichen Beruf zulegen und ein geregeltes, von Straftaten freies Leben führen. Wahrscheinlich versuchen Einbrecher ihren starken Wunsch nach Überlegenheit dadurch zu befriedigen, daß sie beweisen, schlauer und geschickter zu sein als andere. Aber mit 30 bemerken sie, daß sie nicht mehr so schnell laufen, springen, klettern und so weiter können; ihre Überlegenheit scheint bedroht, und plötzlich gefällt ihnen das alles nicht mehr.

Einbrecher wirken oft sympathisch aufgrund ihrer Geschicklichkeit und ihres Einfallsreichtums. Ein mir bekannter Einbrecher saß, mit kurzen Unterbrechungen, 20 Jahre im Gefängnis und wurde von den Richtern für unverbesserlich gehalten. Während seiner letzten Strafverbüßung, die fünf Jahre dauerte, fing er an, sich geistig weiterzubilden. Er las alles, auch Psychologie-Literatur, wobei die Individualpsychologie ihn am meisten beeindruckte. Vom Gefängnis aus schrieb er mir, daß er gern mit mir sprechen würde. Wir unterhielten uns, und er schilderte mir seinen ganzen Lebenslauf. Die Rolle des Hehlers stand darin sehr im Vordergrund. Der Hehler klammert sich an den Verbrecher, droht damit, ihn zu verraten, und macht Vorschläge für weitere Verbrechen. Ich blieb mit dem Mann in Verbindung, der mich nach seiner Entlassung besuchte. Er befand sich in großer wirtschaftlicher Not, und so stellte ich ihn als Gärtner an. Er zeigte sich in allem bewandert und verwandelte ein ödes, verwildertes Grundstück in einen prächtigen Garten. Er grub nach Wasser, errichtete ein Haus, pflanzte Hecken an. Zur Zeit genießt er mein volles Vertrauen.

Die Geisteshaltung eines Mörders ist viel komplizierter. Meistens ist es ein rachesüchtiges, vor nichts zurückschreckendes Individuum. Im Grunde ist er ein Feigling. Mörder brüten lange vorher ihre Pläne aus, gehen überfallartig vor, greifen bewaffnet unbewaffnete und hilflose Menschen an. Zahlreiche Menschen, auch Erwachsene, sind der Meinung, morden verlange Mut. Doch jedes Kind sollte eigentlich wissen, daß man aus Angst und Feigheit zum Mörder wird. So würde mancher, der sich von solchen »Heldentaten« angezogen fühlt, den Weg nicht einschlagen.

Im Zusammenhang mit Kriminalität wird viel von Verführung gesprochen, vom schlechten Einfluß von Filmen, Schundromanen, üblen Freunden, Zeitungen und so weiter. Das Problem der Verführung ist jedoch nebensächlich, weil Kinder auf Einflüsse nur entsprechend ihrem Lebensstil reagieren. Nur jenes Kind, das bereits eine kriminelle Karriere gewählt hat, läßt sich durch schlechte Beispiele beeindrukken. Das kooperative, sicher im Leben stehende Kind wird weder von Filmen noch von Büchern oder Theater verführt.

Alle Verbrecher können geheilt werden, wenn man ihnen individualpsychologisch ihr Leben so deutlich vor Augen führt, daß sie sich selbst überzeugen lassen. Diebe kommen manchmal von sich aus auf den Gedanken, daß ihre Mutter schuld sei, weil sie sie in der Jugend zuviel verwöhnt habe. Um dieses Thema kreisen Gedanken Krimineller häufig.

25. Frage: Ein 17jähriger Junge erleidet plötzlich einen Nervenzusammenbruch, zwei Jahre vor seiner Abschlußprüfung. Er wirkt mutlos und niedergeschlagen. Seine Eltern nehmen ihn von der Schule, schicken ihn in Begleitung eines Privatlehrers in einen Kurort. Der Arzt ist der Meinung, der Junge brauche eine Klimaveränderung. Auch eventuelle Liebesbeziehungen solle man zulassen. Zwei Monate später kommt der Junge wieder nach Haus, nervöser und noch weniger bereit zur Arbeit als vorher. Darauf wird eine große Seereise auf einem Luxusdampfer geplant. Ist die Behandlung in diesem Fall richtig?

Antwort: Die Behandlung ist natürlich falsch; es handelt sich ganz und gar nicht um eine Behandlung. Dieser Junge steht offensichtlich hilflos allen Lebensfragen gegenüber, die er mit 17 Jahren bis zu einem bestimmten Maß bereits hätte gelöst haben müssen. Doch die Grundeinstellung zum Leben wurde viel früher festgelegt. Vor Jahren habe ich einmal Experimente mit fünfjährigen Jungen gemacht, denen ich zum erstenmal einen Löwen zeigte. Der erste Junge, den ich zum Löwenkäfig brachte, erklärte sofort: »Ich glaube, wir sollten besser wieder nach Hause gehen!« Auch später schreckte er vor allem zurück, wich allen Schwierigkeiten möglichst aus. Der zweite sah den Löwen, fing an zu zittern und meinte: »Ich freue mich so!« Er war genauso ängstlich wie der erste, wollte jedoch seine Angst verbergen. Der dritte schaute sich den Löwen eine Zeitlang an, blickte dann zu mir und fragte: »Soll ich nach ihm spucken?« Er war ein aktiver Typ.

Unser Patient hat wahrscheinlich eine Niederlage erlitten und wagt es seitdem nicht mehr, ein Risiko einzugehen. Man wird ihn nicht durch Ablenkungen zufriedenstellen können, denn er möchte Erfolg haben, möchte gewinnen, eine Rolle spielen. Es wäre besser, ihn vorsichtig auf den richtigen Weg zu bringen, statt für Ablenkung zu sorgen. Auch Liebesbeziehungen werden zu nichts führen. Der Junge wird sich mangels Selbstvertrauen auf käufliche Liebe beschränken, und damit reduziert man das vielschichtige Thema Liebe auf reine Sexualität. Die ganze Behandlung ist von Grund auf falsch. Man hätte den Jungen überzeugen sollen, sich mit eigenen Kräften seiner Fehler zu entledigen, gegebenenfalls mit Hilfe seiner frühesten Erinnerungen und Träume. Dieser Junge wird mit Sicherheit immer träumen, daß er in Gefahr sei.

26. Frage: a) Welche Rolle spielt Todesangst bei Neurosen? Kann sie die Folge geheimer Todeswünsche gegen andere sein?

b) Inwieweit ist Obstipation mit psychologischen Mitteln heilbar? Und ist die Lehre Freuds über den Zusammenhang von Analerotik und Geiz richtig?

c) Gibt es für die Heilung von Neurosen eine Altersgrenze?

Antwort: a) Todesangst spielt immer eine Rolle. Eine Lehrerin am Gymnasium wurde entlassen. Sie war auf der Suche nach einer anderen Arbeit, und es gelang ihr unter Schwierigkeiten, eine Stelle als Stenotypistin zu bekommen, wieder an einer Schule. Wenn sie jetzt auf ihrem Stuhl sitzt, um zu schreiben, wird sie plötzlich von dem Gefühl überfallen, sterben zu müssen, sollte sie auf dem Stuhl sitzenbleiben. Dadurch verschafft sie sich eine Erleichterung: Man ist gezwungen, sie krankzuschreiben, sie zur Kur zu schicken und so weiter. Außerdem zeigt sie mit ihren Symptomen: Hier sitzen zu müssen und zu schreiben ist für mich so schlimm wie tot sein.

Im allgemeinen hat die Todesangst folgende Bedeutung: Jemand ist nicht mehr in der Lage, im Leben danach zu streben, vorwärts zu kommen. Das Gefühl, keine Erfolge mehr haben zu können, einen der wichtigsten Bestandteile des Lebens verloren zu haben, hat eine ähnliche Bedeutung wie das Gefühl zu sterben. Leidet der Patient aber unter Todesangst, dann hat er wieder Erfolgsaussichten, nämlich der Gefahr einer Niederlage auf allen Lebensfronten zu entrinnen. Dies ist kennzeichnend auch für andere Neurosen. Zu Todeswünschen anderen gegenüber besteht kein Zusammenhang.

b) Es gibt eine Obstipation aus psychischen Gründen, sowohl bei Kindern wie auch bei Erwachsenen. Freuds Irrtum liegt in seiner Einseitigkeit. Er vergißt, daß Menschen, die sich aus dem Leben zurückziehen wollen, automatisch und krampfhaft alle ihre Organe verschließen können. Sie sind nicht mehr in der Lage, ihren Mund zu öffnen, gehen mit geballten Fäusten, schließen sich von allem ab. Die falsche Folgerung Freuds entspringt seiner Gesamteinstellung zur sexuellen Libido. Er ist Menschen begegnet, die einen besonderen Reiz verspüren bei der Defäkation, vielleicht auch dann, wenn sie den Stuhl zurückhalten. Es handelt sich jedoch nicht um einen sexuellen Reiz. Embryologisch entstehen die Ausscheidungs- und Sexualorgane aus der gleichen Anlage. Diese Verbindung kann bei manchen Menschen stärker sein als bei anderen, und sie können sie benutzen (hier liegt der Unterschied zwischen Besitz- und Gebrauchspsychologie!). Andere haben die gleichen Gefühle und benutzen sie nicht. Menschen, die mit schwachen Verdauungsorganen geboren werden, die also viele Nahrungsmittel nicht vertragen, entwickeln ein großes Interesse für alles, was eßbar ist. In einem bestimmten Sinne haben sie Angst, zu kurz zu kommen, zu verhungern. Weil sich jedoch schon bei Kindern von zwei und drei Jahren der Gedanke an Geld mit dem ans Essen verbindet – »Mutter, kauf mir einen Apfel!« –, haben solche Personen oft gleichzeitig ein starkes Interesse am Geld und am Anhäufen von Geld. Neurotiker haben immer das Gefühl, benachteiligt zu werden, und so haben sie schon an sich eine große Neigung, alles aufzuheben und an sich zu ziehen. Sie bewahren zum Beispiel alte Kleider, Möbel, Hüte und können sich tief unglücklich fühlen, wenn sie einen Zahn verlieren. Viele Neurotiker hängen sehr am Geld, weil sie denken: Ich bin schwach, mit Geld bin ich jedoch stark. Es handelt sich um Menschen, die jeden Halt verlieren, wenn sie ihr Geld verlieren.

c) Eine Altersgrenze für die Neurosentherapie gibt es nicht. Vor nicht langer Zeit habe ich einen Mann von 75 Jahren von seiner Platzangst geheilt. Ein Mensch kann von einer Neurose geheilt werden, solange er produktiv denken kann.

27. Frage: Ein Mädchen von 22 Jahren, mit zwei Brüdern und zwei Schwestern, hat einen ungewöhnlich starken Geschlechtstrieb und geht trotz sorgfältiger Überwachung durch ihre Eltern mit jedem Mann mit. Sie ist sehr dick und intellektuell vielleicht etwas zurückgeblieben. Ihre Stimmung wechselt, im allgemeinen ist sie jedoch aufgeschlossen. Könnte ihr die eine oder andere Psychotherapie helfen?

Antwort: Die Begriffe starker oder schwacher Geschlechtstrieb sollte man nicht mehr benutzen. Der Sexualtrieb ist wechselhaft. Zahlreiche Menschen bilden sich einen starken oder schwachen Geschlechtstrieb ein. Bei der Arbeit bemerkt man überhaupt keinen Geschlechtstrieb. Hält man ihn jedoch für außerordentlich wichtig und denkt man ständig an ihn, dann scheint es, als ob man einen besonders starken Geschlechtstrieb hätte. Die Ausprägung hängt dann von der Meinung der betroffenen Person ab. Verwöhnte Kinder möchten all ihre Wünsche befriedigt sehen und sind deshalb der Meinung, daß sie besonders starke Triebe haben.

Auch in dem Fall, den wir hier besprechen, braucht man nicht an einen besonders starken Geschlechtstrieb zu denken. Die Ausflüge sind Explosionen, welche die ganze Familie aufregen und zur Verzweiflung bringen. Sie sucht keine Ehe, die ihren Geschlechtstrieb auch befriedigen könnte, sondern einen Weg, andere zu verletzen. Oft handelt es sich dabei um das Prostitutionsprinzip: Prostitution aus Rache. Dieses Mädchen verschafft sich außerdem die Illusion, sie sei anziehend, sie bedeute anderen etwas. Das Verlangen, von einem Mann gewählt zu werden, kann das Mädchen selbst als starken Geschlechtstrieb deuten. Es gibt doch auch Mädchen, die sammeln »Skalpe«, um aus der Zahl von Eroberungen ihren eigenen Wert abzuleiten. Diesen Mädchen sollte man vor Augen führen, daß ein Mann mehr ist als viele Männer. Das gleiche gilt natürlich für Männer in ihrer Beziehung zu Frauen. Wahrscheinlich will unser Mädchen nur ihre Familie reizen. Wenn außerdem noch bekannt würde, daß die Familie besonders prüde ist, dann würde diese Vermutung zur Sicherheit werden.

28. Frage: Ein elfjähriger Junge weint, sobald er in der Schule eine Frage beantworten soll. Das auswendig Gelernte jedoch kann er, ohne zu weinen, aufsagen. Seinen jüngeren Mitschülern gegenüber verhält er sich unzugänglich. Wegen einer Bagatelle wurde er einmal so wütend, daß er in den Wald lief und anderthalb Tage wegblieb.

Antwort: Mit seinem Weinen beweist der Junge, daß er die anderen durch Schwäche beeinflussen möchte. Wahrscheinlich ist Weinen für ihn ein Mittel, etwas zu erreichen. Der Lehrer kennt ihn und fragt ihn gar nicht oder nur mit Vorsicht. Gegenüber Schwächeren gerät er in Wut; er hat also auch ihnen gegenüber kein Selbstvertrauen. Wenn er sich beleidigt fühlt, vertraut er auf seine Wehleidigkeit und reißt aus, damit die anderen Angst bekommen und sich um ihn sorgen. Er klopft die anderen weich und holt sich ihre Zuwendung dadurch, daß er sich in eine traurige Lage bringt. Er gehört zu den Menschen, die später vielleicht einen Suizidversuch unternehmen. Trotzdem zeigt er eine bestimmte Aktivität, die sich in Ausreißen, Aggressivität jüngeren gegenüber und auch in Weinen äußert. Wahrscheinlich wird es nicht so schwer sein, ihm zu helfen.

29. Frage: Ein 14jähriger Junge hat in der Schule (Volksschule) völlig versagt. In fast allen Fächern sind seine Leistungen mangelhaft. Er mißhandelt andere Kinder, die sich gegen ihn nicht wehren können, weil er der Größte und Stärkste ist. Er unternimmt nur böse Bubenstreiche und verleitet auch andere dazu. Er reagiert weder auf ein freundliches Wort noch auf Strenge.

Antwort: Dieser Junge möchte von der Schule verwiesen werden. Er hält sich für zu groß und zu alt für die Schule, findet es ungerecht, daß er noch die Schulbank drücken soll. Vielleicht würde es ihm in einer weiterführenden Schule besser ergehen. Er genießt seine Streiche doppelt, weil er bemerkt hat, daß keiner versteht, warum er sich so verhält. Dieses Vergnügen sollte man ihm auf freundliche Art und Weise vermiesen.

11. Über Alkoholismus

Andere Abhängigkeiten · Opium · Kokain
Diskussion

Alkoholismus ist eines der meistverbreiteten Übel. Viele Menschen glauben ihr höchstes Glück im Alkohol zu finden, alles andere erscheint ihnen dagegen sinnlos. Wenn wir den Einfluß eines Alkoholikers auf seine Umgebung betrachten, erkennen wir die Bedeutung des Alkoholismus in aller Deutlichkeit. Es handelt sich dabei um Aggression gegen andere. Der Alkoholiker kennt oft selbst diesen Grund nicht; er sollte ihn jedoch erfahren, denn dann fühlt er sich in seinem Trinkverhalten ein wenig irritiert, obwohl er auch dann noch eine Vielzahl von abwegigen Ausreden hat, um diese Einsicht nicht beachten zu müssen.

Trunkenheit ist ein Zustand, in dem man nicht mehr für sich verantwortlich ist. Das Bewußtsein wird getrübt, und die Probleme, denen der Mensch ausweichen möchte, wie auch seine Angriffe auf Mitmenschen werden kaschiert. Auch hier ist die Aggression anderen gegenüber verbunden mit Autoaggression, weil jeder Trinker im Grunde sehr wohl weiß, daß er mit dem Alkohol seinem Organismus schadet. Während des Rauschzustandes ist die Persönlichkeit von allen Problemen befreit. Man hat den Wein deshalb auch »Befreier von Sorgen« genannt. Auch das »In vino veritas« enthält einen Kern an Wahrheit, weil viele Menschen sich im Rausch verraten, weil die Hemmschwelle herabgesetzt wird und versteckte Aggressionen zum Vorschein kommen.

Die eigentliche Verführung zum Trinken liegt im Überwinden aller Minderwertigkeitsgefühle. An sich ist dieses Streben nützlich und notwendig, jedoch geht es beim Trinken in die falsche Richtung, entfernt sich vom Ziel des Allgemeinwohls, und deshalb ist der Alkoholismus, kurz gesagt, eine Pest. Der vom Alkohol verursachte körperliche Schaden ist allgemein noch zu wenig bekannt. Es gibt kein Organ, das vom

Alkohol nicht angegriffen würde: Gehirn, Muskeln, Atmungsorgane, Nieren, Geschlechtsorgane, sie alle werden beeinträchtigt, bei jedem Menschen genau die Organe, die eine geerbte Schwäche haben. Allein dieser Schaden ist ein zu hoher Preis für das zeitweise, feige Ausweichen vor quälenden Lebensfragen.

Ein anderes Problem liegt in der Gesellschaft, berührt jedoch die Welt des einzelnen. Zahlreiche Personen sind mit der Herstellung und dem Vertrieb von Alkohol beruflich beschäftigt. Ein großer Teil der Bevölkerung würde arbeitslos, wenn man den Alkoholkonsum ganz abschaffen würde. Die Wein- und Bierindustrie nimmt im Wirtschaftsleben und in der Gesellschaft einen wichtigen Platz ein. Sie steht in Verbindung mit mächtigen Finanzkräften, und es ist ihr ein Leichtes, Bücher, Zeitschriften und allerhand andere Reklamemittel zu verbreiten. Auch manche meiner Äußerungen, aus dem Zusammenhang gerissen, Äußerungen, in denen ich die Meinung vertrat, daß mäßiger Alkoholgenuß dem erwachsenen Menschen nicht immer Schaden zufügt, wurden in Werbeschriften erwähnt, um mich so als Befürworter des Alkohols zu mißbrauchen. Es handelt sich natürlich um eine grobe Irreführung.

Manche Menschen verbinden die Vorstellung von Gemütlichkeit so stark mit dem Konsum geistiger Getränke, daß sie sich Gemütlichkeit nicht ohne Alkohol vorstellen können. Andere trinken so stark, daß sie nicht mehr in der Lage sind, Beziehungen zu anderen Menschen aufzunehmen; das sind sogenannte »stille Trinker«. Aktive Menschen werden manchmal buchstäblich wild, wenn sie getrunken haben. Andere, passivere Naturen brauchen manchmal eine Aufmunterung durch Alkohol, um die eine oder andere Aktivität aufnehmen zu können. Auch sexuelle Beziehungen scheinen für viele leichter im alkoholisierten Zustand zu knüpfen zu sein; doch bei anderen wirkt der Alkohol in dieser Hinsicht eher hemmend.

In einer so kranken Gesellschaft wie der heutigen ist es ganz unmöglich, im einzelnen aufzuzeigen, wo der eigentliche Fehler liegt. Bei einem Gerichtsprozeß in Chicago gegen männliche und weibliche Studenten, die unter Alkoholeinfluß einen Menschen totgefahren hatten, äußerte der Richter sein Entsetzen darüber, daß wohlerzogene Mädchen an solchen Exzessen auch nur als Zuschauerinnen teilnehmen konnten. Eines der Mädchen antwortete darauf: »Was sollten wir tun?

Wenn wir nicht mittrinken, kümmern sich die Studenten nicht mehr um uns!« Natürlich ist dies keine Entschuldigung, jedoch ein gutes Beispiel für die gesellschaftliche Ursache des Übels. Die Gründe sind so kompliziert und miteinander verwickelt, daß Maßnahmen zum Kampf gegen den Alkoholismus sogar eine entgegengesetzte Wirkung haben können, wie sich am Beispiel der Prohibition zeigen läßt. Die Tätigkeit des »Bootlegger«, mit der Prohibition aufgekommen, ist eine Brutstätte für Kriminalität. Da den verkauften Alkoholika giftige Stoffe zugesetzt waren, wurde unermeßlicher Schaden angerichtet. Eine große Zahl von Menschen in Amerika sind für immer blind geworden, weil sie Methylalkohol getrunken hatten. Andere haben in aller Hast heimlich Getränke zu sich genommen, die sie ganz krank machten, und infolge dessen wurden sie überfahren oder verunglückten auf andere Weise, bekamen Schlaganfälle und so weiter. Während meines ersten Abends in New York war ich selbst in einer Gesellschaft, in der natürlich Cocktails gereicht wurden. Anschließend besuchte die ganze Gesellschaft ein Theater, und während der Vorstellung schlief einer nach dem anderen ein.

Durch den von der Prohibition ausgelösten Widerstand gegen die Obrigkeit erhält das Alkoholproblem seine besondere Schärfe. Die Kriminalität nimmt zu, die »Bootlegger« bewaffnen sich; sie stehen außerhalb des Gesetzes, werden zwar von vielen Seiten verfolgt, aber sie werden gesellschaftlich geduldet und sind sogar erwünscht. Zahlreiche Jungen antworteten auf die Frage, was sie werden wollen: »Bootlegger.« Einer meiner Patienten kam einmal in einer Stunde schlecht gelaunt zu mir. Als ich nach dem Grund fragte, meinte er: »Soll ich etwa nicht wütend sein? X hat 100 Flaschen Wein in seinem Keller, ich selber habe nur 20!«

Besser wäre es, zu anderen, weniger harten Maßnahmen zu greifen, vor allem zur Aufklärung! Die allerdings wird von der Finanzwelt, die hinter der Alkoholindustrie steht, verhindert. Das also zum allgemeinen Aspekt des Alkoholproblems. Nun zur Person des Trinkers: Um was für eine Art Mensch handelt es sich? Nicht während des Rausches, sondern ohne diesen Zustand? Natürlich ist auch er das verwöhnte Kind! Alkoholiker sind oft neidisch, und zwar in einem solchen Maße, daß sie auch vor einem Mord nicht zurückschrecken. Oft haben sie ganz und gar nichts übrig für eine sozial eingestellte Liebe. Dabei handelt es sich nicht nur um eine Folge des Alkohols, sondern in Wirklichkeit um Angst, Liebe und Achtung eines anderen nicht dauerhaft erreichen zu können. Im allgemeinen ist diese Angst einer der stärksten Beweggründe von Eifersucht; man versucht den Partner mit Verdächtigungen und Beschuldigungen kleiner zu machen, um sich so im Vergleich zu ihm größer darzustellen. Manche Menschen leben im allgemeinen gemäßigt, fangen jedoch unter besonders schwierigen Umständen an zu trinken. Sie sind also verwöhnte Menschen, von der aktiven Art, das heißt, sie greifen an, allerdings nicht offen, sondern verdeckt und dem Trinker meistens selbst nicht bewußt. Beim Gericht beobachtet man oft, daß ein Verbrecher sich mit Trunkenheit entschuldigt, um so einen mildernden Umstand eingeräumt zu bekommen. Individualpsychologisch ist die Sache eigentlich umgekehrt. Viele Verbrecher haben längst einen Plan zum Verbrechen gefaßt und trinken sich dann »Mut« an. Manche denken auch bereits an die »mildernden Umstände«.

Man sollte sich nicht von dem Umstand in die Irre führen lassen, daß viele verdienstvolle Künstler Alkoholiker waren und daß Trinklieder in der Poesie einen so großen Platz einnehmen. Künstler wie E. T. A. Hoffmann, Grabbe, Wilhelm Busch oder Edgar Allan Poe, die an Trunksucht zugrunde gingen, sind Menschen, deren unterschiedlichen Aktionsradius ich bereits beschrieben habe. Sie streben in einer einzigen Richtung dem Außergewöhnlichen nach, lassen aber einen großen Teil der anderen Probleme beiseite. Alkoholiker können im allgemeinen nur mit anderen Alkoholikern umgehen und Freundschaften schließen. Traurig ist es bestellt um ihr Verhältnis zur Liebe und zur Ehe, in denen sie immer versagen. In sozialen Belangen sind sie Schwächlinge, viele von ihnen wagen es überhaupt nicht, eine feste Liebesbeziehung einzugehen, sondern machen jegliche persönliche Beziehung im Rausch zunichte. Manche Menschen, die in ihrer Ehe nicht zurechtkommen, aber auch nicht die Kraft aufbringen, sich vom Partner zu trennen, beginnen zu trinken, um vom Partner rausgeschmissen zu werden. Sie gehen damit ihrer Verantwortung aus dem Wege.

Natürlich werden nicht alle schwachen, verwöhnten Menschen vom aktiven Typ zum Alkoholiker. Es gehört eine bestimmte Geschmacksvorliebe dazu, und bei diesen Menschen übt der Geschmack alkoholischer Getränke eine große Anziehung aus. Dabei handelt es sich um eine natürliche, nicht selten vererbte konstitutionelle Veranlagung.

Dazu tritt die Verführung. Ein verwöhntes Kind erträgt es nicht, wenn andere auf es herabsehen oder es verspotten. Viele sehen das Trinken als Männlichkeitsbeweis an; Tradition und Dichtkunst stützen diese Auffassung, und bereits in der Pubertät streben zahlreiche Jungen, aber auch viele Mädchen, danach, sich als Mann oder Held hervorzutun. Gewöhnlich versucht man Alkoholiker zu heilen, indem man ihnen das Trinken erschwert. Diese Methode setzt nicht an der Wurzel des Übels an, denn der Alkoholiker hat zu trinken begonnen, weil er bereits ein Versager war.

Ein Mann wurde zum Beispiel zwei Jahre lang in einer Trinkerheilanstalt behandelt und dann als geheilt entlassen. Er trank auch nicht mehr, kehrte jedoch zwei Jahre später in die Heilanstalt zurück – jetzt mit Halluzinationen. Er stammte aus einer wohlhabenden Familie, doch während sein Bruder Karriere machte, kam er nicht voran und wurde schließlich Hilfskraft in einem Büro. Aus Neid fing er an zu trinken, bis er zum Alkoholiker wurde und in eine Anstalt eingewiesen werden mußte. Nach der Entziehungskur wurde er Straßenarbeiter, verrichtete eine noch einfachere Arbeit, und damit war die krankmachende Situation wieder da. Diesesmal wählte er den Weg in Halluzinationen.

Ein anderer Fall: Ein junger Mann ist als Einzelkind bei seiner Mutter und einer zwölf Jahre älteren Schwester aufgewachsen. Er wurde von beiden außergewöhnlich verwöhnt. Er ist nicht unbegabt, liest viel, kommt jedoch mit seinem Studium nicht voran und leistet auch in einem praktischen Beruf wenig. In schwierigen Situationen beginnt er stets zu trinken. Die Mutter ist verzweifelt, denn auch der Vater trank, und sie befürchtet, daß der Sohn den gleichen Weg gehen wird. Sie fleht ihn an, mit dem Trinken aufzuhören; sie gibt ihm alles, was er wünscht, nur damit er nicht mehr trinkt. Der Sohn rutscht immer tiefer ab, er spielt. Die Mutter schickt ihm immer wieder Geld und unternimmt alles mögliche, damit er nicht mehr trinkt. Er benutzt das Trinken also als einzigartige, höchst wirksame Waffe.

Ein weiterer Fall: Ein Junge hat einen reichen Onkel, der trinkt und dies als sein größtes Unglück ansieht. Der Onkel macht ein Testament, mit dem er dem Jungen sein ganzes Vermögen vermacht, allerdings unter der Bedingung, daß er bis zu seinem 24. Lebensjahr nicht trinkt. Der Junge hält sich ganz genau an diese Bedingung. Als der Onkel stirbt und der Junge das Erbe antritt, betrinkt er sich noch am selben Tag – er konnte nicht ertragen, daß ein anderer Macht über ihn hatte! Er trinkt weiter, heiratet. Zurückgekehrt von einer Reise, entdeckt er, daß seine Frau ihn betrogen hat. Er fängt an, noch mehr zu trinken: sein Trinken wird chronisch. Von einem Laien, der sich mit der Therapie von Trinkern beschäftigt, wird auch unser Patient geheilt, worauf auch er versucht, anderen Trinkern zu helfen. Als er damit keinen Erfolg hatte, kam er zu mir. Es stellte sich heraus, daß er aus Rache trank; zunächst gegen seinen Onkel, später gegen seine Frau. Zum Zeitpunkt seiner »Heilung« durch den Laiendoktor hatte er sich in ein Mädchen verliebt und ein Verhältnis mit ihr. Sein Rachebedürfnis war dadurch befriedigt worden, und deshalb konnte er das Trinken aufgeben. Er glaubte jedoch, der »Wunderheiler« habe ihm geholfen. Er blieb weiterhin nüchtern, war aber seiner Frau ab und zu untreu; das genügte ihm.

Andere Suchtmittel: Die psychische Struktur bei der Abhängigkeit von Morphin, Opium oder Kokain ist ganz die gleiche wie beim Alkohol. Auch in diesen Fällen versuchen mächtige Organisationen, die Suchtmittel zu verbreiten. Sie schicken ihre Leute in Cafés und Hotels, um Privatpersonen ihre Dienste anzubieten. Diese Gefahren sind für den Verbraucher noch viel größer als für den Trinker. Deshalb hat auch der Völkerbund sich mit der Frage beschäftigt und Abhilfe zu schaffen versucht, doch er verfügt nicht über die geeigneten Mittel – wirkliche Prävention können nur die Schulen leisten. Die Therapie von Morphium- und Opium-Abhängigen ist sehr schwierig. Beim Entzug leiden die Patienten sehr; sie geraten in einen schrecklichen, jämmerlichen Zustand, so daß sie jedes Gemeinschaftsgefühl, jedes Gewissen verlieren. Sie lügen, stehlen, morden, fliehen, um sich wieder in den Genuß des Giftes zu bringen. Doktor Alexandra Adler vor der Harvard-Universität hat nachgewiesen, daß beim Entzug von Morphin eine Wasserintoxikation entsteht, und wenn man sie mittels bestimmter Injektionen ausschaltet, kann man dem betroffenen Patienten das Morphium vorenthalten, ohne daß er das übliche Elend durchmachen muß. Doch auch hier genügt der Entzug nicht, denn dieser Mißbrauch ist ebenfalls Ausdruck einer Lebensangst. Der Mensch findet sich im Leben nicht mehr zurecht und kommt mehr oder weniger zufällig in Berührung mit einem Mittel, das seine Sorgen verschwinden läßt und ihm statt dessen ein Gefühl von Wärme, Sorglosigkeit und Leichtigkeit vermittelt. Diesem Gefühl kann er nicht widerstehen. Die Verführung ist so groß, daß Menschen, die aufgrund ihres Berufs über Morphium verfügen können, wie Ärzte, Apotheker und Familienangehörige von Morphiumsüchtigen, oft selbst zu Morphiumsüchtigen werden. Morphiummißbrauch ist immer ein Angriff auf Familie, Beruf, Gesellschaft. Oft versucht der Angegriffene den Angreifer zu therapieren, scheitert dabei und wird jetzt selbst zum Süchtigen, um sich so zu rächen. Alle Morphinsüchtigen sind ehrgeizig; daher findet man sie oft in hohen Positionen. Nicht selten sind sie der Meinung, sie verdankten ihre Aktivität dem Morphin, doch tatsächlich sind ihre Fähigkeiten dafür verantwortlich. Ein Diplomat von hohem Rang wurde zu mir überwiesen, weil er zeitweilig unter schweren unerklärlichen Schmerzen litt. Wie ich feststellte, war er morphiumabhängig, und die Schmerzen traten immer dann auf, wenn er eine Zeitlang kein Morphin mehr bekommen hatte. Er war süchtig geworden, nachdem seine Frau ihm untreu geworden war. Seitdem fühlte er sich immer wieder hintergangen und kam von seiner Sucht nicht mehr los. Doch das Hintergangenwerden bestand nur in seiner Vorstellung und nicht in Wirklichkeit. Wer keine übertriebenen Forderungen stellt, empfindet sich auch nicht so schnell als benachteiligt. Wird also mit Hilfe der Individualpsychologie eine Heilung erzielt, sollte immer die Möglichkeit eines Rückfalls in Betracht gezogen werden.

Der Gebrauch von Kokain ist noch schädlicher als der von Morphium. 90 Prozent dieser Patienten sollen daran zugrunde gehen, nur zehn Prozent geheilt werden. Psychiater haben jedoch auf diesem Gebiet nicht viel Erfahrung, weil der Zustand der Patienten sich so schnell verschlechtert, daß sie nur selten zur Behandlung kommen. Gegen alle Drogen kann nur Aufklärung wirklich helfen. Was Bier und Wein betrifft, kann man vorerst nur zur Mäßigkeit raten, denn es dürfte kaum möglich sein, auf einen Schlag Millionen von Menschen brotlos zu machen. Das Alkohol-Problem ist zur Zeit am besten in Schweden gelöst, die neuere amerikanische Gesetzgebung zielt jedoch in die gleiche Richtung. Der Schule fällt die Aufgabe zu, alle verwöhnten Kinder, aus denen sich Alkoholiker und Drogensüchtige rekrutieren, zur Kooperation zu gewinnen.

29. Frage: Ein 17jähriger Gymnasiast ermüdet bei der Arbeit plötzlich sehr stark. Vorher war er ein guter Schüler. Jetzt leistet er nichts mehr. Er muß die Schule verlassen und wird Bürohilfskraft. Er arbeitet nur mit Widerwillen. Mit seinem Vater versteht er sich nicht mehr. Er wird zum Sonderling, schweigsam, verschlossen. Was ist zu tun?

Antwort: Möglicherweise handelt es sich um einen Fall von Schizophrenie. Nicht selten ändert sich das Verhalten eines jungen Menschen kurz vor seinem 20. Lebensjahr. Er nimmt ab, wird verschlossen, meidet den Umgang mit anderen, vernachlässigt seine Körperpflege, und niemand in seiner Umgebung argwöhnt, eine beginnende Geisteskrankheit könne die Ursache für diese Charakterveränderungen sein. Oft waren solche Kranken vorher vorbildliche Kinder, und sie kultivieren in sich das Ideal der Selbstverherrlichung. Der Zusammenbruch kann dann anläßlich einer geringfügigen Schwierigkeit eintreten. Welche Art die Schwierigkeit in diesem Fall war, wissen wir nicht. Wahrscheinlich die eine oder andere Enttäuschung im Zusammenhang mit zu hoch gesteckten Zielen. Ein solcher Junge braucht eine sorgfältige medizinische Behandlung, sonst ist er verloren.

Eine andere mögliche Ursache für dieses plötzliche Versagen ist eine spezielle Form der Epilepsie. Davon wird besonders das Gedächtnis betroffen, aber auch andere intellektuelle Funktionen lassen nach. Anfälle mit solchen Folgen treten manchmal nur in der Nacht auf und werden dann nicht bemerkt. Man sollte also auch an diese Möglichkeit denken.

Eine dritte Möglichkeit ist, daß der Junge einfach irgendwie entmutigt worden ist. In diesem Fall ist ihm natürlich am leichtesten zu helfen.

30. Frage: In unserer Schule geschieht es öfter, daß Adoptivkinder Schwierigkeiten bereiten: Sie sind unzugänglich, passiv, neigen zu kleinen Diebstählen und lügen. Wie denkt Professor Adler über das Adoptieren von Kindern? Sollte man den Kindern von Anfang an mitteilen, daß sie adoptiert wurden?

Antwort: Es ist ohne Zweifel das beste, dem Kind sobald wie möglich die Wahrheit über seine Stellung in der Familie mitzuteilen, aus zwei Gründen:

1. Das Kind spürt es auf jeden Fall, und
2. gibt es viele Kinder, die nicht adoptiert wurden, sich jedoch einbilden, keine leiblichen Kinder ihrer Eltern zu sein. Sie sind der Meinung, nur aufgrund eines unglücklichen Zufalls oder eines an-

deren Umstandes in die Hände ihrer Eltern geraten zu sein. Dieses Thema findet sich in vielen Romanen, Dramen und Opern.

So ist zu wünschen, daß den Kindern immer offen die Wahrheit gesagt wird, natürlich auf eine Art und Weise, mit der das Kind zu gewinnen ist, zum Beispiel mit der Erklärung: »Weil wir dich so gern haben.«

Adoptivkinder schreiben genauso oft wie Waisen alle Schwierigkeiten des Lebens dem Umstand zu, daß sie keine echten Eltern gehabt haben. Ein guter Erzieher sollte solchen Gedanken von Beginn an durch Offenheit vorbeugen. Daß so viele Adoptivkinder mißraten, liegt oft auch daran, daß sie verwöhnt werden. In dem Bestreben, die leiblichen Eltern zu ersetzen, verhalten Pflegeeltern sich oft ängstlich und dem Kind gegenüber schwach, unsicher, manchmal aber auch übertrieben zärtlich. Dies behindert die normale Entwicklung der Kinder. Manchmal werden Kinder adoptiert, die bereits früher, in einer nachteiligen Umgebung, einen falschen Lebensstil herausgebildet hatten. Andere werden so jung in die neue Familie aufgenommen, daß man noch nicht wissen kann, ob das Kind geistig zurückgeblieben ist. Diese Schwierigkeiten und Komplikationen können der Adoption zum größten Teil erspart werden. Die Pflegeeltern sollten sich klarmachen, daß auch das Adoptivkind in erster Linie auf die Zukunft vorbereitet werden muß und nicht als Objekt zur Verhätschelung durch kinderlose Ehepaare dienen darf. Bei Charakterschwierigkeiten sollte man die gleichen prophylaktischen Maßnahmen ergreifen und die gleiche Sorgfalt verwenden wie bei anderen schwer erziehbaren Kindern.

31. Frage: Wie schädlich ist nach Meinung von Professor Adler Altruismus? Sind nicht am stärksten die Menschen, die egoistisch sind, sich nicht um die anderen kümmern, sich aber darauf konzentrieren, etwas Wichtiges zuwege zu bringen?

Antwort: Altruismus im Sinne der Individualpsychologie ist niemals schädlich. Es gibt jedoch Menschen, die sich überall einmischen, sich immer um andere kümmern, weil sie mit sich selbst nichts anzufangen wissen. Mit Altruismus hat das natürlich nichts zu tun. Ob ein Mensch sich als Altruist oder Egoist bezeichnet, besagt noch nicht viel. Es sind nicht egoistische Menschen, welche die einflußreichsten Positionen einnehmen, denn Einfluß ist Leistung, ihrerseits Leistung zum Wohle der Gemeinschaft ist. Wenn man sich um alle möglichen Menschen kümmert, dann handelt es sich dabei um eine simple Methode zu herrschen, um eine besonders egoistische Methode, anderen das Leben schwer zu machen.

32. Frage: Trifft es zu, daß während der Menstruation die körperlichen und folglich auch die psychischen Kräfte geringer sind? Daß also das Gefühl der Erniedrigung einen realen Grund hat und nicht nur einen fiktiven, wie Professor Adler erklärt hat? Ich kann mir nur schwer vorstellen, daß die herabgesetzte geistige Leistung während der Periode bloß in der Vorstellung besteht.

Antwort: Die Beobachtungen, die Sie bei sich selbst gemacht haben, werden wohl zutreffen. Sie sind jedoch zu vermeiden. Es ist zu überlegen, ob die Symptome nicht auch dadurch entstehen, daß die Betroffene sich dem Vorgang der Menstruation gegenüber abweisend verhält. Sie steht dann unter dem Druck von Emotionen, welche die psychischen Fähigkeiten überbeanspruchen und nutzlos Kraft verbrauchen. Eine nachprüfbare Verminderung der Muskelkraft ist kein Beweis für das Gegenteil, und ihr widerspreche ich auch nicht. Auch ein niedriger Blutdruck kann Folge einer Stimmungsdepression sein. Außerdem stehen die hier erwähnten Beobachtungen anderen von Frauen gegenüber, die sich sehr wohl und genauso leistungsfähig fühlen wie sonst. Oft verschwinden übrigens die Gefühle von Müdigkeit nach entsprechender Aufklärung.

Die Symptome sind nicht nur aus einer »bloßen Vorstellung«, sondern nur aus dem gesamten Lebensstil der Frau oder des Mädchens erklärbar. Ein Mädchen, das in einem unfreundlichen Milieu im Gefühl weiblicher Minderwertigkeit aufgewachsen ist, wird mehr Schwierigkeiten haben als ein Mädchen, das gern Frau ist und stolz darauf ist. Feststeht, daß die Frau während der Periode ruhig weiter arbeiten und am normalen Leben teilnehmen kann. Vielleicht sollte sie allzu große sportliche Anstrengungen meiden. Doch das ist auch unter normalen Umständen, auch für Männer, nicht ganz ungefährlich. Es ist gut möglich, daß die Menstruation sich in unserer Kultur über das gewöhnliche Maß hinaus verstärkt hat. Es gibt Frauen, die überhaupt nicht menstruieren, selbst gesunde Frauen, die Kinder haben. Weibliche Akrobaten, die sich körperlich sehr anstrengen, menstruieren nie. Frauen, die an Expeditionen teilnehmen oder anstrengende Reisen unternehmen, stört die Menstruation nur ganz gering. In unserer Kultur jedoch, welche die Frau ganz und gar auf Heim, Geschlechtsleben und Mutterschaft dressiert hat, ist die Menstruation stärker und längerdauernd geworden. Das hängt mit der Erziehung der Frau zur Passivität zusammen, wozu es gut paßt, daß sie sich übertrieben schont. Die Frage, warum die meisten Verbrechen von Frauen während der Menstruation begangen werden, ist rein psychologischer Natur. Während der Periode fühlen die Frauen sich benachteiligt und in ihren Rechten beschnitten. Sie rächen sich auf so verkehrte Art jedoch nur, wenn sie neurotisch sind. Seit einiger Zeit weiß man, daß das Leben zyklisch verläuft, in Tiefen und Höhen, sowohl in physischer wie psychischer Hinsicht. Die Wellentäler sind jedoch nicht so tief, daß man nicht normale Arbeit verrichten könnte. Nur außergewöhnliche Spitzenleistungen verlangen eine besonders günstige psychische Konstellation.

12. Über Perversionen

Fetischismus · Masturbation · Sadismus · Masochismus · Homosexualität · Impotenz

Diskussion

Wenngleich häufig mit leichten körperlichen Eigenartigkeiten einhergehend, haben Perversionen ihre Ursache nicht in körperlichen Abweichungen. Sie sind auch nicht mit psychischen Traumen zu erklären, wie die französische Psychologie es versucht, oder mit dem Festhalten an angeborenen Perversionen, wie Freud behauptet. Viele Leute haben solche Empfindungen, ohne daß sie gleich pervers werden. Auch in solchen Fällen ist der Lebensstil entscheidend. Sexualität ist nie Angelegenheit nur einer einzigen Person, sondern gemeinschaftliche Aufgabe zweier Personen. Jede Richtung der Sexualität, welche die zweite Person ausschaltet, ist ungesund und unsozial. Das sexuelle Problem wird dann nicht angemessen gelöst. Damit soll nicht gesagt sein, daß Sexualität öffentlich, vor aller Augen, gelebt werden sollte.

Mit Struktur und Organisation unserer Kultur hängt zusammen, daß sie auf Intimität, Vorsicht und Schamhaftigkeit angewiesen ist, um sich entfalten zu können, wie es sich ziemt. Tendenzen, die Sexualität zu bagatellisieren, richten sich gegen unsere Kultur, und sie vergessen, daß die Sexualität eine soziale Aufgabe der Menschheit ist, die einer Höherentwicklung dienen soll. Was man heutzutage Liebe nennt, ist ein höchst kompliziertes Kulturprodukt. In früheren Zeiten, als die Frauen intellektuell viel weniger aktiv waren, die Arbeit schwerer war und es weniger Freizeit gab als heute, diente das nächtliche Zusammenkommen der Eheleute ausschließlich der Zeugung von Nachkommen, die später bei der Arbeit helfen sollten. Heutzutage ist die Liebesbeziehung ganz anders, viel persönlicher.

Bei den Perversionen besteht der Fehler darin, daß dabei das Gemeinschaftliche zwischen zwei Menschen zu kurz kommt. Fetischismus zum Beispiel ist eine Einstellung, bei der der Mensch nicht seinen Partner liebt, sondern einen unpersönlichen Teil von ihm, etwa Schuhe, ein Kleidungsstück, einen Körperteil. Ein wenig Fetischismus ist den meisten Menschen eigen; daran ist nichts Abnormes. Extreme Formen sind ein Zeichen, daß man den anderen Menschen nicht ganz, sondern nur in reduzierter Form akzeptiert. Man erniedrigt ihn durch diese Betonung einzelner Teile. Und wer tut das? Natürlich das verwöhnte Kind! Es ist der Ausweg für Menschen, die das ganze Liebes- und Ehe-Problem als schwierig empfinden.

Ähnlich verhält es sich mit der Masturbation, die auch als Perversion, das heißt als Betätigung einer natürlichen Funktion auf falsche Weise, bezeichnet werden sollte. Bei Kindern ist es eine notwendige Betätigung, denn sie dürfen noch keinen normalen Geschlechtsverkehr haben, selbst wenn der Trieb bereits geweckt ist. Natürlich wird sie heimlich betrieben, am intensivsten von verwöhnten Kindern. Aber auch normale Erwachsene masturbieren unter bestimmten Umständen: Seeleute, Strafgefangene, Soldaten. Die Rede ist von einem sehr ernsten Problem für alle, die das Wohl der Menschheit im Auge haben. Erwachsene, die ohne Zwang masturbieren, sind Menschen, deren Beziehung zu anderen unterentwickelt ist; sie sind nur mit sich selbst beschäftigt und deshalb nicht in der Lage, normale Kontakte zu anderen zu knüpfen. Mit moralischen Vorhaltungen kann man ihnen genausowenig helfen wie einem Schuldner, der kein Geld besitzt. Ein einsamer Mensch ist nicht fähig, eine andere Form der Sexualität zu wählen. Wenn man ihm helfen möchte, sollte man das Übel an der Wurzel fassen und seinen Lebensstil ändern.

Andere Perversionen sind störender und auch gefährlicher, wie etwa der Sadismus. Dieser Begriff wird oft mißbraucht, als man jede Feindlichkeit und Quälerei, die anderen zugefügt wird, als Sadismus bezeichnet. Wirklicher Sadismus besteht dann, wenn man sexuelle Befriedigung nur erreicht, indem man andere quält. Diese Form der Befriedigung bedeutet immer Leid für andere und verdient also stärkste Verurteilung. Oft bestehen sadistische Neigungen ausschließlich in der Phantasie. In dieser Form beobachtet man sie häufig auch bei Kindern. Sadisten sind Menschen, bei denen in gereiztem Zustand der ganze Körper in Spannung gerät, in erster Linie allerdings die Geschlechtsorgane. Sie verspüren bei jeder feindseligen Handlung gegen andere ein Gefühl der Überlegenheit und dazu sexuelle Befriedigung, und danach streben sie. Es ist wohl eine feige Art und Weise, sich ein Überlegenheitsgefühl zu verschaffen, denn es geht immer auf Kosten der Schwächeren. So verhalten sich üblicherweise Tyrannen; sie suchen Lust und Überlegenheit durch Quälerei und nicht im Wettstreit mit anderen oder in der Liebe.

Die Auswüchse des Sadismus empören die Menschen. Sie sind vor allem bei Eltern und Lehrern, gegenüber Kindern und in der Prostitution zu beobachten. Am meisten leiden Kinder, die völlig wehrlos den Mißhandlungen von Sadisten ausgeliefert sind und mit allerhand Scheingründen gefoltert werden. Solche Eltern sind sich häufig ihrer dunklen Motive nicht bewußt; in den meisten Fällen jedoch sind sie sich dessen durchaus sehr wohl bewußt und schieben nur Erziehungsprinzipien vor, um sich vor gesetzlichen Folgen zu schützen. Eigenartigerweise werden fast alle Kindesmißhandlungen an Bettnässern verübt. Nicht selten führen Eltern, die ein Kind halb oder ganz totgeschlagen haben, als Grund an: »Es hat ins Bett gemacht.« Ich habe viele Sadisten gründlich untersucht. Meistens handelt es sich um Menschen ohne jede Spur von Gemeinschaftsgefühl. Sie haben keine Freunde, und ihr größtes Interesse gilt Abbildungen und Büchern über Quälerei. Eine Menge an Literatur wird ausschließlich geschrieben, um Sadisten zu befriedigen und neue Sadisten heranzuziehen. Doch auch eine große Zahl anderer Bücher sind ihrem Wesen nach sadistisch, zum Beispiel viele Märchen. Um dem Sadismus bei einem Kind auf die Spur zu kommen, ist es deshalb zweckmäßig, es zu fragen, welche Märchen es am liebsten liest und hört.

Im allgemeinen läßt sich die Neigung bei Kindern oft an ihren Lieblingsmärchen erkennen. Kindlicher Sadismus kann sich auch beim Schlachten von Tieren, im Haushalt oder an anderen Orten äußern. Oft verbirgt er sich hinter einer besonders starken Abneigung gegen das Schlachten, denn solche Kinder werden trotzdem, wie durch eine starke Macht, von dem Schauspiel angezogen; auch beim Zuhören gruseliger Märchen kann der Sadismus zum Vorschein kommen. Vor allem Tiere sind aufgrund ihrer Wehrlosigkeit oft Objekte kindlichen Sadismus. Die Quälereien werden immer brutaler, bis das Opfer schließlich auf abscheuliche Art getötet wird, und genau das geschieht auch bei der Kindesmißhandlung durch erwachsene Sadisten. Der Lustmord gehört ebenfalls in diese Kategorie.

Jeder Sadist hat auch Regungen von Masochismus in sich. Höchst selten kommt Masochismus unvermischt vor; meistens tritt er in Verbindung mit Sadismus auf. Ein Masochist empfindet sexuelle Befriedigung im Erdulden von Schmerzen und Mißhandlungen. Der Masochismus ist allgemeiner bekanntgemacht worden durch Rousseau, der ein masochistischer Mensch war und den Mut hatte, sich dazu zu bekennen. Er hatte Lustgefühle bei ihm zugefügten Schlägen, eine Gefahr, der alle Kinder ausgesetzt sind. Schon aus diesem Grund müßte man das Schlagen abschaffen. Manche Kinder fordern aus diesem Grund das Geschlagenwerden heraus.

Der Masochismus ist ein kritisches Thema für die Individualpsychologie, denn mit ihm steht und fällt ihre Behauptung, allen menschlichen Ausdrucksformen liege ein Überlegenheitsstreben zugrunde. Doch diese Behauptung gilt auch hier. Auch der Masochismus ist eine Methode, mit der ein Mensch nach »oben« gelangen möchte. Bei der Lektüre von Krankengeschichten fällt auf, daß alle Masochisten gehässige, nörglerische Menschen sind. Sie streben auf ihre besondere Art nach sexueller Befriedigung, weil sie glauben, sie auf andere Art nicht erreichen zu können. Außerdem sind sie nicht Opfer, sondern Herrscher, denn während der Mißhandlung ist der Mißhandelnde ein Werkzeug dessen, der Schmerzen erleiden will. Und fast immer äußert der Masochist nach der Mißhandlung seine Verachtung gegenüber seinem Partner: Er spuckt verächtlich auf den Boden, wirft der Prostituierten das Geld angewidert zu usw.

Beide, Sadisten wie Masochisten, identifizieren sich außerdem mit ihrem Partner. Der Sadist spürt die Schmerzen ebenfalls. Er quält zum Beispiel ein Kind und spricht gleichzeitig freundlich mit ihm, fragt es aus und versucht so die Gefühle des Kindes in sich selbst wiederzufinden. Erst dann erreicht er sexuelle Befriedigung. Bei beiden Typen findet sich eine schwierige Jugend. Masochisten sind oft Kinder einer lieblosen, hartherzigen Mutter, welche die richtige Einstellung des Kindes zum anderen Geschlecht unterbunden hat. Natürlich hat der Knabe trotzdem unrecht, denn er beginnt ohne echten Grund zu verallgemeinern, doch das ist nur verständlich. Wenn er dann außer seiner Mutter vielleicht noch einem weiteren weiblichen Wesen begegnet, das ihn schlecht behandelt, dann ist sein Schicksal besiegelt. Wenn sich dann seine sexuellen Funktionen entwickeln, spürt der Knabe auf einmal, daß ihn Geschichten über Quälereien oder das Anschauen solcher Vorgänge sexuell erregen, falls er zu dem oben beschriebenen konstitutionellen Typ gehört. In einem Fall war zum Beispiel die Geschichte über den Gott Moloch, dem Kinder geopfert wurden, der Auslöser. Solche Geschichten wirken nicht, wie manchmal behauptet wird, als ein Trauma, das dem Kind widerfährt, sie bringen jedoch eine bestehende Neigung ans Licht. Die Therapie von Sadisten und Masochisten kann nur gelingen durch Bildung von Gemeinschaftsgefühl. Die von der Allgemeinheit am meisten beachtete Perversion ist die Homosexualität; sie ist sehr verbreitet, noch weit mehr, als gewöhnlich vermutet wird. Manchmal bewegen sich Homosexuelle sehr frei, sie bilden Vereine und treten an die Öffentlichkeit. In anderen Fällen jedoch scheuen sie jegliche Öffentlichkeit. Überall sind sie jedoch eine wichtige Gruppe der Bevölkerung, besonders in Großstädten. Natürlich hat die Homosexualität keinen positiven Wert für die Menschheit. Man kann sie also nicht gutheißen oder akzeptieren. Es hat jedoch keinen Sinn, sittliche Maßstäbe anzulegen; man sollte sie vielmehr als Krankheit, als Fehlentwicklung betrachten, an der der Betroffene selbst nichts ändern kann. Homosexualität äußert sich in vielen Fällen in Form gegenseitiger Masturbation, kann jedoch auch ohne Geschlechtsverkehr auftreten, wenn Menschen des gleichen Geschlechts sich umarmen und küssen. Trotzdem sollte man sie nicht verwechseln mit Freundschaft, wie es die Psychoanalyse getan hat, denn es gibt sicher auch Freundschaften ohne sexuelle Beimengungen. Der Psychoanalyse ist anzulasten, daß gleichgeschlechtliche Freundschaften ins Zwielicht geraten sind.

Homosexuelle schließen eine Hälfte des menschlichen Geschlechts einfach aus, und davon sind wertvolle und wertlose Menschen im gleiche Maße betroffen. Dies ist ein Beweis für die Überheblichkeit, die tatsächlich regelmäßig bei Homosexuellen anzutreffen ist. Sie wähnen sich geistig immer über allen anderen. Hinter dieser Haltung verbergen sich starke Minderwertigkeitsgefühle aus den Kinderjahren, die den Betreffenden gezwungen haben, diesen Weg zu wählen, denn den normalen Weg wagte er nicht zu gehen. Der Homosexuelle empfindet sexuelle Regungen, wenn er freundlich behandelt, bewundert, gelobt und verwöhnt wird – das verwöhnte Kind!

Homosexualität tritt als Massenphänomen immer in Zeiten auf, in den Frauen sozial aufsteigen, auf ein höheres geistiges und wirtschaftliches Niveau. Aus dem gleichen Grund werden auch ehrgeizige, sozial hochstehende Mädchen homosexuell. Man beobachtet dann einen wahren Geschlechterkampf ähnlich wie in der Kinderzeit. Ist das Kind früher dem Vater oder der Mutter ausgewichen, kann dies eine Flucht vor dem männlichen oder weiblichen Geschlecht zur Folge haben. Ein solches Phänomen zeigte sich zum Beispiel deutlich im alten Griechenland, wo die Frauen der Sklaven ausbeutenden Athener sich kulturell bildeten, Schulen besuchten, Bücher schrieben, politische Rechte verlangten, sich gegen den Krieg erhoben und so weiter. Ähnliches erkennen wir in der Zeit nach dem letzten Weltkrieg. Ein Teil der Männer, die sich nicht zutrauten, neben einer hochstehenden Frau zu bestehen, entflohen dem ganzen Problem. Deshalb sollte man in der Schule mit dem Mythos von der Minderwertigkeit der Mädchen gründlich und für immer aufräumen.

Auch die anderen Formen der Perversion schließen eine enge Beziehung zu anderen Menschen aus, kurz den Wert der Liebe. So zum Beispiel die Sodomie, eine uralte, primitive Form der Perversion, die bis in unsere Tage bei völlig einsamen Menschen, die so isoliert leben wie Strafgefangene, anzutreffen ist. Die seltsamsten Formen von Sodomie, zum Beispiel mit Hühnern, Pferden, Kühen, Hunden usw. sind zu konstatieren. Eine seltene Perversion ist die Nekrophilie, bei der Männer den Geschlechtsakt an toten Frauen ausüben. Diese Form ist mit dem Lustmord verwandt. Beide Perversionen suchen ein sexuelles Objekt ohne jeglichen Widerstand, völlige Wehrlosigkeit des Partners, dem keinerlei eigener Wert zugeschrieben wird. Es handelt sich um die extremste Ausprägung eines Strebens, das in milderer Form oft vorkommt, zum Beispiel bei der Ehepartnerwahl, nämlich des Strebens, einen gefügigen und möglichst schwachen Partner zu finden.

Den Perversionen verwandt sind Störungen der Sexualfunktionen, das heißt, Erektionsschwäche und vorzeitiger Libidoverlust bei Männern und Frigidität und Vaginismus bei Frauen. Dieser Symptomkomplex bedarf der medizinischen Behandlung. Die Ursachen sind nur selten organischer Natur, sondern meistens Ausdruck einer gestörten Lebenseinstellung, Unfähigkeit, Kontakte zu knüpfen, produktiv und kreativ zu sein. Die Störungen gehen oft auf die Erziehung zurück, zum Beispiel wenn Mädchen mit der Auffassung erzogen werden, das Schicksal, Frau zu sein, sei ein Unglück, das nun einmal zu ertragen sei. Solche Frauen werden natürlich frigide werden.

Auch Impotenz ist normalerweise psychisch verursacht. Zu ihr kommt es, wenn der Mann es im tiefsten Inneren nicht wagt, sich an eine Frau zu binden, oder wenn er innerlich bereits mit ihr gebrochen hat, sie ihm also gleichgültig geworden ist, oder wenn er auf einem anderen Lebensgebiet etwas getan hat oder in eine Situation geraten ist, die er ihr gegenüber nicht verantworten kann. Aus alldem wird ersichtlich, wie wichtig die Erziehung zum Mitmenschen auch auf sexuellem Gebiet ist. Auch persönliches Liebesglück ist nur durch Leistungen von dauerhaftem Wert zu erreichen.

33. Frage: Professor Adler hat großes Interesse an der Frage betont, welche Stellung das Kind in der Geschwisterreihe einnimmt. Ich hätte darüber gern ein wenig mehr gewußt.

Antwort: Die Stellung des Kindes in der Geschwisterreihe ist von großem Gewicht für den gesamten Lebenslauf. Dieses Thema wurde früher in der psychologischen Literatur kaum berücksichtigt. Die meisten Beobachtungen bezogen sich auf Einzelkinder. Dem Einzelkind kostet es nur wenig Anstrengung, überall und immer im Mittelpunkt zu stehen, und dies versucht es dann auch im späteren Leben immer zu erreichen. Es bevorzugt die Gesellschaft älterer Menschen, weil es im Umgang mit ihnen geübt ist.

Die Individualpsychologie hat auch die Position des ältesten Kindes ins richtige Licht gerückt. Auch es befindet sich, wie das Einzelkind, in einer Ausnahmesituation, denn das erstgeborene Kind genießt am Anfang alle Aufmerksamkeit und Zuwendung. Doch die Geburt des zweiten Kindes wirft es in eine tragische Situation. Meistens versucht es mit allen Kräften, seine frühere Position zu behaupten, oder es sucht sich zu rächen für seinen Verlust. Das älteste Kind verehrt die Macht und neigt zu konservativen Ansichten, und alle Gedankengänge des Ältesten werden davon bestimmt! Er wehrt sich gewöhnlich gegen alle praktischen und theoretischen Erneuerungen.

Das zweite Kind befindet sich in einer günstigeren Lage. Es war nie allein, erlebt also keine Entthronung und wird am Anfang nicht so stark verwöhnt. Es gibt bereits ein Kind vor ihm, und so neigt es dazu, zu verfolgen, einzuholen und zu überflügeln. Das zweite Kind ist deshalb wie eine Dampfmaschine, die unter Druck steht. Oft entwickeln sich die zweiten Kinder besonders gut. Wenn es ihm gelingt, das erste Kind zu überholen, gerät es sozusagen in eine vorzeitige Blüte. Sollte ihm dies nicht gelingen, strebt es desto zielbewußter danach, sowohl im guten wie auch im schlechten Sinne. Zweite Kinder sind sowohl in Theorie wie in Praxis revolutionär. Oft setzen sie bei ihrem Kampf Kraft und Schlauheit ein, wie es die Bibel mit der Geschichte von Jakob und Esau meisterhaft schildert. Nach dem zweiten hat das jüngste Kind die beste Position. Zwar wird es fast immer verwöhnt, und alle freuen sich über das Kleinste, aber es folgt kein anderes mehr. Es spürt keinen Verfolger im Nacken. So wird das jüngste Kind oft stolz, voller Selbstvertrauen, fröhlich. Auch für das jüngste Kind haben wir ein ausgezeichnetes biblisches Beispiel mit der Geschichte von Josef.

Auch bei den anderen Kindern in der Geschwisterreihe kann man bestimmte kennzeichnende Charakterzüge erkennen. Die Rollen wiederholen sich häufig. Das dritte Kind kann, wenn es nach einer Pause zur Welt kommt, die Rolle des ersten aufnehmen, das vierte die des zweiten und so weiter. Jedes Kind, das vor einer längeren Pause geboren wird, kann die Rolle des jüngsten übernehmen. Oft bereitet das vorletzte Kind in einer längeren Geschwisterreihe Schwierigkeiten, zum Beispiel das fünfte von sechs Kindern. Solche Kinder wachsen zeitweise als »Benjamin« auf und werden später verstoßen. Etwas Besonderes ist auch die Rolle des einzigen Jungen unter mehreren Mädchen oder des einzigen Mädchens unter Jungen. In beiden Fällen wird das Kind entweder in dem meist »traditionellen«, an sich notwendigen Lebensstil des anderen Geschlechts erzogen oder aber, im Gegenteil, als Vertreter des anderen Geschlechts isoliert. Es kann dann entweder verwöhnt oder aber unterdrückt werden, je nachdem wie seine Geschlechterrolle von seiner Familie bewertet wird. Wenn man den Einfluß der Position in der Geschwisterreihe richtig beurteilt, tritt die Vererbung in den Hintergrund. Alle ersten, alle zweiten und alle jüngsten Kinder sind sich ähnlich.

34. Frage: Wie wird die Traumdeutung in der Individualpsychologie eingesetzt?

Antwort: Das Deuten von Träumen hat den Menschen seit Urzeiten beschäftigt; man hat schon immer gewußt, daß Träume nicht zufällig geträumt werden. Erst in der neueren Zeit hat man nach einer psychologischen Erklärung des Traumes gesucht. Kaum bekannt ist, wieviel der deutsche Dichter Hebbel darüber bereits wußte. In seiner Autobiographie erklärt er sinngemäß: Wenn jemand all seine Träume aufzeichnete, und außerdem bei allen Traumteilen alles, was ihm dazu einfällt, könnte man daraus seinen Charakter mit Sicherheit erklären. Dieser Gedanke Hebbels ist von Freud fast buchstäblich übernommen worden.

Freuds Auffassung war seinerzeit ein großer Fortschritt in der Traumlehre. Er beschränkte sich nicht auf den vordergründigen Inhalt des Traums, sondern erforschte das dahinter verborgene Material. Der Traum ist für ihn der Versuch des Unbewußten, ins Bewußtsein zu gelangen.

In seiner Traumdeutung hat Freud freilich eine Menge an Dingen vorgetragen, die lediglich seine Theorie stützen sollen und sich leicht als unrichtig erkennen lassen. Zum Beispiel seine Behauptung, in jedem Traum spiele die infantile Sexualität hinein und mit ihm würden infantile sexuelle Wünsche erfüllt. Die Annahme, alle Träume seien Wunscherfüllungen, ist sicherlich attraktiv, doch sie hilft uns nicht viel weiter, denn schließlich kann man jedes menschliche Wollen, Streben und Handeln als Wunscherfüllung bewerten.

Im allgemeinen können die Menschen mit ihren Träumen wenig anfangen. Sie verstehen die Bedeutung ihrer Träume so gut wie nie, genausowenig wie den Zusammenhang mit ihrem Wachzustand; aber auch unabhängig von Träumen geschieht es, daß man in Gedanken etwas sagt, ohne es zu kritisieren, zu untersuchen oder auch nur zu verstehen. Ich fand heraus, daß eine der Funktionen des Traumes darin besteht, bestimmte Stimmungen und Gefühle zu wecken, die man haben möchte, ohne sie aus der Realität ableiten zu können. Der Träumer benutzt den Traum und die von ihm geschaffenen Traumbilder, um solche im Streit mit dem gesunden Menschenverstand liegenden Emotionen aufkommen zu lassen. Träume werden also vom Lebensstil gebildet, immer dann, wenn der Träumer entgegen dem Common sense den gewählten Weg weitergehen möchte. Der Traum ist folglich ein Mittel, sich selbst zu betrügen, eine »Selbstvergiftung«. Der Träumer verschafft sich die seinem Lebensstil entsprechenden Gefühle, sobald er ein Problem nicht im Sinne des gesunden Menschenverstandes lösen kann oder will. Solche Selbsttäuschungen entstehen auch im wachen Zustand. Mit Hilfe der Phantasie oder auf andere Weise holt man sich Gefühle, die man braucht, um in eine bestimmte Richtung laufen zu können. Welche Mittel benutzt der Traum? Erstens werden von den

Eindrücken des vergangenen Tages bestimmte zum Lebensstil des Träumers passende Vorstellungen ausgewählt. Es ist also eine tendenziöse Auswahl. Zweitens benutzen Träume meistens eine bestimmte Bildersprache mit Symbolen oder Parabeln. Solche Symbole erleichtern es, den Verstand zu vernachlässigen. Parabeln werden übrigens gewöhnlich dann eingesetzt, wenn eine intellektuelle Beweisführung nicht gelingen will. Parabeln verleihen einer Angelegenheit außerdem Tiefe, durch welche die Aufmerksamkeit stärker gefesselt wird, und im allgemeinen entwerfen sie ein überzogenes Bild von der Wirklichkeit. Des weiteren reduziert der Traum ein Problem sozusagen auf eine Kleinigkeit. Ein Student zum Beispiel, der unter starken Prüfungsängsten litt, träumte am Tag vor der Prüfung, die er bereits mehrmals verschoben hatte, daß er von einem hohen Berg stürzt. Die Bedeutung des Traums liegt auf der Hand: Der Träumer warnt sich vor dem lebensgefährlichen Sturz. Vielleicht wird er die Prüfung wieder hinausschieben, obwohl sein Verstand ihm sagt, er solle durchhalten. Für seinen Lebensstil hat er aus dem großen, komplizierten Lebenszusammenhang nur die eine Angst vor dem Sturz herausgegriffen.

Man kann lernen, Träume zu verstehen. So sind Sturzträume immer Warnungen bei Menschen mit zuwenig Mut. Flugträume gehören zu ehrgeizigen Menschen, die etwas unternehmen möchten, was eigentlich ihre Kräfte übersteigt. Deutungen werden jedoch leicht falsch, wenn man zu schematisch vorgeht und bestimmte Symbole auf gleiche Art und Weise erklärt, wie es in der Psychoanalyse geschieht. Das ist keine Wissenschaft. Man sollte das, was ein Mensch träumt, zu seinem ganzen weiteren Leben in Beziehung setzen, denn es ist sicher, daß er im Traum die gleiche Richtung einschlagen wird, die er auch sonst verfolgt. So träumen zum Beispiel Menschen, die in ihrem Leben oft etwas versäumt haben, daß sie den Zug verpassen. Menschen, die sich vor anderen schämen, träumen, sie gingen nackt über die Straße. Mit ein wenig Übung kann der Traum eine große Hilfe sein, um einen Menschen zu verstehen.

35. Frage: Wieviel Zeit braucht es, einen 40jährigen Quartalssäufer zu heilen?

Antwort: Wenn der Patient in der Lage ist, logisch zu denken, und man die Möglichkeit hat, ihn gleich zu Anfang der Kur aus seiner gewohnten Umgebung zu holen, kann er schon nach acht Tagen auf dem richtigen Weg sein. Dann sollte man ihn gänzlich zu überzeugen suchen und mit ihm den neuen Lebensstil einüben. Das dauert im Durchschnitt sechs bis acht Wochen, manchmal aber auch viel länger.

36. Frage: Ein Mann wird fast in jeder Nacht von dem Gedanken gequält, daß er nicht so gut, so voller Liebe ist, wie er eigentlich sein sollte. In seinen Kinderjahren hat er viel über Liebe und Bekehrung gehört, hat jedoch nie an sich selbst erfahren, wie es ist, zu einem anderen Menschen zu werden. Nachts fühlt er sich wie ein Angeklagter vor Gericht und leidet unter schier unerträglichen Angstanfällen.

Antwort: Dieser Mann versucht sich selbst zu erziehen. Aber er sagt sich dabei: »Ich möchte wohl, aber...« Die Träume lassen erkennen, daß er dem Guten nachstrebt. Ob es jedoch gelingt, wird sich noch herausstellen. Uns interessiert nur die Frage: »Ist dieser Mensch wirklich gut und liebevoll? Oder hat er diese Träume nur, um sich selbst zu beweisen, welch ein guter Mensch er eigentlich sei?« Er beweist sich selbst, daß er gut sein möchte. Es würde uns besser gefallen, wenn er nachts ruhig schlafen könnte und statt dessen tagsüber auf dem richtigen Weg wäre. Im großen und ganzen handelt es sich um einen Sturm im Wasserglas. Vielleicht möchte er sich vor sich selbst mit seiner Schlaflosigkeit entschuldigen, daß er tagsüber nicht genügend zustande bringt. Das müßte man untersuchen. Es ist jedoch sicher, daß es sich hier um einen ernsteren Fall handelt. Der Lebensstil ist deutlich neurotisch, er zeigt deutlich das Schema des »Ja – aber«.

37. Frage: Was meint Professor Adler zur Vergeßlichkeit? Wie steht es mit der Heilung?

Antwort: Vergeßlichkeit ist kein organisch verursachtes Phänomen. Sie ist ein Zeichen dafür, daß ein Mensch nicht kooperiert und möglichst viel von dem ausschaltet, was nicht zu seinem Lebensstil paßt. Dieselbe Person vergißt in einer Situation viel, in einer anderen nichts. Man vergißt meistens, was man vergessen möchte. Dabei sollten wir bestimmte Hirnerkrankungen beiseitelassen, zum Beispiel das Korsakow-Syndrom, das hauptsächlich im höheren Alter vorkommt und Menschen fast alles aus jüngster Zeit vergessen läßt, während sie sich an das meiste aus der weit zurückliegenden Vergangenheit erinnern. Bei der Epilepsie können Menschen Namen, Beruf und alles weitere von sich selbst vergessen. Ähnliches kann auch geschehen, wenn jemand seiner ganzen Lebenssituation und seiner Persönlichkeit am liebsten entfliehen möchte. In anderen Fällen von Vergeßlichkeit, bei denen keine bestimmte Krankheit im Spiel ist, wird man herausfinden müssen, ob der Lebensstil falsch ist, und man kann ihn dann mit Hilfe der Individualpsychologie korrigieren.

38. Frage: Welches könnte die Ursache dafür sein, daß ein Schulmädchen sich stets besonders schämt, wenn sie ein neues Kleid oder ein neues Kleidungsstück anziehen soll?

Antwort: Sich in einem neuen Kleid den Menschen zeigen, bedeutet so etwas wie eine Prüfung ablegen: »Was werden die Leute wohl von mir sagen?« Um mehr über diesen Fall sagen zu können, benötigen wir mehr Daten. Vielleicht möchte das Mädchen sich häufiger verstecken, möchte unbemerkt bleiben.

39. Frage: Professor Adler nennt drei Faktoren, die bei der Entwicklung des Kindes eine wichtige Rolle spielen. Erstens die Erbanlagen, zweitens Milieu und Erziehung, drittens die freie schöpferische Kraft des Kindes. Der dritte Faktor wird besonders betont. Wenn aber für eine falsche Entwicklung des Kindes meistens Verzärtelung verantwortlich ist, handelt es sich dann nicht um einen Erziehungsfehler? Ein Kind, das nicht verzärtelt werden möchte, würde sich laut Adler auch nicht verzärteln lassen. Er weist jedoch immer wieder darauf hin, wie sehr man vom Lebensstrom getragen und von der Umgebung beeinflußt wird. Auch die Stelle in der Geschwisterreihe ist nach seinen Worten entscheidend. Wo bleibt da die schöpferische Gestaltung des Lebensstils durch das Kind selbst?

Antwort: Natürlich verfügt jeder Mensch über Erbanlagen. Dies heißt jedoch nur, daß es eine große Zahl von potentiellen Möglichkeiten besitzt, und das gilt für alle Menschen. Selbstverständlich muß das Kind bei seinem Überlegenheitsstreben die Struktur des gegebenen Milieus, seiner Umgebung, mit in Betracht ziehen. Wie es jedoch seine ererbten Eigenschaften und die Struktur seines Milieus verwendet, hängt von seiner schöpferischen Kraft ab. Die Erzieher können eigentlich nichts anderes tun, als darauf zu achten, wie das Kind sich verhält. Wenn sie beobachten, daß das Kind den falschen Weg einschlägt, dann können und sollen sie die Struktur des Milieus ändern, so daß das Kind auf seinem Weg innehalten und eine neue Wahl treffen muß. Die Aufgabe der Erziehung ist deshalb so immens, weil weder gute Erbanlagen noch gute Einflüsse eine gute Entwicklung garantieren. Der Erzieher sollte ständig darauf achten, wie das Kind sich der beiden Faktoren bedient. Das »ideale Kind« würde alles ihm Angebotene auf die richtige Art und Weise aufnehmen und anwenden. Das verzärtelte Kind ist kein Produkt seiner Umgebung, sondern sein eigenes. Es hat sich selbst verwöhnt und erreicht dies unter Bedingungen, bei denen man es normalerweise für unmöglich halten würde. Den verwöhnten Lebensstil eines Menschen sollte man also nicht aus dem Verhalten seiner Umgebung zu erklären suchen, sondern vielmehr aus dem eigenen Verhalten. Es kann geschehen, daß ein Kind, auch wenn seine Umgebung versucht es zu verzärteln, sich trotzdem zur Selbständigkeit entwickelt. Doch es kann auch geschehen, daß das Kind, obwohl seine Umgebung streng ist, sich trotzdem den verwöhnten Lebensstil aneignet. Auch verwahrlosten Kindern gelingt es infolge ihres übergroßen Verlangens nach Wärme, sich den verwöhnten Lebensstil zuzulegen.

13. Liebe und Ehe

Diskussion

Der Geschlechtsunterschied ist ein Problem, das wir alle mit unserem ganzen Leben zu lösen versuchen. Eine der größten Schwierigkeiten, welche die richtige Lösung behindern können, liegt darin, daß die Art unserer Antwort bereits in den Kinderjahren festgelegt wird. Das Liebesproblem wird im allgemeinen viel unzulänglicher gelöst als zum Beispiel das Berufsproblem, denn auf ersteres werden wir viel schlechter vorbereitet. Wie sieht eigentlich unsere Vorbereitung auf diesem Gebiet aus, einem Gebiet, das einen so großen Einfluß auf die Zukunft des Menschengeschlechts hat und daher schlechterdings nicht nur als persönliches Problem angesehen werden kann? In erster Linie kommt es auf das Beispiel der Eltern an. In unserer Zeit bedeutet dies häufig keine gute Einübung, denn allzu viele Ehen sind unglücklich. Zur Vorbereitung gehören auch Freundschaft und Zuneigung zwischen Geschwistern, die häufig noch unsere beste Schule für das Zusammenspiel zweier Menschen abgeben. Wenn Sexualität ins Spiel kommt, geben Freundschaften auch den Weg vor, den man auf dem Gebiet der Liebe gehen sollte. Auch die Literatur spielt eine ziemlich wichtige Rolle. Das Liebesproblem nimmt in der Literatur jedoch einen ungleich größeren Stellenwert ein als im Alltagsleben, so daß das Kind den Eindruck gewinnen kann, die Liebe stelle bei weitem das wichtigste Lebensproblem dar. Außerdem handelt die schöne Literatur fast ausschließlich von unglücklichen oder sehr komplizierten Liebesbeziehungen. In der gesamten Weltliteratur finden wir vielleicht drei oder vier gute Romane, in denen einfache, gesunde Liebesbeziehungen im Mittelpunkt der Handlung stehen. Solche Bücher werden jedoch nur wenig gelesen. Im allgemeinen ist unsere Vorbereitung auf Liebe und Ehe also höchst mangelhaft. Wie ist das Liebesproblem eigentlich beschaffen?

1. Liebe ist eine persönliche Aufgabe des Menschen, und sie verlangt, wie jede andere Aufgabe auch, den Entschluß, sie ganz und bis zum Schluß zu erfüllen. Dazu bedarf es einer optimistischen Einstellung im Hinblick auf Erfolg.
2. Die Aufgabe sollte in engem Zusammenhang mit dem übrigen Leben des Menschen wie auch mit der Entwicklung der ganzen Menschheit gesehen werden. Sie verlangt vom Individuum eine Leistung von dauerhaftem Wert.
3. Bei der Liebe handelt es sich um eine gemeinsame Aufgabe von zwei Personen. Im allgemeinen sind die Menschen besser auf Pflichten vorbereitet, die sie allein oder in einer bestehenden Organisation zu erfüllen haben. Vielleicht wurde das Tanzen erfunden, weil man meinte, Kooperation und Beziehung zweier Menschen auf diese Weise fördern zu sollen. Das Tanzen hat in dieser Hinsicht sicher großen Wert, genauso wie das gemeinsame Spielen zweier Kinder, das Zusammenarbeiten zweier Studenten und andere ähnliche Tätigkeiten. In manchen Gegenden herrscht der alte Brauch, daß man einem verlobten Paar eine Säge in die Hand gibt und es einen Baum zersägen läßt. Wenn dies gut vonstatten geht, soll die Ehe glücklich werden.

Ohne gegenseitige Achtung und Wertschätzung ist ein gemeinschaftliches Lösen von Problemen nicht denkbar. Doch in dieser Hinsicht ist unsere Kultur ein Störfaktor. Schon in den frühesten Kinderjahren wachsen die Jungen mit dem Gefühl auf, Mädchen überlegen zu sein, zumindest mit dem Gefühl, sie sollten diese Überlegenheit erreichen. Die Mädchen dagegen werden gepeinigt vom Bewußtsein einer, wenn auch fiktiven, Unterlegenheit. Während der Pubertät wünschen sich mindestens 60 Prozent der Mädchen, ein Junge zu sein, während höchstens zwei Prozent der Jungen lieber ein Mädchen wären. Diese falsche Wertschätzung der Geschlechter geht zurück auf die Erfindung des Krieges, und sie wird erst aufgehoben, wenn es gelungen ist, Kriege unmöglich zu machen.

Als ich einmal in einer amerikanischen Stadt einen Vortrag hielt und über die höhere Wertschätzung sprach, die der Mann genießt, wurde ich vom Leiter der Versammlung heftig angegriffen, denn er war der Meinung, daß meine Ansicht, soweit es um Amerika ginge, nicht richtig sei. Was ich auch vorbrachte, um meine Einschätzung zu belegen, wurde zurückgewiesen. Als wir jedoch nach Vortragsende gesellig zusammensaßen, erzählte derselbe Mann, daß er fünf Töchter habe, und er fügte hinzu: »Erzählen Sie mir mal, was jemand mit fünf Töchtern anfangen soll?« – »Wären es fünf Söhne, würden Sie mich das nicht fragen«, war meine Antwort. Da wurde auch ihm klar, daß meine Ansicht nicht aus der Luft gegriffen ist.

Liebe ist also eine Aufgabe, die nach endgültiger Entscheidung zwei Menschen, die sich gegenseitig wertschätzen, in optimistischer Einstellung lösen sollten. Zwischen ihnen muß außer geistiger auch körperliche Anziehung bestehen. Die Lösung dieses komplizierten Problems wird häufig dadurch erschwert, daß die meisten Menschen im Mittelpunkt stehen und über andere bestimmen wollen. Der Lebensstil des verwöhnten Kindes!

Weil Liebe eine Aufgabe darstellt, gibt sie uns auch nur im Falle des Gelingens ein persönliches Glücksgefühl. Auch wer in der Liebe nur sein eigenes Glück sucht, kann sich diesem unverrückbaren Faktum nicht entziehen. Viele Menschen vermögen nicht die richtige Einstellung zur Liebe zu finden. Andere sind durch ihren Mangel an Optimismus und Selbstvertrauen gehindert, sexuelle Gefühle zu entwickeln, während wieder andere nie gelernt haben, mit jemand anderem zusammenzuarbeiten. Ohne ein Gefühl der Hingabe ist Liebe nicht möglich. Diese Hingabe wird leicht als Abhängigkeit vom Partner angesehen, der auf diese Weise vermeintlich Überlegenheit gewinnt. Wer also einen Lebensstil hat, der ihm absolute Überlegenheit vorschreibt, ist für die Liebe verloren.

Wenn sexuelle Gefühle von Liebe, Achtung und Hingabe losgelöst werden, entarten sie zu Perversion oder Neurose. Solche Verirrungen werden stets in den Kinderjahren vorbereitet. Die meisten Eltern sind heutzutage nicht in der Lage, ihren Kindern auf dem Gebiet der Liebe die richtige Erziehung zu geben. Deshalb sollte die Schule auch auf diesem Gebiet versuchen zu korrigieren, was noch zu korrigieren ist, und die Kinder auf die Liebe vorzubereiten. Jungen und Mädchen sollten gemeinsam aufwachsen, lernen und leben.

Auch die Unterrichtsergebnisse im eigentlichen Sinne sind abhängig von der Möglichkeit zur Kooperation. Weder Jungen noch Mädchen sollten unter dem Druck aufwachsen, sich dem anderen Geschlecht gegenüber beweisen zu müssen. Wir haben schon erörtert, welchen Schaden Mädchen davontragen können, wenn sie sich in die Aussichtslosigkeit einer vermeintlich minderwertigen Existenz fügen oder sich dem sinnlosen männlichen Protest hingeben.

In früheren Zeiten war Liebe in der Bedeutung, die wir diesem Begriff heute geben, ein sehr seltenes, außergewöhnliches Phänomen. Fälle wie Petrarcas Laura und Dantes Beatrice gehören zu den großen Ausnahmen. Später häuften sich solche Fälle, doch sie beschränkten sich auf die höheren Schichten. Heutzutage beobachten wir Liebesbeziehungen in der ganzen Bevölkerung. Vielleicht hängt das mit leichteren Arbeitsbedingungen und mehr Freizeit zusammen. Die Liebe löst sich immer mehr von der Fortpflanzung, obwohl dies natürlich nie ganz möglich ist. Sie hängt jedoch nicht mehr so ausschließlich daran gekoppelt wie in Zeiten, in denen die Menschheit verlorengewesen wäre, hätte sie sich nicht besonders zahlreich fortgepflanzt. Heute sind die Gesellschaften aufgrund wirtschaftlicher Umstände nicht mehr auf eine ganz so schnelle Vermehrung angewiesen, und in Ländern, in denen trotzdem auf stärkeres Bevölkerungswachstum gedrängt wird, stehen dahinter militärische Gründe.

Die einzige Möglichkeit, die erschreckend hohe Zahl unglücklicher Ehen und Liebesverhältnisse zu verringern, besteht in der Stärkung des Gemeinschaftsgefühls. Was wir in dieser Hinsicht als Erbgut mitbekommen haben, reicht nicht mehr aus. Wir werden es heranziehen und vergrößern müssen. Die sexuelle Aufklärung der Jugend wird so beschaffen sein müssen, daß sie die heranwachsende Generation auf die höherwertige Liebe vorbereitet. Über den begrenzten Nutzen, den die theoretische Aufklärung in dieser Hinsicht besitzt, haben wir bereits gesprochen. Sexualität oder Liebe dürfen dem Kinde gegenüber nie herabgewürdigt oder in ein ungünstiges Licht gestellt werden. Auch sollte jede Sexualaufklärung stets mit dem weiteren Leben, der Gesamtsituation und den Gefühlen des Kindes übereinstimmen. Wie kann man erkennen, ob jemand auf Liebe und Ehe ausreichend vorbereitet ist? Man kann dies sozusagen aus »Tests« erschließen, sofern diese in ihrer wahren Bedeutung verstanden werden.

Erstens sollte feststehen, daß die Wahl einem gesunden Partner gilt. Die Zukunft und der Wert der Ehe verlangen dies. Wer einen kranken Partner wählt, ist auf Liebe und Ehe schlecht vorbereitet.

Nicht selten haben Mädchen eine Vorliebe für schwache, mißgebildete, tuberkulöse Männer, für Alkoholiker oder Landstreicher. Sie bilden sich ein, solche Männer heilen zu können. Man kann jedoch solche Frauen nicht eindringlich genug warnen, denn solche Heilungsversuche gelingen nie. Genausowenig sollte man einen Partner wählen, weil er krank ist. Schwächlinge enttäuschen den dominierenden Partner immer; sie sind die unangenehmsten Lebenspartner, die man ich vorstellen kann.

Zweitens sollte eine körperliche und psychische Anziehung bestehen.

Drittens sollte der Partner Freunde haben, damit man erkennt, daß er mit anderen zusammen leben und arbeiten kann.

Viertens sollten seine gesellschaftlichen Interessen auch auf dem Gebiet des Berufslebens sichtbar werden. Für ihn sollte es wichtig sein, etwas zustande zu bringen und zu leisten.

Schließlich sollte das Interesse für den anderen stärker sein als für sich selbst. Ob dies so ist, ist nicht leicht zu entscheiden, doch man sollte dennoch ein möglichst klares Urteil gewinnen, zum Beispiel auch dann, wenn man jemanden beraten soll. Oft kann man sich dabei nach angeblichen Kleinigkeiten richten. Wenn zum Beispiel jemand seinen Partner, mit dem er verabredet ist, ohne triftigen Grund bei Wind und Wetter warten läßt, hat er mit Sicherheit nicht das richtige Interesse.

Auf einem Studentenfest stellte ein Student mir seine Verlobte vor. Als sie dann später miteinander tanzten, rutschten sie aus, und das Paar stürzte. Als ich schnell dorthin ging, sah ich bestürzt, wie der junge Mann, statt dem Mädchen aufzuhelfen, sie mit einer Hand auf den Boden drückte, während er mit der anderen den Boden abtastete. Ich half dem Mädchen auf und fragte den Studenten ärgerlich: »Was machst du denn da?« Er antwortete: »Beim Aufstehen hätte sie meine Brille zertreten können. Sie ist runtergefallen!« Solch ein Verhalten ist sicherlich keine richtige Einstellung zur Ehe. Im täglichen Leben kommt es zu vielen ähnlichen Vorfällen. Man sollte sie nicht provozieren, aber wenn sie sich ergeben, sollte man sie beachten und bei der Urteilsbildung berücksichtigen. Berücksichtigt man außerdem die fünf früher genannten Gesichtspunkte, dann kann man sicher sein, keine falsche Wahl zu treffen.

Manche jungen Menschen, zumeist Männer, sind der Meinung, eine endgültige Entscheidung sei bei der Wahl nicht notwendig, sie sei sogar unüblich. Wer wollte von vornherein wissen können, ob die Anziehung von Dauer sein werde? So fragen sie, und so hat es verschiedentlich Versuche gegeben, einer endgültigen Entscheidung auszuweichen, etwa durch die Ehe auf Probe oder die »Kameradschaftsehe«. Ich habe mich immer gegen solche Experimente ausgesprochen, denn sie führen nie zu einer befriedigenden Lösung und gehen immer zu Lasten der Frau. Richter Lindsay, der als erster »The Companion Marriage« vorgeschlagen und propagiert hat, ließ diese Vorstellung wieder fallen, nachdem sie in kurzer Zeit zuviel Schaden angerichtet hatte. Es gibt also keine andere Lösung: Der Mensch hat seine Entscheidung von vornherein und endgültig zu treffen.

Wer im Zweifel ist, wird einfach warten müssen, bis er sicher ist; er wird sich aber auch fragen müssen, ob er nicht womöglich in jedem Falle zweifeln würde. Wenn jemand vorbringt, seine soziale oder finanzielle Situation sei unzureichend, sollte man vorsichtig sein. Oft ist das nur eine Ausrede, die eine Entscheidung verhindern soll; es kann sich um ein Hinhaltemanöver handeln. Man gibt sich dann nicht die Mühe, ein ausreichendes Einkommen und eine gute Position zu erlangen. Wenn die äußeren Umstände tatsächlich ein großes Hindernis darstellen, können die Betreffenden vielleicht so lange bei den Eltern wohnen bleiben, bis sie sich ein eigenes Heim leisten können. Sie wären dann wenigstens verheiratet, und das wäre für beide Seiten besser, als gar keine Entscheidung zu treffen. Auf alle Schwierigkeiten, die in diesem Zusammenhang auftreten können, können wir nicht weiter eingehen. Entscheidend ist, daß man auch die Ehe im Zusammenhang mit der Entwicklung der Menschheit sehen sollte und das Gelingen der Ehe durch Stärkung des Gemeinschaftsgefühls begünstigen sollte.

40. Frage: Ich möchte fragen, was man unter dem Begriff »Gemeinschaftsgefühl« zu verstehen hat.

Es gibt in dieser Frage viele Mißverständnisse. Auch der Herrschsüchtige glaubt, er setze sich für die Gemeinschaft, für das Ganze ein. In der alten patriarchalischen Familie galt der Vater nach seiner Meinung wie auch nach der anderer als alleiniger Vertreter der Familie. Darin können wir auf keinen Fall ein Gemeinschaftsgefühl erkennen. Andererseits ist es genauso falsch, wollte jemand nur für andere leben, denn das wäre völlige Selbstaufgabe und würde schließlich zum Verlust des Selbst führen, und das würde, wenn es sich allgemein durchsetzte, das Ende der Gemeinschaft bedeuten. Gemeinschaft ist eine Verbindung vieler Personen, in der das Individuum weder für sich allein noch ausschließlich für andere lebt und arbeitet, sondern in der jedes Mitglied sich für das Allgemeinwohl einsetzt. Das Zusammenspiel, die Gegenseitigkeit menschlicher Beziehungen sollte im Vordergrund stehen. Will man zu einer solchen Gesellschaft hinführen, sollte man die Erziehung von Anfang an darauf ausrichten. In unseren Schulen jedoch sollen sich zum Beispiel die Kinder soviel Wissen wie möglich zueigen machen. Man behandelt Wissen und Leistung wie persönlichen Besitz und fördert die Konkurrenz untereinander, den persönlichen Ehrgeiz und die Habsucht. Darf man sich unter diesen Umständen wundern, daß alle Versuche, dem Kind mit Vorhaltungen soziale Gefühle beizubringen, mißlingen müssen? Auch bei Freundschaft und Liebe geht es zu oft nur darum, von dem anderen Besitz zu ergreifen. Auch in dieser Hinsicht muß durch frühzeitige Übung in Zusammenarbeit, Kameradschaft und allgemein guter Verständigung untereinander für eine andere Einstellung gesorgt werden. Man sollte schon in der Schule Common sense, Gemeinschaftsgefühl und Zusammenarbeit fördern.

Antwort: Meine Auffassung von Gemeinschaftsgefühl stimmt vollständig mit der des vorigen Redners überein. Wer für die Gemeinschaft arbeiten will, darf sich selbst nie vernachlässigen und noch weniger aufgeben. Er sollte sich weiterentwickeln, wenn seine Leistungen für das Allgemeinwohl von Wert sein sollen.

41. Frage: Kann man in diesem Zusammenhang das Problem der Religion ausklammern? Handelt es sich nicht eigentlich um eine Art Religion? Religion ist doch im wahren Sinne Zusammenhang, Verbundenheit, Liebe. Kann man auf rein wissenschaftlichem Weg für solche Lebensziele entscheiden, ohne sich mit der Religion zu beschäftigen?

Antwort: Wenn man die Gemeinschaft von Menschen als Religion verstehen möchte, gibt es nichts dagegen einzuwenden. Man tut jedoch besser daran, Wissenschaft und Religion auseinanderzuhalten. Natürlich kann man bei psychologischen Untersuchungen, besonders sozialpsychologischen, das Problem der Religion nicht ausschalten. Man betrachtet es dann jedoch im Rahmen der Psychologie. Auch sollte man die Psychologie nicht mit religiösen Begriffen vermengen. Es bringt nichts, wenn man, wie es manche tun, religiöse Gefühle als Grundlage der Psychologie verwendet. Wissenschaftliche Untersuchungen werden dann mit Gewalt in eine bestimmte Richtung gelenkt. Damit verträgt sich die Wissenschaft nicht, denn für sie gilt nur ein Gesetz: kein Widerspruch zwischen ihren Hypothesen und Fakten. Ich habe oft darauf hingewiesen, daß viele Gedanken verschiedener Religionen übereinstimmen mit denen der Individualpsychologie, weil alle Religionen letztendlich das Gemeinschaftswohl zum Ziel haben. Dies sollte uns jedoch nicht dazu verleiten, wissenschaftliche Ergebnisse der Kritik zu entziehen. Das gleiche gilt für die Politik. Die Individualpsychologie sollte sich auch in dieser Hinsicht ihre wissenschaftliche Freiheit bewahren; sie hat zu untersuchen, ob Religion oder politische Tendenz wirklich dem Allgemeinwohl dienen. Individualpsychologie und Religion stehen jedoch nicht miteinander im Widerspruch. Die Individualpsychologie beansprucht zwar einen zentralen Platz innerhalb der Wissenschaften und Religionen, doch sie fordert keine dominierende Position. Sie fördert Dinge zutage, die sie als gesichert betrachtet, und überläßt es jedem selbst, ihre Erkenntnisse zu nutzen. Da sie die Dinge in Zusammenhang mit der Entwicklung der Menschheit, also mit einer ferneren Zukunft sieht, kann sie oft auf die Folgen bestimmter Fehler aufmerksam machen und vor solchen Mißgriffen warnen. Das ist einer der Gründe, weshalb viele Menschen in ihr etwas von einer Religion zu entdecken meinen. Das jedoch ist nicht richtig gesehen. Jede Religion stellt Gebote auf und beruft sich auf eine überirdische Instanz. Die Individualpsychologie dagegen stellt nur fest: wer so oder so handelt, hat diese oder jene Folgen zu gewärtigen. Sie erläßt keine Verbote oder Gebote.

Die Individualpsychologie zeigt bestimmte Zusammenhänge auf, vermittelt bestimmte Einsichten. Möchte man sich dieser Einsichten bedienen, im Leben, in Religion, Erziehung, Politik, Beruf oder in der Liebe, dann ist dagegen nichts einzuwenden. Möchte man dies nicht, kann der Individualpsychologe sich ruhig verabschieden und gehen. Dies ist eine ganz andere Haltung den Dingen gegenüber als die der Religion.

42. Frage: A. S. Neill behauptet, die Neigung von Kindern zu zerstören sei Folge ihrer sexuellen Wißbegierde und verliere sich nach sexueller Aufklärung. Trifft dies zu?

Antwort: Diese Auffassung von Neill stammt aus der Psychoanalyse, sie ist sehr einseitig. Manchmal liegt dem Zerstörungsdrang wirklich sexuelle Neugierde zugrunde. Im allgemeinen jedoch ist der erstere eher ein purer Wissensdrang, der nicht notwendig mit sexueller Neugierde einhergehen muß. Auch bei aufgeklärten Kindern kann unersättliche Wißbegierde bestehen. Manchmal liegt dem Zerstörungsdrang eine große Wut zugrunde, die sehr unterschiedliche Ursachen haben kann. Deshalb kann der Zerstörungsdrang nach sexueller Aufklärung nachlassen, weil er nichts mit sexueller Wißbegierde zu tun hat. Das Zerstören wird eingestellt, weil sich der Erwachsene nach der Sexualaufklärung mit dem Kind besser versteht. Fehldeutungen dieser Art gibt es auch auf dem Gebiet der Neurosen. Die von Neill stammende Auffassung ist vor allem deshalb irrig, weil sie alle Fälle auf eine Ursache zurückführt und auf diese Weise auffällige und wichtige Umstände übersehen werden. Oft handelt es sich beim Zerstörungsdrang um nichts anderes als eine von der Umgebung nicht als solche anerkannte positive Leistung.

43. Frage: Sind Konflikte zwischen Eltern und Kindern unvermeidbar?

Antwort: Es kommt nicht immer, aber doch oft, zu Konflikten zwischen der älteren und der jüngeren Generation, allerdings aus verschiedenen Gründen. Konflikte zwischen Vätern und Söhnen sind allgemein verbreitet und werden auch in der Literatur oft beschrieben. Jedes Kind spürt inneren Widerstand gegen Autorität und Übermacht. Konflikte verstärken sich, wenn der Vater auf die eine oder andere Weise hervorragt oder seinen Willen allzu massiv durchzusetzen versucht. Im letzteren Fall ist er nicht Freund, sondern Gebieter. Der Sohn kann sich einem solchen Vater gegenüber schwer behaupten. Widerstand ist unvermeidlich, er nimmt oft passive, zuweilen aber auch aktive Formen an. Daß berühmte Väter selten besonders hervorragende Söhne haben, liegt nicht an einer Erschöpfung der Erbmasse, sondern ist eine rein psychologische Erscheinung.

Der Konflikt zwischen der älteren und der jüngeren Generation wird größer in Zeiten wie den heutigen, in der die jüngere Generation besonders benachteiligt ist. Die ältere Generation hat noch eine Zeit gekannt, in der es, wenn man sich Mühe gab, ziemlich einfach war, weiterzukommen, eine Zeit also, in der man etwas erreichen konnte. Die Jüngeren kennen diese Zeit nur vom Hörensagen und fühlen sich mehr oder weniger bewußt benachteiligt. Alle höheren Positionen sind heutzutage von älteren Menschen besetzt. Hinzu kommt, daß viele Menschen ihren materiellen Lebensumständen für ihr Persönlichkeitsgefühl großes Gewicht beimessen. Der Mensch lebt auch länger als früher, ist länger arbeitsfähig und deshalb schwerer von seinem Platz zu verdrängen. Dies alles erzeugt eine gereizte Stimmung der Jüngeren den Älteren gegenüber. Wenn Konflikte zwischen Vater und Sohn, Mutter und Tochter häufig gravierender sind als zwischen Vater und Tochter, Mutter und Sohn, dann sollte man nicht in erster Linie an sexuelle Motive denken, denn diese Konstellation ist weit eher psychologisch von Bedeutung. Kinder haben gegenüber dem gleichgeschlechtlichen Elternteil ein stärkeres Minderwertigkeitsgefühl als gegenüber dem andersgeschlechtlichen.

14. Massenpsychologie

Diskussion

Die Bezeichnung »Individualpsychologie« heißt nicht, daß diese Psychologie sich nur mit einzelnen Individuen beschäftigt, im Gegenteil: Eines ihrer wichtigsten Merkmale ist gerade, daß sie das Individuum stets im Zusammenhang mit den Aufgaben in seiner Lebenswelt und also auch in seinem Verhältnis zu anderen Individuen untersucht. Sie hat sich also schon von daher mit der Frage der Massenpsychologie zu beschäftigen.

Eine »Masse« kann man nicht definieren als Gesamtheit ihrer Individuen, sie bildet vielmehr eine eigene Einheit. Jedes Individuum besitzt einen Teil der Massenpsyche. Über sie bestehen sehr unterschiedliche Auffassungen, zum Beispiel die, welche die Masse als Summe ihrer Teile ansehen. Dann die Auffassung von LeBon, die eine Brücke bildet zu jener von der Masse als strebender Einheit. Weiter die Auffassung Freuds, der die Masse als mit Libido besetzte Repräsentation väterlicher Autorität, also als Vaterersatz, erklärt. Schließlich die von Karl Marx entworfene, wesentlich fundiertere Gesellschaftstheorie, nach der die Masse ihren Charakter nach der Art und Weise bildet, wie sie ihren Lebensunterhalt erwirbt, wogegen die Gedankenwelt als Überbau wirtschaftlicher Verhältnisse gesehen wird.

Völlig richtig ist diese Auffassung allerdings nicht, denn die Lebensumstände und die Probleme der Außenwelt werden vom menschlichen Individuum bearbeitet und ausgewählt werden. Die Individualpsychologie hat da die einleuchtendere Vorstellung: Die schöpferische Kraft des einzelnen Menschen bestimmt, wie er seine Lebensumstände aufnimmt und beantwortet. Trotzdem ist anzuerkennen, daß über sehr lange Zeitspannen hin, über Tausende von Jahren, die Auffassung von Marx zutreffend ist, denn alle Individuen mit falscher Antwort auf die Probleme der Außenwelt werden allmählich ausgesondert.

Die Massenpsychologie, oder das was man gewöhnlich darunter versteht, beschäftigt sich hauptsächlich mit Ausnahmezuständen der Masse: mit Massenpsychosen, Kriegen, Revolutionen und so weiter. Sie bilden jedoch nur den kleinsten und weniger wichtigen Teil der Massenpsychologie. Eigentlich sollte jede psychische Bewegung des Individuums auch massenpsychologisch betrachtet werden. Zum Beispiel, die Sprache, der persönlichste Besitz eines jeden Menschen, ist gleichzeitig System einer Gruppe von Menschen; sie kann nur in einer großen Gruppe entstehen und lebendig bleiben. Wer gut sprechen möchte, sollte so sprechen wie alle anderen. Die Sprache entwickelt sich unter dem Einfluß äußerer Umstände, und so entstehen Gruppensprachen, Dialekte, Berufssprachen, oft sehr ausdrucksvolle »Slangs«. Kriege, Beziehungen zu anderen Völkern, neue Erfindungen verändern die Sprache. Dennoch sieht das Individuum seine Sprache als intimsten Besitz an.

Genau das gleiche gilt auch für den Verstand. Auch hier schwebt uns als Ideal eine Art zu denken vor, an die sich jeder halten sollte. Der Begriff »Common sense« deutet den gemeinschaftlichen Charakter dessen an, was man »Verstand« zu nennen pflegt.

Auch die Mode zwingt den einzelnen, sich weitgehend zu fügen, wie sehr er auch sein eigenes Äußeres als persönliche Angelegenheit zu betrachten pflegt. Auch der Gebrauch von Sprichwörtern beweist den sozialen Charakter der Sprache. Sträflinge, Verbrecher, Revolutionäre, allgemein alle Menschen, die nicht anerkannt und nicht verstanden werden möchten, bilden ihre eigene Sprache. Bestimmte Sprach- und Denkformen findet man beim größten Teil der Menschheit wieder. Fragt man verschiedene Personen nach der ersten Zahl, die ihnen einfällt, nennen sie gewöhnlich die Zahl 7. Sollen sie eine einfache geometrische Figur zeichnen, dann wählen sie meistens ein Dreieck. Dies ist so auffällig, daß man zuweilen an Gedankenübertragung gedacht hat, während es sich in Wirklichkeit nur um alltägliche massenpsychologische Phänomene handelt.

All unsere Traditionen, Handlungen, Aberglauben und so weiter sind uns als Mitglieder einer Masse eigen. Eine besondere Rolle spielt die Massenpsychologie in der Religion. Das Streben nach Überwindung, in die Höhe, gehört zu jedem Geschöpf und äußert sich meistens in Religionen. In ihnen wird das Streben meistens zum Heil, manchmal zum Verderben der Menschheit eingesetzt. Viele der am häufigsten zu beobachtenden Massenbewegungen entstehen unter einem Vorwand. Kriege und manche Revolutionen sind Ausdruck einer Macht- und Habsucht der Masse. Sie hätten nie stattgefunden, wären die wahren Gründe genannt worden: »Wir wollen dem anderen Volk den einen oder anderen Reichtum wegnehmen.« Man benutzt stets Vorwände, manchmal in Form einer Parabel, die so weit wie möglich mit dem Lebensstil der Masse, der Mehrheit der Individuen übereinstimmen. Als erste melden sich meist Menschen freiwillig zum Kriegsdienst, die sich vom Leben benachteiligt fühlen und sich dafür schadlos halten wollen: also verwöhnte Kinder vom aktiven Typ. Bei allen Massenangriffen, bei Kriegen, Religions- und Rassenverfolgungen läuft alles immer wieder darauf hinaus, daß die Stärkeren die Schwächeren angreifen. Um Kriegsstimmung zu erzeugen, werden die erforderlichen Gefühle und Emotionen sozusagen mittels künstlicher Selbstvergiftung auf ähnliche Art und Weise geweckt wie im Traum. Ausnahmen sind natürlich die reinen Verteidigungskriege. Revolutionen haben meistens nur zum Ziel, dem aktiveren Teil der Unterdrückten bessere Lebensumstände zu verschaffen, so daß sie in dieser Hinsicht ähnlich zu bewerten sind wie Kriege.

Der Unterschied zwischen aktiven und passiven Naturen hat in der Massenpsychologie besondere Bedeutung, weil jede Massenbewegung von einer oder mehreren Personen des aktiven Typs getragen wird. Zu Massenbewegungen kommt es hauptsächlich dann, wenn ein erheblicher Teil der Bevölkerung sich zu einem bestimmten Zeitpunkt und für die nächste Zukunft von Besitz und Macht ausgeschlossen fühlt. Passive Menschen zeigen dann nur ihre passive Haltung; sie bieten das traurige Bild immer größer werdenden Elends. Der aktive Teil jedoch wird unruhig. Revolutionen entstehen immer dann, wenn ein wichtiger Teil der Intellektuellen zu den Ausgestoßenen zählt. Die Französische Revolution liefert dazu klare Beweise. Robespierre, Danton, Marat waren hochintelligente und gebildete Menschen, die jedoch nichts zu tun und so keine Erfolgsaussichten hatten. Juristische Abhandlungen Robespierres zum Beispiel wurden ausgezeichnet. Doch er konnte keinen einzigen Prozeß führen. Marat, selbst von Goethe als genial bezeichnet und seiner Zeit in jeder Hinsicht weit voraus, war Arzt in einer gräflichen Pferdezucht. Solche Menschen haben viel vom Leben erwartet. Sie fühlen sich um ihren Erfolg gebracht und schieben die Schuld, nicht ganz zu Unrecht, den Umständen zu. Sie sammeln Leidensgenossen um sich und greifen zur Gewalt. Sie gehören zu dem einflußreichen, intelligenten und aktiven Typ verwöhnter Kinder.

In der aktiven, vorwärtsstrebenden Gruppe muß es schon aus technischen Gründen zu der einen oder anderen Form von Einigung kommen. Die Not zwingt zur Organisation, in die sich jeder einfügt. Ist die Bewegung einmal in Gang gebracht, kommen die persönlichen Wünsche und Forderungen des einzelnen hoch und wenden sich gegen den Führer, dem sie sich zunächst unterworfen hatten. Unzufriedenheit unter den Anhängern einer Massenbewegung ist eine unvermeidbare Erscheinung. Die Lebensgeschichten der »Führer« zeigen, daß sie gewöhnlich schon in der Kindheit auf ihre Rolle vorbereitet wurden. Jeder Führer einer Gruppe muß immer behaupten, daß sein Ziel für alle erstrebenswert ist und daß er sich in den Dienst des Allgemeinwohls stellt. Die Individualpsychologie jedoch hält nicht viel von Worten, sondern untersucht eher das Handeln. So kann sie wirklichen Dienst am Allgemeinwohl von Gruppenegoismus unterscheiden. Länder, Staaten, Familien, Schulen, Räuberbanden, Parteien können von Gruppenegoismus geprägt sein. Eine Massenbewegung mit wissenschaftlich gesicherten Zielen dient jedoch ohne Ausnahme dem Allgemeinwohl. Natürlich kann auch Gruppenegoismus wertvoll sein, nämlich dann, wenn er als Training dient für Arbeit im Dienste des Allgemeinwohls.

Viele Menschen wandern unentschlossen von einer Gruppe zur anderen. In jeder Gruppe haben sie das Gefühl, dort nicht zu Hause zu sein, und so fühlen sie sich erleichtert, wenn sie die Gruppe wieder verlassen können. Solche Menschen machen aus dem Zugehörigkeitsgefühl das Ziel an sich. Dieses egoistische »abstrakte« Gemeinschaftsgefühl hat jedoch genausowenig Sinn wie das Reden darüber, denn die Menschheit braucht ein wissenschaftlich fundiertes Gemeinschaftsgefühl, das in der Praxis erprobt und für tauglich befunden wurde, künftigen Generationen zu dienen.

44. Frage: Wie würde Professor Adler die beiden Fälle »Tierquälerei« und »Lügenhaftigkeit« aus dem Buch »Psychoanalyse« erklären (*Psychoanalysen. Freud och Hans Skola,* Stockholm 1924)?

Antwort: 1. *Lügenhaftigkeit.* Ein Mädchen von 16 Jahren beschuldigt Pflegevater und Religionslehrer, beide hätten sie sexuell mißbraucht. Allerdings lügt sie oft, und sie onaniert. Pfister erklärt ihr Verhalten nach Freuds Theorie, also als reine Wunscherfüllung. Sie beschuldigt die Männer, mit denen sie sexuell verkehren möchte.

Über diesen Fall kann ich wenig sagen. (Außerdem ist das publizierte Material viel zu karg. Eigentlich sollte man so etwas gar nicht veröffentlichen.) Trotzdem gibt er Anlaß zu einigen Fragen. Was erreicht das Kind durch Lügen? Sie kommt dadurch dem gewünschten Mann nicht näher, im Gegenteil, sie stößt ihn ab. Sie tut nichts, ihn für sich zu gewinnen, sondern bricht alle Beziehungen zu ihm ab. Sie ist ganz klar auf die Liebe schlecht vorbereitet. Wahrscheinlich handelt es sich um Rache. Sie hatte Aufmerksamkeit gewünscht, jedoch weniger bekommen, als sie sich erhofft hatte. Deshalb rächt sie sich jetzt. Warum rächt sie sich aber durch Denunzieren? Sie hätte auch mit Erbrechen oder einem anderen Symptom reagieren können. Die Symptomwahl bleibt unklar, weil wir zu wenig Daten haben. Die Erklärung Freuds ist die Annahme, das Mädchen sei vergewaltigt worden. Lügen wird von der Psychoanalyse für gewöhnlich in Zusammenhang mit Masturbation gebracht. Dieser Zusammenhang ist jedoch auch in diesem Fall nicht bewiesen. Tatsächlich besteht dieser Zusammenhang auch nicht. Zusammenfassend: Der Fall ist viel zu schematisch behandelt, so daß er nichts erklärt.

2. *Tierquälerei.* Ein 16jähriger Junge hat Anfälle von Sadismus. Er quält ein Kätzchen, zerstört heimlich ein Gasglühlicht, zerstückelt Fliegen, liebt Spiele, bei denen ihm Schmerz zugefügt wird. Bei alldem hat er sexuelle Lustgefühle. Mit einem jüngeren Bruder hat er onaniert, doch aus Angst vor Gesundheitsschäden wieder damit aufgehört. In Zusammenhang mit seiner Schwester hat er Inszest-Phantasien. Pfister deutet in dem Buch getreu der Freudschen Theorie: Das Kätzchen steht für den Bruder, das Gasglühlicht für die Schwester. Die Krankengeschichte ist unvollständig. Der Verfasser vermittelt dem Leser nur Behauptungen, die er glauben kann oder nicht. Die Deutung des Falles beruht nur auf undeutlichen Vergleichen. Gretchen schaut aus wie... Das Gasglühlicht sieht so ähnlich aus wie... Wir lesen vom »Poloniuskomplex«: »Sieht die Wolke nicht aus wie ein Kamel?« Aus den Daten dieses Falles läßt sich allenfalls schließen:

Dieser Junge gehört offensichtlich zum sadistischen Menschentyp. Es handelt sich also um einen Menschen, bei dem vor allem ängstliche Emotionen Einfluß auf die Geschlechtsorgane haben. Trotz dieser Veranlagung hätte er sich jedoch nicht zur Tierquälerei hinreißen lassen, wenn sein Gemeinschaftsgefühl besser entwickelt gewesen wäre. Außerdem ist er feige; er vergreift sich an seinem jüngeren Bruder, am Kätzchen und an einer Lampe. Wenn sein Geschlechtstrieb ausgereift ist, wird er Objekte auswählen, denen gegenüber es keines Mutes bedarf. Seine Handlungsweise ist konsequent, sogar intelligent, wenn man ihre Voraussetzungen und Motive berücksichtigt. Die Voraussetzungen sind: sadistische Disposition, Feigheit, Mangel an Gemeinschaftsgefühl. Diese Erklärung hat mehr Aussagekraft als die psychoanalytische: »Sieht aus wie!«

Die Anhänger Freuds werfen ihren Gegnern für gewöhnlich vor, sie versuchten die Sexualität zu zerreden oder unterschätzten ihre Rolle. Die Individualpsychologie tut beides nicht, weiß jedoch, daß die Form der Sexualität vom Lebensstil abhängig ist und nur einen Teil des Ganzen ausmacht. Sie leugnet nicht die Rolle der Sexualität, sondern versucht ihr den richtigen Platz einzuräumen.

Genau betrachtet, ist Freud der Auffassung, ein Mensch werde krank, sofern seine Wünsche nicht erfüllt werden und er diese Wünsche verdrängen muß. In der Behandlungspraxis gehen Freud und seine Schüler folglich sehr weit in der Frage der Wunscherfüllung. Die Psychoanalyse hält, mit anderen Worten, die Erfüllung von Wünschen für außerordentlich wichtig. Das ist die Haltung des verwöhnten Kindes. Die ganze Lehre Freuds über das Seelenleben entspringt einem verwöhnten Lebensstil, und meiner Meinung nach ist das ihr größtes Handikap. Freud geht von dem Prinzip aus, der Mensch brauche einfache Situationen, und nicht von der Aufgabe, Schwierigkeiten zu überwinden. Vom gleichen Gesichtspunkt aus hält Freud den Menschen auch für den Feind seiner Mitmenschen: Der eine ist Konkurrent des anderen, sowohl auf dem Gebiet der Liebe wie dem der Macht und so weiter. Dieses Mißtrauen ist freilich in Wirklichkeit nur Folge einer falschen Einstellung, die durch bestimmte Umstände und durch schädliche Behandlung gefördert wird. Die Einstellung ist nicht angeboren, sondern entspringt dem Neid des ursprünglich verwöhnten, später entthronten Kindes.

Freud rät, unerfüllte Wünsche zu »sublimieren«. Das bedeutet, sie teilweise oder scheinbar so zu verwirklichen, daß dem Allgemeinwohl kein Schaden zugefügt und in jedem Fall kein Anlaß zum Anstoß gegeben wird. Ein Sadist soll zum Beispiel Metzger oder Chirurg werden. Dabei geht es in Wirklichkeit also nicht darum, sich zu bessern, sondern sich durchzumogeln. Aber auch genau diese Sublimierung ist nicht möglich ohne eine Stärkung des Gemeinschaftsgefühls.

45. Frage: Was hält Professor Adler von der Sterilisierung? Ist es nicht angebracht, Schwachsinnige oder Menschen, die aus anderen Gründen offensichtlich minderwertig sind, zu sterilisieren, da man sonst befürchten muß, daß sie Kinder zur Welt bringen, für die sie keine Verantwortung übernehmen können?

Antwort: Die Sterilisierung ist ausschließlich eine Frage der Armut. Eine reiche Gesellschaft wird auch für einige Schwachsinnige sorgen können. Ein praktisches Hindernis besteht darin, daß man drei Viertel der Menschheit sterilisieren müßte, um tatsächlich vor schwachsinnigen Nachkommen geschützt zu sein. Es genügt also nicht, nur die Schwachsinnigen zu sterilisieren. Außerdem kommt es zu Schwachsinn bei der Nachkommenschaft nur dann mit ziemlicher Sicherheit, wenn beide Eltern auf gleiche Art und Weise an einem bestimmten Chromosom geschädigt sind. Oft ist in einer Familie ein Kind schwachsinnig, während andere sich gut entwickeln und nützliche Mitglieder der Gesellschaft werden. Kriminalität hat ganz und gar nichts mit Vererbung zu tun, sondern läßt sich nur psychologisch erklären. Die Frage, ob Geisteskrankheiten vererbbar sind, ist schwer zu beantworten. Statistiken zu diesem Problem sind meistens irreführend, häufig tendenziös und nicht überzeugend. Sie ziehen nicht in Betracht, daß der Geisteskranke in einer Familie eine schädliche Atmosphäre hervorrufen kann, die andere, Verwandte oder Nichtverwandte, nachteilig beeinflussen kann. Wir sind auf diesem Gebiet so unsicher, daß es überheblich wäre, zu sterilisieren. In früheren Kulturen verhielt man sich ähnlich, indem man kranke Kinder ihrem Los überließ oder sie tötete. Doch schon der Dichter Sophokles hat mit der Ödipus-Sage verkünden wollen, daß die Götter solches Tun verwerflich finden. Man sollte auch auf diesem Gebiet Mut zeigen und von der Sterilisierung Abstand nehmen. Gleichzeitig sollten jedoch die wirtschaftlichen Verhältnisse so verbessert werden, daß man es sich leisten kann, Krankheiten vorzubeugen und

Menschen, die trotzdem krank werden, zu versorgen und zu schützen. Menschen mit erblichem Schwachsinn sollten dann so verwahrt werden, daß sie in keiner Hinsicht, auch nicht durch Fortpflanzung, Schaden anrichten können.

15. Der Sinn des Lebens

Diskussion

Die Individualpsychologie sucht allen Lebensproblemen gerecht zu werden. Sie ist damit natürlich noch lange nicht am Ende, ermöglicht es jedoch heute schon, viele Probleme tiefer und klarer zu durchschauen als früher. Es gibt viele Arten der Weltanschauung: physische, astronomische, religiöse. Auch der Psychologie sollte die Schöpfung eines Weltbilds erlaubt sein. Jedes Weltbild bezieht sich auf die Frage nach dem Sinn des Lebens. Jeder Mensch legt sich seine eigene Antwort auf diese Frage zurecht, und diese Antwort wird von seinem Lebensstil geprägt, so daß er durch alles, was er tut und unterläßt, durch sein ganzes Leben, dieses Bild erkennen läßt. Fragt man Menschen aber nach ihrer Weltanschauung, werden die meisten nervös und retten sich aus der Schwierigkeit einer Antwort mit einer spöttischen Bemerkung oder mit Allgemeinheiten über die Sinnlosigkeit des Lebens. Dennoch ist jeder Mensch gezwungen, dem Leben einen Sinn zu geben, denn solange der Mensch lebt, muß er auch handeln. Ohne Richtung, ohne Sinn ist keine Handlung möglich.

Sieht man von der individuellen Seite unserer Frage ab, dann müssen wir uns fragen, ob es keinen Lebenssinn gibt, der über das individuelle Weltbild hinausgeht und objektive Gültigkeit hat. Wie wir feststellen können, reicht das Wirken vieler Menschen bis in die Zukunft hinein, es beeinflußt die Entwicklung der Menschheit und erhält so Ewigkeitswert. Die Arbeit dieser Menschen ist unsterblich, lebt mit uns und in uns, mit uns, weil wir Nutzen daraus ziehen, in uns, weil wir darauf aufbauen, es ändern und ergänzen. Diese Kontinuität des Lebens sucht die Individualpsychologie überall aufzuzeigen.

Wenn man in langen Zeitintervallen denkt, bemerkt man, daß alle Formen und Tätigkeiten, die nicht der Entwicklung der Menschheit dienen, ausgetilgt werden, während auch die kleinsten, bescheidensten

Leistungen, die der Entwicklung förderlich sind, von Dauer sind. Alle menschlichen Funktionen, körperliche wie geistige, sind nur dann angemessen, wenn sie sich dem Strom der Evolution anpassen, die als oberstes Ziel die höhere Entwicklung der Menschheit hat, die immer bessere Anpassung an den Kosmos. Dies gilt auch für die einzelnen Sinne, zum Beispiel für das Sehen. Wer schlecht sieht, seinen Mitmenschen nicht in die Augen schaut, die Außenwelt nicht in sich eindringen läßt, der schwimmt nicht im Strom der Entwicklung. Denken wir nur an den leeren Blick des Schwachsinnigen oder an den in sich gekehrten Gesichtsausdruck des Geistesgestörten. Am Auge schon kann man ablesen, daß bei ihnen etwas nicht in Ordnung ist.

Das Gesagte gilt auch für das Hören. Wenn es um Kinder geht, die »nicht hören wollen«, denen man immer alles zweimal sagen muß, erkennt man, wie wichtig das Hören für die sozialen Beziehungen der Menschen ist. Kommen wir zum Sprechen. Nur der spricht richtig, der durch gemeinsame Interessen mit den anderen verbunden ist, der folglich so spricht, als ob er sich gänzlich mit dem Zuhörer identifiziert. Aus der Art, wie jemand spricht, sowohl im Kindesalter wie auch später, kann man schließen, ob ausreichend soziale Gefühle entwickelt sind. Eine gute Entwicklung der Sinne läßt uns das Maß der Fähigkeit eines Menschen zur Kooperation erkennen.

Auch andere körperliche Funktionen sollten in Richtung des Gemeinwohls gelenkt werden. Zum Beispiel die Beherrschung der Blasen- und Darmfunktionen. Auch in dieser Beziehung versagen Schwachsinnige und Geisteskranke oft, weil ihr Leben nicht im allgemeinen Kulturboden verankert ist, so wenig wie das Leben von Kindern, die im Kriegszustand mit ihrer Umwelt leben. Schließlich die sexuellen Körperfunktionen, die von entscheidender Bedeutung für die künftige Entwicklung der Menschheit sind. Der Verstand beruht auf der Grundlage einer guten Entwicklung der Körperfunktionen. Er kommt nur dann zur angemessenen Entfaltung, wenn er sich auf das Allgemeinwohl richtet. Der Verstand des einzelnen hat nur dann Einfluß, sofern er allgemein Gültiges denkt. Ich kann die Dinge nur begreifen, wenn ich überzeugt bin, daß auch andere sie begreifen würden, und ich kann mich selbst nur begreifen, wenn ich das, was außerhalb meiner selbst geschieht, verstehe. Infolge der großen Unterschiede zwischen den Menschen werden in dieser Hinsicht immer Schwierigkeiten und Konflikte bestehen, doch das Maß an sozialem Gefühl zeigt sich am deutlichsten an der Verstandesentwicklung, an der Zunahme des »Common sense«.

Mit den Auswirkungen dieser Fakten beschäftigt sich die Psychologie noch viel zu wenig. Wenn ein Mensch zum Beispiel angemessen in das soziale Leben eingebunden ist, entwickelt er viele nützliche Fertigkeiten, zum Beispiel Schlagfertigkeit. Er nimmt die Dinge schnell in sich auf und reagiert auf angemessene Weise. Dagegen ist es erstaunlich zu sehen, wie viele leidvolle Rückschläge einen Menschen treffen, der diese Anpassung an seine Welt nicht vollzogen hat. Der Mensch mit sozialen Interessen ist auch mutig, der isolierte Mensch hat vor allem Angst. Nach ähnlichen Kriterien unterscheiden sich auch Tugenden und Fehler auf ästhetischem, religiösem und moralischem Gebiet. Wir wissen alle, wie viele Irrtümer und falsche Vorstellungen entstehen, wenn Leute ihren verfehlten Lebensstil mittels religiöser oder moralischer Theorien zu begründen suchen. Die Individualpsychologie ist eine skeptische Wissenschaft, und wir haben uns oft gefragt: Gibt es tatsächlich keine Probleme, keine Werte, die nicht in Zusammenhang mit sozialen Interessen stehen? Da ist aber kein solches Problem. Alle Probleme in den Beziehungen der Menschen stehen selbstverständlich in Zusammenhang mit sozialen Interessen. Alle Religionen und Sittenlehren haben dies gewußt. Die typischen Charakterzüge eines Menschen sind nichts anderes als Erscheinungsformen der Beziehungen zu seinen Mitmenschen. Treue, Güte, Wohlwollen, Geiz, Neid, Haß, all diese Eigenschaften lassen die Art und Weise seiner Einordnung im Strom der menschlichen Gesellschaft erkennen. Da es bei all diesen Eigenschaften nur um Beziehungen zu anderen geht, können sie nicht angeboren sein, wie die meisten Psychologen behaupten, sondern sie sind Erscheinungsformen seines Verhältnisses zur Außenwelt.

Auch die zweite Hauptgruppe von Problemen, die mit unserer irdischen Existenz unlösbar verbunden sind, nämlich Probleme auf dem Gebiet der Arbeit, sind vom sozialen Zusammenleben nicht zu trennen. Wenn wir »Arbeit« sagen, meinen wir nützliche Arbeit, genauso wenn wir das Wort »Beruf« benutzen. Auch auf diesem Gebiet hat die Menschheit Wertesysteme geschaffen. Fleiß wird als Tugend betrachtet, doch er ist nur die Erscheinungsform einer speziellen Beziehung zu unserer Erde und zu unserer menschlichen Gesellschaft. Wo alles im Überfluß vorhanden wäre und von selbst wachsen würde, könnte Fleiß keine Tugend sein. Jede Lebensäußerung auf dem Gebiet der Arbeit, angefangen vom Kinderspiel, in dem Kinder ihre Geschicklichkeit üben und Handlungen erproben, ist eine Antwort auf Anforderungen, die ihre soziale Position an sie stellt.

Ganz ähnlich verhält es sich mit dem dritten Problemgebiet, dem von Liebe und Ehe. Auch auf diesem Gebiet haben wir nur Werte von Dauer, sofern das Interesse für den Partner von Anfang an vorhanden ist. Alle Perversionen, alle Entartungen auf diesem Gebiet haben keine Beziehung zur Zukunft der Menschheit, und instinktiv hat sich jede Moral und Religion so verhalten, als ob sie die Frage »Was tun wir für die Ewigkeit?« zum Maßstab genommen hätten. Das Hauptproblem jeder Erziehung ist folglich: Wie können wir das vorhandene Kapital an sozialen Interessen der heutigen Menschheit und in einer immer komplizierteren Welt so vermehren, daß es auch weiterhin ausreicht?

Die Entwicklung des Gemeinschaftsgefühls läßt heutzutage noch zu wünschen übrig. Die Individualpsychologie sieht ihre historische Aufgabe darin, auf wissenschaftlich sachliche Weise zur Förderung des Gemeinschaftsgefühls beizutragen. Sie ist somit eine notwendige Stütze im heutigen Leben. Wir hoffen, es kommt einmal eine Generation, die das notwendige Gemeinschaftsgefühl sozusagen angeboren mit zur Welt bringt. Das Interesse für andere wird dann genauso natürlich sein wie das Atmen: Man denkt kaum darüber nach. Dann kann die Individualpsychologie ihre Arbeit einstellen. Die Schule, das heißt die Lehrer, ist am ehesten in der Lage, das Gemeinschaftsgefühl der Kinder praktisch zu entwickeln. Es sollte ein Gesetz geben, mit dem verboten wird, ein Kind von der Schule abgehen zu lassen, bevor es ein genügendes Maß an Gemeinschaftsgefühl erworben hat. Sollte es daran nach Schulabschluß fehlen, sollte ruhig noch ein Schuljahr angehängt werden, das hauptsächlich der Charakterbildung dienen sollte. Diese Aufgabe wäre für den Lehrer bestimmt nicht einfach, allerdings mit Sicherheit einfacher als die, vor die er sich jetzt gestellt sieht, nämlich sich um etwas zu bemühen, das von vornherein zum Mißlingen verdammt ist. Es wäre sinnvoller, nach Bedarf längere Zeit mit einem Kind zusammenzuarbeiten, damit aus ihm ein echter Mitarbeiter wird. Nicht nur sich selbst, sondern auch dem Staat und letztlich auch der ganzen Menschheit würde der Lehrer damit viel Mühe und Sorge ersparen.

Die Individualpsychologie sollte an allen Schulen gelehrt werden. Die Lehrer darin auszubilden würde nicht schwierig sein, und mit der höheren Funktion würde außerdem der ganze Lehrerstand in der allgemeinen Achtung und Wertschätzung steigen. Gemeinsam mit dem Arzt sollte der Lehrer an der Eingangspforte zum Leben stehen, um darüber zu wachen, daß nicht so viele Kinder unvorbereitet auf das Leben losgelassen werden, wie es heute noch der Fall ist. Der Lehrer sollte zu jedem Kind die richtige Einstellung finden, die dem Kind hilft, sich selbst als wertvollen Mitarbeiter zu erfahren. Er sollte das Kind als Mitstreiter gewinnen gegen die Mißstände in der jetzigen Gesellschaft, Mißstände, die auch das Kinderzimmer nicht verschonen. Er sollte das Kind bewahren vor dem Irrglauben an die Minderwertigkeit des weiblichen Geschlechts, der Unbegabten, der Häßlichen und Mißgebildeten, die auf diese Weise an der Entfaltung unbekannter schöpferischer Fähigkeiten gehindert werden. Jedes Kind sollte wissen, daß es bei richtiger Vorbereitung alles schaffen kann, was im Rahmen der allgemeinen menschlichen Möglichkeiten liegt. Hier liegt noch ein großes unbearbeitetes Feld für die Erziehung, für die Schule und damit für die Zukunft der Menschheit.

46. Frage: Was hält Professor Adler von der Suggestion in Erziehung und Unterricht?

Antwort: Suggestion ist eine Frage des Gehorsams. Suggestion bedeutet, daß ein Mensch etwas tut, nicht weil er von der Richtigkeit überzeugt ist, sondern weil ein anderer es möchte. Manche Menschen neigen leicht dazu, während andere unter keinen Umständen dazu zu bewegen sind.

Das gilt auch für die Hypnose. Lange Zeit hat man sie als Wunder gepriesen oder im Gegenteil als Teufelswerk gebrandmarkt. Hypnose ist jedoch nichts anderes als die Neigung einzuschlafen, wenn ein anderer es wünscht. Wenn mein Lebensstil so beschaffen ist, daß ich anderen folge, kann ich vielleicht hypnotisiert werden. Die Hypnose ist ein regelrechter Schlafzustand, und er sondert den Hypnotisierten genausowenig ab von dem ihn umgebenden Leben wie jede andere Form des Schlafs. Wenn jemand einschläft und dabei völlig auf den Hypnotiseur eingestellt ist, kommt es zu hypnotischem Gehorsam, der zu verschiedenen Formen der Willenslähmung führen kann. Zahlreiche Menschen können diesen vollständigen Gehorsam nicht ertragen und wenden sich nach der Hypnose auf die eine oder andere Art gegen den Hypnotiseur. Soldaten sind im allgemeinen zu hypnotisieren, da sie zum Kadavergehorsam erzogen worden sind.

In der Psychotherapie gelingt es manchmal, Menschen mittels Hypnose von bestimmten Symptomen zu befreien. Dadurch ändert sich jedoch nichts an ihrer falschen Einstellung zum Leben. Man sollte den Symptomen daher nie soviel Gewicht beimessen. Das eine Symptom läßt man mittels Hypnose verschwinden, dafür tritt ein anderes kurz darauf an seine Stelle. Die Individualpsychologie hält nichts von Suggestion und Hypnose, in welcher Form auch immer. Sie will zur Selbständigkeit im Leben verhelfen, und da steht blinder Gehorsam, welcher Art auch immer, nur im Wege. Diese Ablehnung der Hypnose ist angebracht, weil es immer Menschen gibt, die mit ihren Schwächen zu kokettieren suchen. Solche Personen tun alles, um nur die Verantwortung für ihre Person auf andere abschieben zu können. Sie versuchen, wo sie es können, sich auf andere zu verlassen. Der verwöhnte Lebensstil.

47. Frage: Besteht die Möglichkeit, Schizophrenie auch noch lange Zeit nach Krankheitsausbruch zu heilen? Zum Beispiel einen Fall, der schon zehn Jahre andauert. Der Patient konnte zwar bis heute außerhalb der Anstalt leben und ist meistens auch in der Lage zu arbeiten, doch er leidet schrecklich, weil er voller Haß ist gegen seine Familien und seine Mitarbeiter. Er vermeidet jegliche Gesellschaft und spricht manchmal tagelang kein Wort.

Antwort: Die Möglichkeit, Schizophrenie zu heilen, ist sicher viel größer, als man für gewöhnlich denkt. Ich selbst habe bereits vor 35 Jahren einen Schizophrenen geheilt. Man kann darüber lesen in meinem Buch »Neurosen«.* Mit meiner Meinung über die Therapierbarkeit der Schizophrenie stehe ich nicht mehr allein. Es ist auch auffallend, daß alle Schizophrenen, die man im geeigneten Milieu leben läßt, schlagartig eine Besserung ihres Zustands zeigen. Auch die meist asozialen Reaktionen wie Nahrungsverweigerung, Kotverschmieren,

* Fischer Taschenbuch Nr. 6735 (Anm. d. Red.)

Schreien, Äußerungen von Haß verlieren sich dann. Nur in manchen, sehr langwierigen Fällen, bei denen die Patienten sich ganz in ihre Scheinwelt eingesponnen haben, lassen sich keine Veränderungen mehr beobachten. Die große Schwierigkeit besteht in der Herstellung des richtigen Milieus und in der Höhe der damit verbundenen Kosten. Zur Therapie eines Schizophrenen sollte die Umgebung optimal sein, und jeder Fehler, der entdeckt wird, beseitigt werden. Jeder Kranke benötigt eigentlich einen Arzt für sich allein, denn oft versteht dieser den Patienten erst, wenn er eine Zeitlang mit ihm eng zusammengelebt hat. Erst wenn man einander versteht, miteinander spricht, ist eine Grundlage für die Behandlung gegeben. Jeder Patient muß auf spezielle Art und mit immer wieder neuen Deutungen behandelt werden, will man ihn für die Welt, die er mit seinem Geist verlassen hat, zurückgewinnen. In manchen Fällen gelingt es noch nach zehn oder zwölf Jahren leichter als in anderen Fällen mit einem Jahr Krankheitsdauer.

48. Frage: Wie kann man eine Willensschwäche überwinden?

Antwort: Willensschwäche gibt es nicht. Was als Willensschwäche erscheint, ist eine ganz bestimmte Haltung der Wirklichkeit gegenüber, eine Haltung von einer ganz bestimmten Richtung. Willensschwäche ist also keine eigentliche Charaktereigenschaft. Wenn jemand vor einer Aufgabe steht, die er meint oder behauptet, lösen zu können, wenn nur sein Wille stark genug wäre, dann hat er einfach Angst vor dieser Aufgabe und will in Wahrheit deshalb nicht. Er beweist dann gewaltige Willenskraft im Wegschieben des Problems. So gut wie alle Menschen, die über einen schwachen Willen klagen, haben tatsächlich einen starken, allerdings in der falschen Richtung. Wenn jemand sich für willensschwach hält, sollte man Ursache und Bedeutung dieser »Schwäche« untersuchen, das Ergebnis der jeweiligen Person erklären und sie auf diese Weise wieder zur Bewegung motivieren. Ob er sich dann bei dem, was er leistet, für willensstark oder willensschwach hält, interessiert uns wenig. Hauptsache ist, daß er dahin kommt, etwas zu leisten. Um ein ähnliches Problem geht es beim Zweifel. Viele Menschen zweifeln ständig an allem. Das kann so weit gehen, daß es krankhaft wird. Bei solchem Zweifel handelt es sich in Wirklichkeit nicht um Zweifel, sondern um einen festen Entschluß – etwas nicht zu tun. Wo es Zweifel gibt, kann man sicher sein, daß nichts geschieht. Weil so viele Menschen aufgrund ihres mißlungenen

Lebensstils vor Taten zurückschrecken, ist es kein Wunder, daß man soviel von »Wollen« und »Zweifeln« redet.

49. Frage: Wie denken Sie über Intelligenztests und ihren Wert für die psychologische Untersuchung bei Kindern?

Antwort: Die Intelligenzuntersuchung ist von großer Wichtigkeit für die Frage, ob ein Kind schwachsinnig ist oder nicht. Dabei ist es wenig sinnvoll, irgendwelche Zwischenbegriffe einzuführen, wie »zurückgeblieben« und so weiter. Die Frage ist vielmehr ganz klar zu stellen: schwachsinnig oder normal intelligent? Dabei sollte man im Auge behalten, daß Schwachsinn eine Krankheit ist, die organische Ursachen hat und also in das Gebiet der Heilkunde fällt. Bei der Untersuchung von Schwachsinnigen sollte man sehr vorsichtig sein. Es ist wohl kein großes Unglück, wenn ein schwachsinniges Kind für intelligent gehalten und dann eine Zeitlang falsch behandelt wird, doch die Gefahr ist sehr groß, und es führt zu großem Schaden, wenn man ein intelligentes Kind als schwachsinnig bezeichnet. Ein Kind, dem man Aufgaben für einen Schwachsinnigen stellt, wird seinen Aktionsradius selbst verkleinern und seine eigene Entwicklung hemmen. In solch zweifelhaften Fällen bieten sich drei Experimente an:

1. *Eine exakte medizinische Diagnose.* In vielen Fällen (nicht in allen) kann sie bereits entscheidend sein (Mongoloid, Wasserkopf, Mikrozephalie).
2. *Intelligenztests.* Üblicherweise werden bestimmte Prozentzahlen als Norm angesehen. Stellt man bei einem Kind weniger als 60 Prozent der normalen Intelligenz fest, bezeichnet man es als schwachsinnig. Nach einer anderen Methode wird ein Kind dann zu den Schwachsinnigen gezählt, wenn es in seiner Entwicklung um durchschnittlich drei Jahre zurückgeblieben ist. Solche Maßstäbe sind jedoch trügerisch. Es gibt Kinder, die für schwachsinnig gelten wollen, weil sie vor ihren Aufgaben auf der Flucht sind. Solche Kinder zeigen auch die niedrigsten Testergebnisse. Auch erzielen Kinder aus mangelnder Übung und fehlendem Verständnis für diese Art von Aufgaben schlechte Ergebnisse. Meistens soll bei Intelligenztesten etwas geraten oder kombiniert werden. Manche Kinder sind durch bestimmte Spiele darin geübt, andere nicht.
3. *Die individualpsychologische Untersuchung.* Mit ihr werden Feh-

ler vermieden, denn sie beschäftigt sich mit den schöpferischen Fähigkeiten des Kindes. Ich würde zum Beispiel nie ein Kind als schwachsinnig ansehen, das eine Geschichte mit einer guten Pointe erzählen kann. Kinder, die träumen, sind fast nie schwachsinnig, genausowenig Kinder, die stottern.

16. Über Psychoanalyse und Individualpsychologie

(Sein plötzlicher Tod hat den Verfasser daran gehindert, ein Versprechen zu halten und diesem Band ein Kapitel über Psychoanalyse und Individualpsychologie hinzuzufügen. Dem folgenden Kapitel liegen Aufzeichnungen einiger Teilnehmer an Adlers Kurs an der »Internationalen Schule für Philosophie« in Amersvoort im Frühjahr 1937 zugrunde. Die Aufzeichnungen wurden vom Übersetzer überarbeitet.)

Jeder Wissenschaft liegt eine Philosophie zugrunde, von der man annehmen darf, daß sie die Fakten unter einem einheitlichen Gesichtspunkt miteinander in Beziehung setzt. Unsere vom Eklektizismus gekennzeichnete Zeit übersieht diese Forderung jedoch leicht. Man macht aus der Not eine Tugend, wie Freud, der in seiner Arbeit »Zur Geschichte der psychoanalytischen Bewegung« bemerkt: »Die Adlersche Theorie war von allem Anfang ein ›System‹, was die Psychoanalyse sorgfältig zu sein vermied.« Daß es der Psychoanalyse gelungen ist, dieser »Gefahr« aus dem Weg zu gehen, ist denn auch ein Faktum, und man sucht bei ihr den von mir genannten einheitlichen Standpunkt vergebens (womit es Kritikern sehr schwergemacht wird, einen Angriffspunkt zu finden). Die Individualpsychologie bildet dagegen eine geschlossene Einheit, ein vollständiges Netzwerk, so daß sie von ihren Anhängern fordern kann, voll zu ihr zu stehen. Trotz der nicht vorhandenen Einheit der Psychoanalyse kann man allgemein sagen: Sie beruht auf einer vorweggenommenen Kausalität, das heißt einer Kausalität, die nicht aus ihren Wahrnehmungen folgt. Aus einem vergessenen Ereignis soll zwingend etwas entstehen, das bestimmte Folgen, zum Beispiel nervöse Symptome, nach sich zieht. Ein solches Ereignis ist das »psychische Trauma«, das ungelöst im verborgenen weiterwirkt und Unheil verursacht. Manchmal verläßt Freud sogar das Feld psychischer

Kausalität und damit der Psychologie, indem er unterstellt, daß manche nervösen Symptome durch Masturbation, Zwangsgedanken und durch die Unterbrechung des Geschlechtsverkehrs ausgelöst werden. Der vergessene Faktor, das psychische Trauma, wurde von Freud ursprünglich mit Hilfe der Hypnose, später mittels der Technik der freien Assoziation ins Bewußtsein zurückgebracht. Es betraf immer ein sexuelles Trauma, dessen Erinnerung unterdrückt wurde und das sich früher oder später als nervöses Symptom manifestiert. Zur Erklärung zog Freud das Bild kommunizierender Röhren heran. Wenn man auf der einen Seite nach unten drückt, steigt es auf der anderen Seite nach oben. Auch an diesem mechanischen Bild, das von manchen für sehr wissenschaftlich gehalten wird und dem man in den Schriften Freuds immer wieder begegnet, wird sichtbar, daß seine Gedankengänge denen der Naturwissenschaften entsprechen. Das Bild der kommunizierenden Röhren wurde zum Beispiel zum Gesetz von der Erhaltung der psychischen Energie erhoben. Die Lehre vom sexuellen Trauma verdichtete sich schließlich zum »Ödipuskomplex«, der später in seiner Wirkung wieder abgeschwächt wurde. Die Liebe des Kindes zu einem Elternteil – des Mädchens zum Vater, des Jungen zur Mutter – bringt das Kind in eine verbotene, von der Strafe der Kastration bedrohte Situation. Diese ödipale Situation ist also traumatisierend, sie ist mit einem Schock verbunden und wirkt sich auf das ganze weitere Leben aus. In der Hypnose konnte Freud die verdrängten sexuellen Wünsche ins Bewußtsein heben, unter anderem auch die Wahrnehmung des elterlichen Geschlechtsverkehrs. Primär im Leben des Menschen ist nach Freud der Geschlechtstrieb, den das Kind mit auf die Welt bringt und der anfangs alle seine Empfindungen beherrscht. Später kommt es zur Differenzierung des Sexualtriebs, und man kann einzelne Phasen unterscheiden. Zuerst tritt die »orale« Komponente, die Sinnlichkeit der Lippen und des Mundes, in den Vordergrund. Dann folgt die »anale« Phase, in der die Gefühle bei der Defäkation die sexuelle Hauptrolle spielen; diese Phase wird auch als »sadistisch« bezeichnet. Erst in der letzten Phase kommen die genitalen Körperzonen zu ihrem Recht, und dann bilden die mit diesen Organen verbundenen Gefühle Motivationen des Verhaltens. Durch psychische Traumen werde, so Freud, die Entwicklung und die Differenzierung des Geschlechtstriebes gestört, so daß beim erwachsenen Individuum sexuelle Lustgefühle nicht von den Sexualorganen ausgingen, sondern auf die Oral- oder die Analphase fixiert blieben. Das sei dann »infantil«, dies könne jedoch auch sekundär, durch »Regression«, herbeigeführt werden. Soweit die Entwicklung der körperlichen Seite.

In der Beziehung zum Objekt seines sexuellen Verlangens durchläuft das Individuum nach Freud eine andere Entwicklung. Zunächst ist das Kind narzißtisch, liebt ausschließlich den eigenen Körper, später dann homosexuell, und erst nachdem es diese Stadien überwunden hat, kann es sein Verlangen auf Personen des anderen Geschlechts richten. Auf diesen Vorgang aufbauend, leitete Freud von den aufeinander folgenden Phasen der sexuellen Libido bestimmte Charakterzüge ab, hauptsächlich in bezug auf die anale Phase. Die anale Sexualität ziehe zwingend bestimmte Charakterzüge nach sich, zum Beispiel Geiz und übertriebene Neigung zur Sauberkeit. So wird auch hier wieder ein faktisch nicht erklärbarer Zusammenhang angenommen und auf eine psychologische Erklärung für das Entstehen solcher Eigenschaften verzichtet. Ich trieb seinerzeit Freud durch Kritik derart in die Enge, daß er seine Fassung verlor. Immer wieder wies er darauf hin, daß es bei all diesen Dingen tatsächlich darum gehe, wie jemand sich gegenüber anderen Menschen verhalte und zu welchen Formen der Aggression es komme. Freud erklärte die Aggression rundweg als Ergebnis einer sadistischen Triebkomponente, die sich auch in Masochismus verwandeln könne. Er schrieb die Entstehung also ausschließlich einem individuellen »Triebmechanismus« zu. Man kann jedoch unmöglich das Seelenleben eines Menschen isoliert betrachten, denn nur im Zusammenhang mit dem anderen Menschen und mit seiner Lebenssituation ergibt es Sinn.

Aus psychoanalytischer Sicht ist unsere Kultur nur Produkt der verdrängten sexuellen Libido, und deshalb bestehe ein Widerspruch zwischen Kultur und Sexualverlangen. Freud vertrat nämlich die Priorität des (körperlichen) Lustprinzips, dem das »Realitätsprinzip« im Wege stehe. Die Realität verhindere, daß die Menschen ihre Lust ungestört genießen könnten. Freud übersieht jedoch, daß in Wirklichkeit »Lust« eine bestimmte Art der Realitätsbeziehung ist und ohne letztere nicht denkbar wäre. Die Realität bedeutet Möglichkeit zur Lust und ist damit völlig unverzichtbar. Vom psychoanalytischen Standpunkt aus gesehen, kann und will das Kind jedoch der Lust nicht entsagen, die ihm seine sexuellen Organe verschaffen. Die Eltern verbieten ihm aber die

Masturbation und erzeugen so Haßgefühle im Kind. Sobald ein Junge die narzißtische Phase, in der er masturbiere, überwunden habe und er an der Außenwelt Interesse finde, löse das Verlangen nach Lust in ihm den Wunsch aus, mit seiner Mutter geschlechtlich zu verkehren.

Freud hat nun, von dem Gesagten ausgehend, seine Phantasien über das Wesen der kindlichen Sexualität in ein kompliziertes, nicht zusammenhängendes System von Symbolen gebracht, das viele Vorstellungen und Bilder als Symbole für sexuelle Vorgänge behandelt. Fliegen, Treppensteigen und so weiter sollen zum Beispiel immer auf den Geschlechtsverkehr verweisen. In solchen Vorstellungen äußerten sich im Traum die unterdrückten infantilen Sexualwünsche; sie meldeten sich auf verhüllte Weise, um wenigstens im Traum erfüllt zu werden. Was an ähnlichen Gefühlen und Wünschen aus dem Unbewußten komme, werde unkenntlich gemacht, damit der Träumer nicht feststellen könne, daß seine intimen Wünsche im Widerspruch stehen zu seinem »Ichideal«. Um die unbewußten Wünsche und Gefühle herauszufinden, benutzte Freud die Technik der freien Assoziation. Ein Beispiel für diese Technik: Auf ein bestimmtes Wort soll der Patient schnell das erste Wort nennen, das ihm dazu einfällt. C. G. Jung hat diese Methode weiter ausgearbeitet.

Unbestreitbar hat Freud auf diese Art und Weise große Erfolge gehabt und viele bis dahin unbekannte Fakten und Zusammenhänge entdeckt, die den Weg zu einem besseren Verstehen der menschlichen Psyche eröffneten. Während vor Freud die Psychologie für die Behandlung von Krankheiten ohne Wert war, ist aufgrund seiner Verdienste eine medizinische Psychologie geschaffen worden, die viele Einsichten vermittelt und den Grundstein für eine psychische Behandlung gelegt hat.

Die Technik der freien Assoziation hat Freud auch auf die Traumdeutung angewandt. Er wählt einen bestimmten Teil aus dem Traum aus und fragte den Träumer, was ihm dazu einfalle, was er dazu »assoziiert«. Die verdrängten infantilen Vorstellungen und Wünsche sollten auf diese Art und Weise ans Licht kommen. Freud forschte also ausschließlich in der Vergangenheit und fand dort die Regression. Im Gegensatz dazu entdeckte die Individualpsychologie, daß der Traum ein gegenwärtiges, also aktuelles Problem lösen soll und daß der Träumer oft auf die Art und Weise handelt, wie er diese Probleme früher anging, also entgegen dem Common sense, sondern auf dem kürzesten und leichtesten Weg. Freud war der Meinung, im Traum seien oft Todeswünsche zu erkennen, die er auf einen »Todestrieb« zurückführte. Statt diese Todeswünsche als Anzeichen für die Wirksamkeit bestimmter Triebe zu betrachten, kann man sie auch psychologisch zu erklären versuchen. Nervöse Menschen neigen regelmäßig dazu, sich vor ihren Problemen zurückzuziehen, und dabei können sie leicht auf Todesgedanken kommen. Freud jedoch leitete aus diesen Todesgedanken den Grundsatz ab, das Leben habe als sein letztes Ziel den Tod und strebe nach ihm. Das ist eine pessimistische Sichtweise, die wahrscheinlich auf Freuds Ansicht beruht, der Mensch könne nicht allein nach dem Lustprinzip leben, weil er mit der Realität zu rechnen habe. Für die Individualpsychologie sucht das Leben nicht den Tod als angestrebtes Gleichgewicht, sondern die Harmonie.

Mit Hilfe seines Symbolsystems gab Freud allen von ihm untersuchten menschlichen Äußerungen eine sexuelle Bedeutung. Er sah jedoch auch Phänomenen, die nicht als sexuelle Wunscherfüllung zu erklären waren und die er deshalb einem gesonderten Trieb zuschrieb, den er den »Wiederholungstrieb« nannte. Es ist jedoch völlig überflüssig, eine solche Hypothese anzunehmen, denn es ist eigentlich selbstverständlich, daß die gleiche Ursache im allgemeinen bei ähnlichen Menschen etwa die gleiche Wirkung hat, so daß schon aus diesem Grund Wiederholungen zu erwarten sind. Nach Freud kann jedoch aufgrund dieses Wiederholungszwangs ein verdrängtes Trauma immer wieder die gleichen Symptome hervorbringen. Auch hier sehen wir wieder Freuds Glauben an die Determiniertheit des Seelenlebens. Diese Unfreiheit war für ihn von vornherein ein Erklärungsprinzip, und so ist es durchaus natürlich, daß er sie auch überall entdeckt. Freud fand (zumindest in der Theorie, denn die Praxis sah auch bei ihm oft anders aus) im Seelenleben nur sexuelle Vorstellungen, die in ständigem Streit mit der Kultur liegen.

Vielleicht stand am Beginn der Individualpsychologie der Wunsch, die Widersprüche in Freuds Lehre aufzulösen. Ich bemerkte zum Beispiel schon recht bald, daß im »Unbewußten« viele bewußten und im »Bewußten« viele unbewußten Elemente enthalten sind, so daß die von der Psychoanalyse so stark betonte Spaltung der Persönlichkeit eigentlich als Kunstprodukt zu bezeichnen ist. Im Gegensatz dazu fand ich heraus, daß die Einheit des Ichs, die für die Individualpsychologie konstitutiv ist, von Anfang an im Individuum vorhanden ist. Das befruchtete Ei kann sich in alle Richtungen bewegen, aber daß es schließlich einer bestimmten Richtung folgt und sein Ziel erreicht, ließ bei mir den Begriff der Zielstrebigkeit entstehen. Ich konnte nicht aus einer Ursache allein auf eine bestimmte Wirkung im Seelenleben schließen; bestenfalls konnte ich das Ergebnis im nachhinein verstehen. Wenn man jedoch weiß, wohin jemand will, dann erst weiß man auch, was er tun wird. Alles entfaltet sich von Anfang an, nicht den Trieben entsprechend, sondern im Rahmen des Allgemeinmenschlichen, das immer auf Erfolg ausgerichtet ist. Wenn man einem Tannenbaum die Krone abschneidet, strebt alles in dem Baum danach, eine neue Krone zu bilden. Die Individualpsychologie erkennt deshalb überall das Zielstrebige, die Finalität, das die Ursachen immer im Sinne des Ziels arbeiten und die Folgen in einem Punkt konvergieren läßt. Ausgangspunkt ihrer Betrachtungen ist, daß dem Menschen alle Möglichkeiten offenstehen, von denen er glaubt, daß sie zum Erfolg führen.

Mit dieser Betrachtungsweise steht unser Leben in einem ganz anderen Licht. Wir leben nicht nach Trieben, sondern nach unseren »Meinungen«. Wir verstehen nie »das Ding an sich«. Diese »Meinungen« können natürlich mehr oder weniger mit der Wahrheit übereinstimmen oder sich von ihr unterscheiden. »Das Verhalten jedoch ist von der Meinung abhängig«, diesen Satz fand ich bei einem Historiker. Ein bestimmtes Ereignis wird nur dann zu einem psychischen Trauma und kann als solches eine Wirkung auf mich ausüben, wenn ich dies Ereignis zur Ursache mache. Dies ist jedoch nicht zwangsläufig so. Der Mensch, der sich irrt, hat es falsch angefaßt, meistens deshalb, weil er etwas zur Ursache machte, was keine Ursache zu sein brauchte. Die Psychoanalyse hat die Erscheinungen des Seelenlebens immer isoliert betrachtet, die Individualpsychologie hingegen sieht immer das Ganze und die Erscheinungen als Teil dieses Ganzen.

Während Freud glaubt, alle Störungen kämen daher, daß man das Lustgefühl nicht befriedigen könne, glaubt die Individualpsychologie an einen Sinn des Lebens, der darin besteht, die Lebensfragen im Geiste der Evolution, daß heißt erfolgreich zum Wohl der Menschheit, zu lösen. Die Individualpsychologie stimmt in dieser Hinsicht überein mit den Philosophien, die Ewigkeitswerte postulieren und das Gesetz der Evolution als Lebensbedingung ansehen. Für Freud spielt die Evolution nur eine äußerst geringe Rolle; besser wäre es nach ihm, nicht geboren zu sein. Die Analyse hat einen tief pessimistischen Gehalt, ganz im Gegensatz zur Individualpsychologie, die an den Fortschritt der Menschheit glaubt. Wenn wir uns nicht auf dem richtigen Weg befinden, richten wir uns zuwenig nach dem Allgemeinwohl. Dem Menschen ist als Geschenk der Evolution gegeben, daß er die Freiheit der Wahl hat. Diese Freiheit hat er vor allem während seiner ersten drei Lebensjahre. Er tastet zunächst blind herum, wird von keiner Vergangenheit eingeschränkt und hat volle Freiheit zum Handeln. Hat er einmal eine Richtung gewählt, ist er determiniert; bis er den Fehler an seiner Lebenshaltung entdeckt und wieder frei wird.

Die wichtigsten Unterschiede zwischen den Menschen liegen im Ausmaß des Gemeinschaftsgefühls. Diese Unterschiede hängen mit dem Lebensstil zusammen, der vom Ich gebildet wird. Sobald man das »vergessene Kind« heranzieht, verschwindet die Determination. Freud meinte, den Begriff »Libido« könne man noch am besten mit dem Wort »Liebe« wiedergeben. Das Wort »Liebe« hat jedoch sehr unterschiedliche Bedeutungen. Durch den Gleichklang denken viele Menschen an Gleichheit, so daß alle Formen der Liebe mit der sexuellen gleichgesetzt werden. Die Armut unserer Sprache spielt uns manchmal einen Streich. Die Psychoanalyse meint zum Beispiel, Freundschaft sei eine sexuelle libidinöse Bindung und sei mit der geschlechtlichen Liebe gleichzusetzen. Die Liebe zwischen Mann und Frau ist jedoch ein exklusives Verhältnis, das keinen dritten duldet. Bei der Freundschaft ist dies nicht der Fall. Bei manchen Leuten ist die Dialektik im Denken so beherrschend, daß sie die Worte sozusagen »melken«, mit ihnen manipulieren und sie nach allen Seiten ausdehnen, ohne die stets veränderte Bedeutung zu berücksichtigen. So kann man alles scheinbar vereinfachen und in Gegensatzpaare aufteilen. So geben manche Leute dem Wort Libido die Bedeutung von »Kraft«. Freuds große Verehrung des Unbewußten zwang ihn dazu, dem Ich-Trieb eine untergeordnete Rolle zuzuweisen, und das spürt man in all seinen Schriften. Er wirft der Individualpsychologie denn auch vor, das Ich spiele in ihr eine so wichtige Rolle.

So vage wie der Begriff »Libido« ist auch der Begriff »Trieb«. Über einen Trieb kann man nichts sagen, kann ihn nicht beschreiben, allenfalls wie Möbius behaupten: »Er treibt.« Ein Trieb besitzt jedoch keine Richtung. Im ganzen Triebkonzept erkennt man das Bild des Autors.

Er erscheint unerwartet wie ein Dämon, wie im Mittelalter, als man den Menschen vom Teufel besessen wähnte. Was wäre, wenn der Mensch tatsächlich mit voll ausgebildeten Trieben die irdische Szene beträte? Es würde uns nichts anderes übrigbleiben, als das »Biest« zu zähmen. Auf diese Vorstellung trifft man deshalb hauptsächlich bei Menschen, die es als ihr Ideal betrachten, andere zu beherrschen und zu unterdrücken. Das Feindselige des Lebens wird jedoch zum Dogma für den, der nicht bekommt, was er meint beanspruchen zu können – es ist das verwöhnte Kind. Wenn jemand grenzenlose Wünsche hat, wird er sich immer benachteiligt fühlen. Solche Menschen sehen sich als so weit von ihrem Ichideal entfernt, daß sie nie zufrieden sind mit dem, was in ihrer Reichweite liegt. Wenn sie nicht bekommen, was sie wollen, ist das Leben ihnen unerträglich.

Wenn die Individualpsychologie über das Streben nach Erfolg spricht, dann meint sie damit Erfolg in dem Sinne, wie der Betroffene ihn versteht, und nicht im Sinne einer allgemeinen Weltanschauung. So ist der Masochist, vom allgemeinen Standpunkt aus gesehen, der Verlierer, der Unterlegene, doch für sich selbst ist er Herr und Meister des anderen, denn dieser ist gezwungen, zu tun, was der Masochist verlangt – ihm Leid zuzufügen. In dem Augenblick, in dem die Kette solcher Erfolge zerbricht, treten Todesgedanken auf. Dies ist leicht zu verstehen, denn wir wissen, daß Leben ohne Streben undenkbar ist. Wenn dieses Streben im Zeichen des Herrschens über andere steht, wird Abhängigkeit hergestellt. Der Tyrann ist zugleich der Sklave des Tyrannisierten. Erst die Individualpsychologie hat gezeigt, daß die Abhängigkeit von der Meinung eines anderen völlig vom Lebensstil bestimmt wird und dem Betreffenden oft den Eindruck vermittelt, die Menschen seien ihm feindlich gesonnen. Dagegen findet, wer in sich ruhender und besser verwurzelt ist, leichter, daß das, was andere über ihn denken, nebensächlich ist. Nachforschungen ergeben oft, daß Abhängigkeitsgedanken aus der Jugendzeit stammen und auf einem Mißverständnis beruhen. Gelingt es, dieses Mißverständnis aufzuklären, dann möchte der Patient seinen Irrtum noch längst nicht korrigieren, sondern er hält die Welt für verkehrt, weil die Jugendsituation verantwortlich sei. Schließlich muß er auch noch lernen, die Nutzlosigkeit dieser Beschuldigung einzusehen.

Das Konzept des Unbewußten ist schon sehr alt. Meistens meint man damit, daß etwas in unserer Seele geschieht, von dem wir nichts wissen. Wir wissen jedoch genauso wenig, wie wir schlucken, wie wir einschlafen oder wie es kommt, daß wir, wenn wir irgendwohin gehen möchten, unsere Schritte dahin lenken. Wir können etliche Körperfunktionen nicht ausüben, wenn wir dabei denken. An einem schönen Sommertag denkt man nicht darüber nach, wohin man seine Füße setzt. Im Winter jedoch, wenn es glatt ist, beginnt man schnell, daran zu denken. Ob etwas bewußt oder unbewußt in uns geschieht, hängt also von bestimmten Umständen ab. Erst in schwierigen Situationen tritt das Bewußtsein in Aktion, fängt man an zu denken und erhält der »Common sense« eine Chance. Wem jedoch der Selbstmord anziehend erscheint, wird sich, wenn er einen Berg besteigt, über die Gefahr, in die er sich begibt, nicht sehr viele Gedanken machen. In diesem Fall wird ihm die Gefahr auch nicht bewußt werden. Das Maß an Bewußtsein ist bei verschiedenen Vorstellungen unterschiedlich. Es gibt solche, deren Wortbild gänzlich verschwunden ist, was jedoch nicht heißen soll, daß das Bewußtsein des Erlebten auch verschwunden ist. Denn manchmal steht statt des Begriffsinhalts der Gefühlsinhalt einer Vorstellung im Vordergrund. Immer jedoch erkennt man das die Richtung Bestimmende, das nie verfehlt wird.

Wenn von der Individualpsychologie behauptet wird, sie erkenne überall nur ein Streben nach Macht, dann beruht das auf einem schwer zu bekämpfenden Mißverständnis. Wir betrachten es immer als Fehler, wenn jemand Macht begehrt. Die Individualpsychologie heult nicht mit dem Mächtigen. Macht ist nicht unserer Wahn, sondern der der anderen. Wir wollen die Menschheit gerade vom Machtwahn befreien und sie davon überzeugen, daß das Leben ein Streben in eine bessere Richtung sein sollte. Das Gemeinschaftsgefühl des heutigen Menschen ist zu schwach ausgeprägt für die Komplexität des Lebens. Bei einer Panik besitzen nur sehr wenige Menschen genügend davon. Die Individualpsychologie kann bei jedem Individuum sozusagen den Finger auf die Wunde legen und den Augenblick angeben, an dem sich der Betreffende als Kind dazu hat verleiten lassen, eine falsche Richtung einzuschlagen. Es ist von größter Wichtigkeit, diese Fehler zu erkennen, denn sie können dann korrigiert werden. »Wie ist es aber möglich, den Einfluß der Erbanlagen zu verändern?« wird uns von vielen Kritikern vorgehalten. Wir antworten dann mit der Frage: »Wie ist es möglich, daß der Einfluß der Veranlagungen unveränderlich ist? Wir stehen im Leben doch immer vor ganz neuen Situationen, auf die das Erbgut nicht eingestellt sein kann.«

Die Individualpsychologie hat das große Verdienst, deutlich gemacht zu haben, wie das Individuum seine Erbanlagen nutzt und wie er sie besser nutzen kann. Sie hat sich die Aufgabe gestellt, den Menschen aufzubauen, aufzuklären und zu Fortschritten zu ermutigen. Wir werben für eine Gebrauchspsychologie. Die Psychoanalyse spricht viel von Übertragung und sieht darin ein ausschließlich sexuelles Problem. In Wirklichkeit ist an der Übertragung nichts Geheimnisvolles. Das Sprechen über sexuelle Probleme wirkt, sowohl bei Kindern wie bei Erwachsenen, erregend auf die Geschlechtsorgane. So wird die Beziehung zwischen den am Gespräch teilnehmenden Personen leicht in die Richtung gedrängt. Außerdem verhält sich der Arzt dem Patienten gegenüber etwa so wie jemand, der einen anderen Menschen für sich gewinnen möchte. Allein wenn man ihn für sich gewinnt, wird der andere zugänglich für seinen Einfluß, und so kann eine Übereinstimmung, ein »Common sense« entstehen. Die so geschaffene Situation kann jedoch nie einen sexuellen Charakter erhalten, wenn der Betroffene nicht nach etwas strebt, das der Wirklichkeit widerspricht. Das tun nur Menschen, die auf die Liebe nicht richtig vorbereitet sind.

Was die »Sublimierung« betrifft, so ergab sich dieser Begriff aus der psychoanalytischen Annahme, daß im Unbewußten nur unerlaubte Wünsche sind. Dann stellt sich aber die Frage: »Wie lassen sich die nützlichen Strebungen erklären?« Der Begriff »Sublimierung« bietet einen Ausweg aus dieser Schwierigkeit, in die sich die Psychoanalyse zunächst selbst gebracht hatte. »Sublimierung« bedeutet, daß Kräfte und Möglichkeiten, die ursprünglich aufgrund einer Fehlinterpretation falsch, das heißt antisozial ausgerichtet und organisiert waren, nach Aufhebung dieser Fehldeutung sozial eingesetzt werden. Ohne Ausweitung des Gemeinschaftsgefühls vermag niemand zu sublimieren.

Auch der »Widerstand« ist ein wichtiges Thema in der Psychoanalyse, das freilich wie ein kausal wirkendes chronisches Prinzip dargestellt wird. Natürlich kann ein bestimmter Widerstand einer Behandlung im Wege stehen, sie sogar unmöglich machen. Eitelkeit spielt dabei eine wichtige Rolle. Der Patient soll auf dem Wege der Gedankenarbeit eine Weltanschauung erkennen und anerkennen, die sich von seiner ursprünglichen ganz und gar unterscheidet oder sogar völlig konträr dazu ist. Zu den charakteristischen Zügen des Neurotikers gehört gerade seine übermäßige Eitelkeit, die ihn ständig in Spannung hält. Widerstand wird dann nicht vom Arzt hervorgerufen, sondern ergibt sich daraus, daß alles, was mit der Weltanschauung des Patienten nicht übereinstimmt, ihn reizt. Hat man jedoch die Situation einmal verstanden, in der die Symptome aufgetreten sind, dann weiß man auch, wo die Weltanschauung des Patienten fehlerhaft ist. Die Beschäftigung mit seinem Symptom verschafft ihm Erleichterung, weil er sich so Abstand verschafft zu seiner Aufgabe, der er sich nicht gewachsen fühlt. Alles was diesen Abstand zu verringern droht, ruft Widerstand hervor.

In Jugenderinnerungen sollte man nicht an erster Stelle »Traumata« sehen, sondern aus ihnen auch den Umfang des Gemeinschaftsgefühls und der Aktivität erschließen. Was das Kind aus jenen Situationen gemacht hat, entspringt seiner oft auf Irrtümern beruhenden schöpferischen Kraft. Das Kind hat auf »Ursachen« reagiert, wie es nicht nötig gewesen wäre, und hat auf diesem falschen Fundament weitergearbeitet. So werden zum Beispiel auch im Traum tendenziöse Bilder gewählt, um die Fiktionen, in denen das Kind lebt, zu verstärken. Jugenderinnerungen sind daher nicht als Traumata, sondern vielmehr als Wegweiser zu betrachten. In ihnen werden die Fakten oft übertrieben oder unrichtig wiedergegeben, um sie so besser in Übereinstimmung mit der fiktiven Lebenslinie zu bringen.

80 Prozent der Kinder werden zu sehr verwöhnt. Auch Freud muß zu ihnen gehört haben, und so ist seine Psychologie die des verwöhnten Kindes geworden. Für die Psychoanalyse werden besonders Menschen empfänglich sein, die besonderen Wert legen auf die Erfüllung ihrer Wünsche. Die damit unvermeidbaren »Konflikte« lassen sich nur lösen, wenn man den schwachen »Common sense« stärkt und ihn gegen die falsche Lebensauffassung mobilisiert. Im Sinne des gesunden Menschenverstandes ist jedes Problem lösbar. Kann jemand ein Problem nicht lösen, dann liegt es immer an seiner falschen Auffassung, und so lange er an ihr festhält, kann er die richtigen Vorbereitungen nicht treffen.

Die Psychoanalyse entstand zu einem Zeitpunkt, als ein besseres Verständnis des menschlichen Charakters dringend geboten war. Bernheim, Charcot, Janet waren Wegbereiter von Freud. In Wien lebte damals ein philosophisch gebildeter Arzt namens Breuer, dessen Freund und Schützling Freud war, und Freud lernte von ihm, daß unterdrückte Gefühle Krankheiten entstehen lassen. Freud hypnotisierte seine Patienten, so daß sie sich offener mitteilen konnten. Durch geduldiges Zuhören und eindringliche Fragen brachte er sie dazu, viele Dinge zu erzählen, die sie vergessen zu haben meinten. Freud kam zu der Überzeugung, diese verdrängten Ereignisse hätten immer eine sexuelle Bedeutung. Breuer hat sich später von der Psychoanalyse abgewandt, weil er mit ihrer Sexualisierung nicht einverstanden war. Das Kind steht laut Freud unter dem Einfluß eines Pansexualismus, der zur Arterhaltung notwendig sei. Mit der analen Zone seien sadistische Triebe verbunden, die sich ständig Geltung zu verschaffen suchten. So komme der Mensch als sadistisches Wesen zur Welt und äußere seinen Sadismus nur deshalb nicht ständig, weil er Angst habe vor den Folgen.

Der Mensch wird nach Freud von zwei Prinzipien gesteuert, vom Lustprinzip und vom Realitätsprinzip, vom Unbewußten und vom Bewußten. Freud kommt das große Verdienst zu, zum erstenmal eine umfassende wissenschaftliche Erklärung des Traums gegeben zu haben: In ihm kämen verbotene kindliche Lüste trotz Zensur zum Ausdruck. Freud entwirft jedoch ein sehr pessimistisches Bild des Menschen, der aus dem Nichts geboren sei und ins Nichts zurückkehre. Die Grundhaltung des Menschen sei feindlich. Diese Haltung ändert sich jedoch, sobald die Angst davor sich auflöst, daß der andere sich auch feindlich verhalten wird. Das verwöhnte Kind vermutet diese Feindschaft überall und erklärt: »Wenn du mir nicht gibst, was ich möchte, liebe ich dich nicht mehr.« Bekommt es nicht, was es sich wünscht, zieht es seine Libido vom anderen zurück und richtet sie auf sich selbst. Der sadistische Trieb entspricht einem Menschen, der sieht, hört und fühlt wie ein enttäuschtes Kind, das überall nur Feindschaft erkennt.

Die Individualpsychologie untersucht hingegen, wie das Individuum sich insgesamt zum Leben verhält, und stellt fest, daß alle Teile den gleichen Stil zeigen und sich in die gleiche Richtung bewegen und daß wir in allen Charakterzügen einer Person die gleichen Beziehungen zur Umwelt und ein gleiches Maß an Gemeinschaftsgefühl erkennen. Das Streben des Menschen ist nicht gerichtet auf Befriedigung von Lustgefühlen, sondern auf erfolgreiche Anpassung. Wenn das Streben nach Erfolg aussetzt, kommt es zu Erschütterungen, die den ganzen Körper ergreifen. Dann taucht Angst vor Wahnsinn auf, vor echtem Wahnsinn, und es stellen sich Todesgedanken und andere Symptome ein, die allesamt das schwierige Problem, vor dem der Patient zurückgeschreckt ist, in den Hintergrund drängen. So verschafft sich der Patient Erleichterung.

Die Individualpsychologie hat eine optimistische Sichtweise. Vorausgesetzt, das Gemeinschaftsgefühl ist entsprechend stark, ist der Mensch imstande, alle Lebensprobleme hinreichend zu lösen und am Fortschritt der Menschheit mitzuarbeiten. Die Individualpsychologie ist davon überzeugt, daß die Menschheit viel mehr weiß, als sie hat formulieren und verstehen können. Kein Mensch kann der Urkraft des Gemeinschaftsgefühls völlig widerstehen.